浙江大学教育基金会阳光人文社科基金

浙江大学农林经济管理"双一流"学科建设经费

中央高校基本业务费专项资金

国家社科基金重大项目（19ZDA088、21&ZD092）

国家自然科学基金项目（71873121、71873119、71903172、72173114、72161147001）

中国农村家庭发展报告(2020)

浙江大学中国农村家庭研究创新团队　著

浙江大学出版社

ZHEJIANG UNIVERSITY PRESS

·杭州·

浙江大学中国农村家庭研究创新团队

C ONTENTS 目 录

第三篇 农村家庭经济活动

第四篇 农村家庭与公共服务

第五篇　调研结论

第一篇

调查背景与抽样设计

1 导 论

家庭是社会活动中最基本的组成单元,是以婚姻、血缘和收养关系为基础组成的社会细胞。作为个体和社会的重要连接桥梁,社会与家庭两者在相互作用中,在有限的资源配置约束下追求效用的最大化和家庭福利的最大化。

农村家庭则是农村社区的最基本组织单位,因其集生产、生活于一体的特殊性受到了学术界的广泛关注。它既是农村区域消费与需求的基本单元,又是生产要素的供给侧(劳动、资本等)所在单元。为了获得家庭福利的最大化,农村家庭内部既需要从市场上购买各种消费性商品和家庭生产所需要的生产资料,又需要使用人力、物资和时间等家庭资源禀赋来获得收入。资源总是稀缺、有限的,家庭的集体决策就是努力使家庭资源得到优化配置,最终实现效用最大化。因而,农村家庭与其他理性的经济主体一样,频繁地在进行生产、消费的相关决策,产生了数量庞大的决策数据。

2015 年,浙江大学启动实施的中国农村家庭调查(China Rural Household Panel Survey, CRHPS)旨在建立研究中国农村问题的基准线(Base Line),全面调查涉及中国农村家庭的相关信息,包括家庭的基本结构、就业、收入与支出、农业生产经营、土地利用与流转、人口迁移与市民化、社会保障等各个方面,调查还涉及中国农村基层治理单位(村委会)的基本情况,包括当地的社区环境、社区治理与公共服务等方面的信息。

中国农村家庭调查的开展,可以对中国农村家庭状况的变迁进行科学的记录,有助于科学研究和分析,为农村发展提供重要的决策依据。调查通过将社会多维度的信息在微观层面上与农村家庭关联在一起,可以了解我国农村社会、经济、政治、文化、资源环境等各个维度的发展历程,从微观层面全面摸清我国农村消费与需求的基本面貌、生产要素及其供给的基本状态变化。通过连续跟踪调查我国农村家庭较为全面的信息,定期用微观数据记录我国农村家庭全方位的变迁,可以真正了解中国农村家庭的客观现实,探究各类社会问题的内在机制,从因果关系上解释和预测社会的发展变化,从而帮助提高治理决策水平,推进国家治理体系和治理能力的现代化建设,为满足国家重大战略需求提供实时的、全方位的数据支撑和保障。

1.1 农村家庭相关调查的历史沿革

中国农村家庭调查是中国家庭调查的重要组成部分,事实上,对中国农村家庭问题的科学研究经历了一个较长的发展阶段。根据李金铮和邓红的研究，早在 1914 年，国外学者狄特摩尔就组织了以清华园附近 195 个农户为研究对象的农家调查，而历史学界通常认为，中国人最早的农村调查，是 1923 年清华大学的陈达教授组织的北京西郊成府村调查。[①] 到了 20 世纪二三十年代，中国的农村调查和研究已十分活跃。农村家庭相关调查的历史沿革介绍如下。

（1）民国时期的农村调查

民国时期，中国农村经济出现了前所未有的危机，西方经济学研究范式也逐渐引起了中国学者的重视，国内学者希望通过更加科学的实地调查深入了解农村社会的真实情况。[②]"实地调查是了解信息、积累资料和推进学术的重要途径，它在中国源远流长，但以科学方法进行的专门调查还是晚近之事。"[③]在西方经济学范式的影响下，参与调查的社会各界人士众多，调查组织者既包括中外学者，也包括革命家，乡村建设团体、研究机构和高等院校也组织参与了一定的农村调查。除此之外，出于一定的政治目的，一些政府机关也开展了不同内容和主题的农家调查活动。虽然进行全国性的农村调查是当时学者最为推崇的科学研究方法，但是以当时有限的技术、人员和经费，并不足以支撑全国性的调查研究，所以陈翰笙、李景汉等人便只好退而求其次，选择具有一定典型性的地点进行小范围的地区调查。20 世纪上半叶，尤其是二三十年代，中国农村调查与研究中规模较大并取得较大影响的有：卜凯主持的两次全国范围的农村调查，陈翰笙主持的华北地区、长江三角洲和珠江三角洲三大区域的农村调查，李景汉主持的定县调查，以及日本满铁的农村调查等。民国时期其他代表性的中国农村调查详见表 1-1。[④]

表 1-1　20 世纪二三十年代的中国农村调查

调查者	调查时间	调查对象	调查内容	代表性调查成果
狄特摩尔	1914—1918 年	清华园附近的 195 个农户	家庭规模、收入、支出等基本情况	《中国生活标准的一个估计》[⑤]
葛学溥	1919—1920 年	广东潮州凤凰村	人口结构与人口流动、婚姻状况、土地、村落财富、宗教、语言、教育等	《华南的乡村生活》
白斐德	1921 年秋	10 余省（区、市）	农业和农业教育的若干问题	《改进中国之农业与农业教育意见书》

① 李金铮，邓红. 另一种视野：民国时期国外学者与中国农村调查[J]. 文史哲，2009(3)：23-36.
② 葛海静. 民国时期知识界关于中国农村调查述评(1925—1935)[D]. 长沙：湖南师范大学，2012.
③ 李金铮. 定县调查：中国农村社会调查的里程碑[J]. 社会学研究，2008(2)：165-191.
④ 表 1-1 中的主要内容参考：李金铮，邓红. 另一种视野：民国时期国外学者与中国农村调查[J]. 文史哲，2009(3)：23-36.
⑤ DITTMERC G. An estimate of the standard of living in China[J]. Quarterly Journal of Economics，1918,33(1)：107-128.

续表

调查者	调查时间	调查对象	调查内容	代表性调查成果
戴乐仁、马伦	1922 年夏	河北、江苏、安徽、山东、浙江的 240 个村	居民、家庭、住宅、土地占有、守业、职业、经济等方面	《中国农村经济之调查》
白克令	1923—1924 年	上海附近的沈家行村	家庭、宗教生活、地方行政与惩罚制、教育、农工商业、健康与公共卫生、娱乐、居住等	《社会调查——沈家行概况》
卜凯	1921—1925 年	除东北地区外的 7 省（区、市）17 处 2866 家农户①	偏重于生产和技术，作物种植、粮食亩产、家庭农业作物种植规模的大小与利润、各生产要素之效能的关系	《中国农家经济》
	1929—1933 年	除东北地区外的 22 省（区、市）16786 个农场 38256 家农户	人口、土地使用方式或影响土地利用（成功）程度的自然或一般因素	《中国土地利用》
布朗	1926 年	四川峨眉山新开寺附近 25 个田区和成都平原 50 户农家	田区、屋宇、土地占有及教育、用具、种子、牲畜、家庭工业、果品、地权与人工收入、人工分配、税项、肥料、食料、入息与开销等	《四川峨眉山二十五个田区之调查》
甘布尔	1931—1932 年	河北定县农村	人口、家庭、土地、农业生产、家庭工业、商业交易和社会活动等	《定县：一个华北乡村社区》
兰姆森	1933 年	上海杨树浦附近 4 村 50 家农户	家庭组织、家庭人员的职业与收入，财产所有权（家庭收入与土地占有），收支盈亏，生活费用，农民离村、进工厂工作与农村经济、教育、宗教等	《工业化对于农村生活之影响——上海杨树浦附近四村五十户农家之调查》
日本满铁②	1933—1945 年	主要是东北、华北和华东的一些地区	农村人口与经济状况，农业资源与农业生产条件③	《南满洲在来农业》
李景汉	1929—1933 年	河北定县	全县概况及分村调查，包括户口、土地、生产、赋税、集市、教育和风俗习惯	《定县土地调查》
陈翰笙	1929—1934 年④	长江三角洲、珠江三角洲、华北地区的村、户、市场、农家	通信、经济生活（地租形态等）、土地所有制关系、生产资料的分配	《现代中国的土地问题》

① 盛邦跃. 对卜凯的中国农村社会调查的再认识[J]. 学海,2001(2):119-123.
② 全称为"日本南满洲铁道株式会社"。
③ 曹幸穗. 满铁的中国农村实态调查概述[J]. 中国社会经济史研究,1991(4):104-109.
④ 陈翰笙. 四个时代的我[M]. 北京:中国文史出版社,1988.

卜凯是一名美籍学者，他在农业经济方面的学术成就正是源自其1921—1922年和1929—1933年对中国农村所做的两次全面、系统的农户家庭调查。在20世纪二三十年代，他分别调查了除东北地区外的7省（区、市）17处的2866家农户和22省（区、市）的16786个农场的38256个农家。[①] 在调查方法上，卜凯主要采用抽样调查[②]的方式，调查人员主要是金陵大学的在校学生，调查的主要内容包括人口、土地、粮食产量、家庭农业作物种植规模等方面。有学者认为，"完整理解美国学者对中国近代农业经济的研究必须从卜凯开始"。

当时，另一具有代表性和全面性的农村家庭调查是日本满铁组织的，满铁调查采用了现代经济人类学的理论范式，该项农村调查主要以自然村为调查单位，以村户为调查对象，相当具体且全面。同时，在1908—1945年近40年的时间里，满铁专门设立了多个门类的调查机关，整个调查活动十分规范有序，这使得当时所得的不同地区、不同经济类型的农村资料具有很高的统一性和可比性，形成了大量的图书资料和档案材料，即"满铁调查报告资料"。这为后人研究民国时期的农村经济留下了宝贵的资料，是农村家庭调查中值得系统回顾与分析的历史资料。

总的来说，虽然民国时期的农村调查方法并不成熟，人们对当时调查材料和调查结果的客观性仍存在一定的争议，但是无论如何，已有的农村家庭调查研究数据及资料都是民国时期的社会科学学者经过周密的问卷调查或深入的实地调查，并通过系统的标准化加工整理和综合性量化分析之后才得到的。[③] 时至今日，这些调查又成为研究中国近代史的珍贵文献及研究社会人类学、经济学的重要源头，当代民国时期农业经济研究方面的许多论著都参考和利用了这批资料，极大地推动了人文社会科学的进展。

（2）中国人口普查

为获得最翔实准确的人口数据，了解中国最基本的人口状况，国家自1953年开始开展基础的人口普查工作。中国人口普查是对全国人口普遍地、逐户逐人地进行的一次性调查登记工作，该项工作主要由国务院组织，多部门参与，全国人口普查领导小组负责组织各地具体实施。中华人民共和国成立以来，已经分别在1953年、1964年、1982年、1990年、2000年、2010年和2020年进行过7次全国人口普查。国务院2010年颁布的《全国人口普查条例》进一步明确规定，每逢10年开展一次全国性人口普查，在两次全国人口普查之间逢"5"的年份开展一次全国1‰人口抽样调查。第七次全国人口普查[④]的标准时间是2020年11月1日0时，即通过这个标准时间，所有普查员普查登记完成后，经过汇总就可以得到2020

① 陈意新. 美国学者对中国近代农业经济的研究[J]. 中国经济史研究,2001(1):118-124.
② 对于卜凯调查的质疑请主要参照:杨学新,任会来. 卜凯与河北盐山县150农家之经济及社会调查[J]. 中国乡村研究,2011,8(1):242-248. 王晶,杨学新. 卜凯与1920年代河北平乡农家经济及社会调查[J]. 河北大学学报:哲学社会科学版,2016,41(3):98-104. 在此不做详述.
③ 夏明方. 清末民国社会调查与近代中国社会科学兴起[N]. 中华读书报,2007-08-01(11).
④ 关于第七次全国人口普查的具体信息,本报告主要参照 http://www.stats.gov.cn/ztjc/zdtjgz/zgrkpc/dqcrkpc/.

年 11 月 1 日全国人口的总数和各种人口状况的数据。

第七次全国人口普查工作采取了电子化方式开展普查登记,同时倡导普查对象自主填报的方式,鼓励个人使用手机等移动终端自行申报个人和家庭信息。与第六次全国人口普查的对象相同,普查的对象是指普查标准时点在中华人民共和国境内的自然人以及在中华人民共和国境外但未定居的中国公民,不包括在中华人民共和国境内短期停留的境外人员。在境内居住的港澳台居民和外国人也属于普查对象,需要进行普查登记。第七次全国人口普查主要调查了人口和住户的基本情况,包括姓名、居民身份证号码、性别、年龄、民族、受教育程度、行业、职业、迁移流动、婚姻生育、死亡、住房等信息。

中国人口普查具有普遍性、个别性、标准性、集中性、统一性和定期性的特点:某个地域范围内的全部人口都要参加普查登记;以人为单位按实际情况逐人逐项地填写普查表;不论普查员实际入户登记时间为哪一天,登记的都是标准时间的人口状况;人口普查工作在中央的集中领导下,按照中央一级普查机构的部署去组织实施,全国普查方案、普查表、填写方法、分类标准、工作步骤和进度等全国严格统一;人口普查工作定期进行。对人口普查数据质量做出科学评估是人口普查整体工作的重要组成部分,为国家人口政策、劳动就业政策、教育政策、社会福利政策和民族政策等的制定提供了翔实可靠的人口数据。从调查的具体内容来看,人口普查主要调查人口和住户的基本情况,内容包括性别、年龄、民族、受教育程度、行业、职业、迁移流动、社会保障、婚姻生育、死亡、住房情况等方面。

通过人口普查,可以查清全国人口的数量、结构和分布等基本情况,还可以厘清人口的社会特征、家庭特征、教育特征、经济特征、住房状况,以及普查标准时间前一年人口的出生、死亡状况等,数据具有公开可获得性。在人口普查过程中,第六次全国人口普查组的普查员通过入户询问,将普查小区中的每一个普查对象的情况如实地登记到普查表上。同时,由于世界各国的人口普查在时间、内容、方法上逐渐趋向一致,故而人口普查资料具有一定的可比性。但是,由于人口普查总体上是一种静态调查,不能反映人口的变动情况,并且由于普查内容仅限于姓名、性别、年龄、民族、户口登记状况、受教育程度等基础的人口、住户迁移和社会保障状况,并未涵盖家庭的其他信息,因此数据的学术价值在一定程度上打了折扣。

(3)中国农村调查

"中国农村调查"项目是华中师范大学中国农村研究院为动态了解中国村庄的基本状况,以田野调查为基本研究方法,自 2009 年开始在全国范围内通过 258 个跟踪观察村对中国农村村庄的变迁进行可持续性的追踪调查。项目初始阶段的"百村观察"项目以全国范围内 258 个村庄、4000 家农户为观察对象,开展特色研究和田野调查。调查组的人员主要由青年教师、博士生、硕士生和本科生组成。

"百村观察"项目从田野调查中进行丰富的个案观察和思考,2011 年"百村观察"项目除原有的 258 个村庄外,对于"林改"和贫困问题,增加了近百个林业村和 50 个贫困村。同时,在村户调查的基础之上,调查了 50 个县(市、区)和 100 个乡(镇)。中国农村调查是在"百村观察"原有基础上重新设计的调查计划。该计划调查内容分别包括村庄类、家户类、口述类、惯行类、专题类、文献类等方面。2015年下半年新版调查计划正式启动。其"新版农村调查"进一步对满铁、俄国农村调查资料进行整理、翻译，并拟对若干海外村庄开设观察点。

中国农村调查已有的学术成果如下：《中国农村调查》《中国农村研究》《中国农村农民印象》《中国农民状况发展报告》《关系中的国家》等系列"丛书"和图集。2012年成书的《中国农村调查》主要内容涉及特色村落、乡村治理、基层民主、地权逻辑、乡土社会和新农村建设等方面。2013年成书的《中国农村咨政报告》的主题集中于农村水利、农民工专题、民生问题和农村市场专题四个部分，报告主要的内容是根据全国各省份的村庄、农户调查研究对专题问题进行归纳和分析。2014年成书的《中国农民状况发展报告2014（政治卷）》涵盖了村庄民主选举、决策、管理和监督中的农民参与，农村党员干部、青年农民、老年农民、农村妇女、外出务工农民和少数民族农民的政治发展状况。2015年成书的《中国农民状况发展报告2015（经济卷）》则更侧重农民的经济状况，从农业生产的维度考察了农民的发展状况。

目前该调研平台进一步建立了"百村观察""百居观察""海外百村观察"的"三百"调查平台，主要以不同省（区、市）的村庄个案、典型事例为研究对象，深入分析事件或者村庄治理的内在机制，以期从事实叙述中提炼出理论。该平台研究内容侧重于政治学和社会学的研究方向，在数据的定量统计和共享方面并未做到数据公开，仅公开了"百村观察"项目的调查报告及影像资料，很大程度上影响了其定量分析方面的学术价值。

（4）全国农村固定观察点调查（National Rural Fixed Observation Point Survey, NRFOPS）

为深入了解农村改革动态、掌握农户家庭生产经营的基本情况，1984年中共中央书记处批准成立全国农村固定观察点调查系统，并于1986年正式搭建完成。1990年至今，全国农村固定观察点调查主要由农业农村部农村经济研究中心的中共中央政策研究室、农业农村部农村固定观察点办公室负责组织实施。

自全国农村固定观察点调查实施以来，样本分布由初期的28个省（区、市）的272个村扩展至全国除港澳台外的31个省（区、市）的360个村，积累了丰富的农村社会经济一手数据，为各级政府制定农业政策、指导农业农村工作提供了重要依据。

全国农村固定观察点调查主要包含五项工作：第一，常规调查，即每年定时收集并上报各个样本村户数据完成常规调查；第二，专题调查，即针对当期农村发展、农业生产、农民生活的重点和热点问题开展专题调查；第三，动态监测，即省、县两级调查机构及时反映新情况和新问题形成动态调查；第四，组织培训，即组织省、县两级调查员专业知识与农村政策培训；第五，分析研究，即充分开发利用累积的调查数据，开展对农业、农村、农户的系统分析。

从调查的具体内容上看，农村固定观察点调查重点关注农业生产经营以及家庭收支、消费情况，主要包括家庭成员构成情况、土地使用情况、固定资产情况、家庭生产经营情况、农产品销售情况、购买种植业生产资料情况、家庭全年收支情况、主要食物消费量、主要耐用品年末拥有量及居住情况等方面。

因此，农村固定观察点调查集常规调查、专项调查、动态监测和分析研究于一体，具有样本分布广、样本量大的优点。同时,近 30 年的调查积累与定期上报形成了丰富翔实的连续性数据,有利于针对农村社会经济各方面的动态分析和趋势研究。然而,全国农村固定观察点调查的主要目的是为国家各级党政部门了解农村社会经济运行情况,制定农村经济政策、农村经济发展战略和深化农村经济体制改革提供决策参考,调查内容主要反映农村家庭的基本情况,在农村家庭的金融、健康与社会保障、教育、医疗及社区环境方面涉猎较少。此外,该项调查的历年数据并非公开,获取较为不便,很大程度上影响了调查数据更加充分的学术利用与挖掘。

(5)中国农村住户调查(Rural Household Survey,RHS)

中国农村住户调查是由国家统计局农村社会经济调查总队组织实施的,是一个主要反映农村居民的生产、收入、消费、积累和社会活动情况的统计调查项目。旨在通过对农村居民家庭的经济和社会活动调查,研究农村居民收入和生活质量的变化,为国民经济核算和价格调查提供基础数据,同时也为各级政府和国家宏观决策部门研究制定农村经济政策和决策提供依据。[①]

中国农村住户调查采用美国农业部国家农业统计署开发的 MPPS 抽样方法,在全国共抽取了 6.8 万个样本农户,分布在全国 31 个省(区、市)的 857 个县(市、区)(2010 年)。调查的主要内容包括:农村社区发展情况、家庭基本情况、居住情况、人口与劳动力就业基本情况、农业生产结构调整与技术应用情况和农村居民收入、支出情况等。

中国农村住户调查较为科学、系统地统计了我国农村家庭生产生活的基本情况,但调查内容相对笼统,仅就农户层面进行了简要的统计分析,对社区层面的调查涉及较少。同时,中国农村住户调查在 2010 年前的数据获取难度较大,调查数据内容相对陈旧,无法满足当前的农业经济管理学术研究需要。

(6)中国家庭收入调查(China Household Income Projects,CHIP)

中国家庭收入调查是关于"中国收入和不平等研究"课题(李实、赵人伟等)的组成部分。该调查主要由中外研究者共同组织并在国家统计局协助下完成,主要目的在于追踪中国家庭收入分配的动态情况。目前,中国家庭收入调查已有 1988 年、1995 年、2002 年、2007 年和 2013 年的相关数据。

中国家庭收入调查的特点在于,所有数据均包含针对城镇和农村住户的调查。2002 年以前,调查数据包含城镇和农村住户两大群体样本,但由于城镇和农村住户的子样本尚未完全覆盖所有流动人口,结合当前我国人口流动规模不断扩大这一现实特点,2002 年起中国家庭收入调查将流动人口纳入子样本,即包含了城镇住户调查、农村住户调查和流动人口调查三大部分。以 2013 年数据为例,调查采用系统抽样方法抽取得到覆盖 15 个省(区、市)的 18948 个住户样本和 64777 个个体样本,其中包括 7175 户城镇住户样本、11013 户农村住户样本和 760 户外来务工住户样本。

---

① 国家统计局农村社会经济调查司.中国农村住户调查年鉴 2010[M].北京:中国统计出版社,2010.

从调查的具体内容上看，中国家庭收入调查重点关注中国家庭的收入、消费、就业、生产等方面的情况，具体包含了住户个人及家庭基本信息、收入和资产、借贷、征地、土地和农业经营、家庭收入与支出等内容。

中国家庭收入调查数据目前对外公开，包含的样本结构更切合实际地反映了我国的城乡分割和近年来的人口迁移状况，重点追踪了中国家庭收入分配的动态变化情况。对于农村家庭，调查数据在家庭收入与支出作为重点的基础上，还包含了部分人口迁移、土地利用的内容，但缺乏对于农村家庭的农业生产经营、健康与社会保障、社区环境与治理的详细调查。同时，该项调查的样本覆盖仍有扩大的空间、调查频率仍有提高的必要，以进一步提高数据的连续性和准确性。

（7）中国健康与营养调查（China Health and Nutrition Survey，CHNS）

中国健康和营养调查是由中国疾病控制和预防中心的国家营养和食品安全所（National Institute of Nutrition and Food Safety，and the Chinese Center for Disease Control and Prevention，CCDC）和美国北卡罗来纳大学教堂山校区的罗莱纳州人口中心（Carolina Population Center at the University of North Carolina at Chapel Hill，NINH）合作建立，旨在检验国家和地方政府实施的健康、营养和计划生育等政策的影响，并了解中国的社会和经济变革正如何影响其人口的健康和营养状况。

中国健康和营养调查采用多阶段整群抽样的方式获得样本。自 1989 年第一轮调查以来，样本覆盖面逐渐拓宽。1989 年至 1993 年的每轮调查有 190 个初级抽样单位，其中包括 32 个城市社区、30 个郊区、32 个城镇（县城）和 96 个农村。自 2000 年以来，初级抽样单位已增加到 216 个城市社区、36 个郊区、36 个城镇和 108 个村庄。目前可获取的 2015 年调查数据已经覆盖 15 个代表性省份，包括辽宁、黑龙江、江苏、山东、河南、湖北、湖南、广西、贵州、北京、上海、重庆、陕西、云南和浙江。

中国健康和营养调查主要涉及地理、经济发展、公共资源和健康等方面，在社区层面侧重于粮食市场、保健设施、计划生育及其他社会服务，调查数据适用于有关健康、人口、社会经济和营养政策研究。从调查的具体内容看，中国健康和营养调查包括家庭、社区、成人、儿童、营养等部分，其中家庭调查涉及人口学背景、工作及收入、开支、饮用水、卫生设施及财产等。

中国健康和营养调查以营养和健康行为、家庭和个人经济情况、人口和社会变化为重点，同时实现了对城镇和农村样本的动态追踪，基本形成了较为全面的公开连续性数据。中国健康和营养调查的优势主要在于健康与营养的动态研究方面，在一定程度上反映了中国农村发展的动态变化，但缺乏对农业经济生产的深入认识。此外，其样本覆盖范围小的劣势仍然明显。

（8）中国健康与养老追踪调查（China Health and Retirement Longitudinal Study，CHARLS）

为深入分析我国人口老龄化问题，为我国制定和完善相关政策提供科学依据，在北京大学国家发展研究院的主持下，北京大学中国社会科学调查中心与北京大学团委共同组织实施了中国健康与养老追踪调查。

调查采用多阶段抽样，县（区）、村（居）两级抽样中均采取 PPS 抽样方法，其样本主体是中国 45 岁及以上中老年人家庭和个人。在 2008 年开展预调查后，于 2011 年实施了全国基线调查，每两年追踪一次，基线调查覆盖了全国 28 个省（区、市）的 150 个县（市、区），涵盖了 450 个村（居）的约 1 万户家庭中的 1.7 万人。目前可获取的公开数据包含了 2011—2018 年的调查。

中国健康与养老追踪调查的问卷设计博采众长，参考了美国健康与退休调查（HRS）、英国老年追踪调查（ELSA）以及欧洲的健康、老年与退休调查（SHARE）等国际调查经验。主要内容包括：个人基本信息，家庭结构和经济支持，健康状况，体格测量，医疗服务利用和医疗保险，工作、退休和养老金，收入、消费、资产，以及社区基本情况等。

中国健康与养老追踪调查不仅具有科学合理的问卷设计，而且在抽样上独特地采用了电子绘图软件（CHALRS-GIS）技术，用地图法制作村级抽样框。同时，该数据保持两年一次的追踪频率，并在调查结束后一年对学术界免费公开，具有明显的动态性和开放性。然而，由于中国健康与养老追踪调查的调查对象主要为有年满 45 岁的中老年人家庭，侧重于劳动力与健康方面的相关研究，所以该数据对涉及农村发展的其他方面以及农业生产经营的数据收集与分析存在不足。

（9）中国家庭追踪调查（China Family Panel Studies，CFPS）

中国家庭追踪调查是北京大学中国社会科学调查中心（ISSS）在全国范围内开展的追踪调查项目，主要追踪内容分为个体、家庭和社区三个层次。该调查重点关注中国居民的经济与非经济福利，同时涵盖了经济活动、教育成果、家庭关系、人口迁移、健康等研究主题，主要调查目的是反映中国社会、经济、人口、教育和健康的变迁情况。

2010 年调查在全国除西藏、青海等九省份之外的省份中正式实施，调查规模为 16000 户。该项目采用城乡整合的问卷，采取多阶段、内隐分层和人口规模成比例的抽样方法，最近一期的调查为其第五轮全样本调查（2018 年）。从追踪调查的效果来看，以 2010—2014 年的调查家庭为基础，跨轮追踪率为 86.6%，个人层面的追踪率为 80.8%；以 2010 年基线调查为基数，2018 年的完访率为 64.5%。

2018 年的调查主要跟踪收集个体、家庭、社区三个层次的数据，调查内容主要包括：家庭收入、支出、资产和人口特征、村居基础环境、社会保障与食品价格、人员编制、住房、交通与自然环境、劳动力产值与收入、医疗卫生、财务状况等方面。

基于中国家庭追踪调查，该中心自 2009 年起每年撰写一册《中国民生发展报告》。以《中国民生发展报告 2015》为例，该报告分为家庭和社会不平等两大主题。在家庭层面，考察婚姻和家庭在转型社会的变迁，包括了夫妻间财产分配问题、子代对年长父母的社会支持、少儿成长的家庭环境，以及流动人口对家庭的支持和担当等。在社会不平等方面，关注众多领域的不平等现象，包括了财产分配方面的性别不平等、外在环境所致的教育不平等、医保分配不公引起的健康不平等，以及对社会财富不平等程度的感知所导致的公众态度差异等。

（10）中国综合社会调查（Chinese General Social Survey，CGSS）

为系统地监测社会结构和生活质量的互动与变化，了解中国社会变动趋势，中国人民大学中国调查与数据中心组织实施了中国综合社会调查。该调查是我国最早的全国性、综合性、连续性学术调查项目，探讨具有重大科学和现实意义的议题，推动国内科学研究的开放与共享，为国际比较研究提供数据资料，充当了多学科的经济与社会数据采集平台。

中国综合社会调查自 2003 年起，每年一次，对全国 31 个省（区、市）的 1 万多户家庭进行连续性横截面调查。其抽样设计前后采用过 3 套方案，但原则上均采用多阶段分层 PPS 随机抽样。就 2010 年方案而言，全国共抽取 100 个县级单位加五大都市，480 个村（居）委会，12000 名个体。

中国综合社会调查的内容主要包括 3 方面：社会结构、生活质量及二者之间的内在连接机制。第一，同时采用定位法和关系法研究中国社会的社会结构；第二，从健康、人口、心理、社会经济以及政治与社区等 5 个层面测度生活质量；第三，注重个人层面、人际层面、组织层面和制度层面的内在连接机制。此外，中国综合社会调查于 2006 年和日本综合社会调查（JGSS）、韩国综合社会调查（KGSS）、中国台湾社会变迁调查（TSCS）发起了东亚社会调查（EASS）计划，目前已完成家庭（2006 年）、文化（2008 年）、健康（2010 年）、社会网络与社会资本（2012 年）、工作生活（2015 年）等 5 次主题调查。

中国综合社会调查系统全面地收集了社会、社区、家庭、个人多个层次的数据，用以研究社会变迁的趋势。与此同时，该调查开创了我国大型学术调查数据开放与共享的先河，调查数据牵涉经济学、社会学、政治学、历史学等多个学科，得到了国内外众多学者的使用。由于中国综合社会调查的主题是研究中国社会结构和生活质量，涵盖了部分关于农村人口流动、农村家庭收入消费方面的内容，却并未针对农村、农业经济管理问题展开深入的调查与分析，尤其缺乏对农业生产经营的调查与研究。

（11）中国劳动力动态调查（China Labor-force Dynamics Survey，CLDS）

中国劳动力动态调查是由中山大学社会科学调查中心（CSS）组织实施的一项以中国劳动力的现状与变迁为主体的全国性跟踪调查。其目的在于追踪调查城乡家庭、劳动力个体的基本情况，以便分析社会结构与家庭及劳动力个体的相互影响，为相关理论研究和政策制定提供参考。

中国劳动力动态调查采用多阶段多层次的 PPS 抽样方法，其样本覆盖全国 29 个省（区、市），调查对象为样本家庭户中的全部劳动力。该调查计划每两年开展一次，目前已有 2011 年、2012 年、2014 年、2016 年和 2018 年的相关数据。调查的主要内容包括教育、工作、迁移、健康、社会参与、经济活动、基层组织等方面。

中国劳动力动态调查具有鲜明的主题性,主要围绕劳动力的主题开展全国性的跟踪调查。主题的限制使得调查的内容受到局限,鲜有与农村家庭的收入与支出、农业生产经营状况相关的问题,无法全面展现农村发展的态势和农村家庭生产经营的基本情况。

中华人民共和国成立后的农村家庭相关调查(除人口普查和中国农村调查外)详见表1-2。综观中国农村家庭的相关调查,从民国时期开始,农村家庭的相关调查就始终受到国内外高校和研究机构的高度关注和重视,特别是在近年来中国社会经济快速发展和转型的背景下,我国的多个高校和研究机构更是推出了多项侧重不同的农村家庭相关追踪调查。现存的农村家庭相关调查不仅帮助全社会掌握农村家庭的近期发展动态和趋势,也为学术界开展规范学术研究提供了重要的数据库支撑。但是,如果仔细分析这些调查项目,不难发现,当前涉及我国农村家庭的调查均由不同机构组织实施,有着各不相同的调查目的,数据库中包含的数据也呈现出迥然不同的特点,而农林经济管理领域学者关注的一些问题往往不能得到数据库数据的全面支持,从农林经济管理研究领域视角考虑还存在一些缺陷:有的数据库样本范围覆盖不广,有的数据库数据尚未完全公开,有的数据库数据缺乏连续性,而大多数调查仅聚焦于农村家庭相关问题的某一个或某几个方面,不同数据库之间存在条块分割的遗憾,尚未有一项调查能较为系统、全面地反映农林经济管理学科所关注的多个重点领域问题。

表 1-2　中国农村家庭相关调查

调查名称	名称缩写	组织机构	调查类型	抽样方式	省(区、市)数量(最近)/个	分析单位	核心问题
全国农村固定观察点调查	NRFOPS	农业部农村经济研究中心	追踪调查	全国农村固定观察点调查户	31	个人/家庭/社区	农业生产要素/农业生产以及家庭收支/消费情况
中国农村住户调查	RHS	国家统计局农村社会经济调查总队	追踪调查	MPPS抽样	31	个人/家庭	中国农村居民生产/收入/消费和积累
中国家庭收入调查	CHIP	北京师范大学	截面调查	国家统计局城乡居民收入调查的样本	15	个人/家庭	收入水平
中国健康与营养调查	CHNS	北卡罗来纳大学人口研究中心/美国国家营养与食物安全研究所和中国疾病预防控制中心	追踪调查	多阶段整群抽样	15	个人/家庭/社区	人口健康和营养状况

续表

调查名称	名称缩写	组织机构	调查类型	抽样方式	省(区、市)数量(最近)/个	分析单位	核心问题
中国健康与养老追踪调查	CHARLS	北京大学国家发展研究院	追踪调查	多阶段抽样,县/区和村/居抽样阶段均采取PPS抽样方法	28	个人/家庭	养老与健康
中国综合社会调查	CGSS	中国人民大学中国调查与数据中心	截面调查	多阶段分层PPS随机抽样	28	个人/家庭	社会变迁
中国劳动力动态调查	CLDS	中山大学社会科学调查中心	追踪调查	多阶段/多层次与劳动力规模成比例的概率抽样	29	个人/家庭/社区	中国劳动力的现状与变迁
中国家庭追踪调查	CFPS	北京大学中国社会科学调查中心	追踪调查	多阶段/内隐分层和与人口规模成比例抽样	25	个人/家庭/社区	中国家庭及个人的各种经济性与社会性的福利及其变迁

1.2 浙江大学中国农村家庭调查的时代背景

在上述多项农村家庭相关调查的基础上,浙江大学从2015年开始启动并实施了中国家庭调查(China Household Panel Survey, CHPS)。该调查项目是一项全国性的抽样调查项目,是浙江大学"双一流"建设布局的重要基础性项目。由于整个项目计划规模庞大,首先启动的是中国农村家庭调查(China Rural Household Panel Survey, CRHPS)。为保持数据的连续性,2015年以前的中国农村家庭数据来源于西南财经大学的中国家庭金融调查(China Household Finance Survey, CHFS)。该项目于2011年开始启动,每两年进行一轮调查,已积累了三轮调查数据。2019年开始的中国农村家庭调查是由浙江大学主导,于2019年暑期在多校合作并共同实施下开展的大型社会调查工作。

浙江大学开展农村家庭调查具有悠久的历史。早在20世纪30年代,浙江大学农业社会学系[1]师生就积极投身于农村调查,开展"三农"(农业、农村、农民)问题的调查研究。40年代浙江大学西迁办学,即使在条件艰苦的湄潭时期,以农业经济系为主的师生仍遵循"求是"校训,开展与社会服务相结合的"暑期农村调查",兢兢业业,从未懈怠。其中,基于农村

---

[1] 浙江大学农业社会学系(浙江大学农业经济与管理系的前身)成立于1927年。

调查的多项科研成果如《湄潭之农家经济》《湄潭信用合作社之概况》《战后经济建设资金需要导论》等在学术报告会及《浙大农业经济学报》《中农月刊》《中农经济统计》期刊或报纸上发表。80 年代开始,随着农林经济管理学科教学、科研和人才培养的功能不断恢复与加强[①],特别是 1998 年以后,浙江大学以农林经济管理学科为主要依托,联合经济学、管理学、公共管理学等多个相关学科,着眼国际农经学科发展趋势,紧密联系中国"三农"问题实际,以各类国家级、国际合作、重大横向研究项目为载体,开展了各式各样的农村家庭相关调查,也相应地涌现出了一批研究成果。鉴于相关科研成果众多,限于篇幅,不一一列举。

现阶段,浙江大学启动实施的中国农村家庭调查具有以下两方面的时代背景。

(1)社会经济背景

从中长期看,中国是世界上最大的发展中国家,中国的"三农"问题仍然是中国现代化建设的根本问题,也是党和国家工作的重中之重。目前,我国"三农"领域所面临的问题依然严峻,城乡二元经济社会结构尚未完全消除;工农差别、城乡差别、地区差别、阶层差别扩大的趋势尚未得到根本扭转;而农业又是弱质产业、农村又是落后社区、农民又是弱势群体的状况尚未根本改变;有效解决新时期"三农"问题,加快推进农业和农村现代化,事关我国国民经济又快又好发展和社会稳定进步的大局,事关我国全面建成社会主义现代化强国的前途,事关我国在世界上的和平崛起进程。因此,党和国家对"三农"问题保持了高度关注,频繁出台了多项有关农业农村发展的政策。推进乡村振兴战略、农业供给侧结构性改革,稳步推进农村集体产权制度改革,加强农村扶贫工作,建立脱贫攻坚责任制,取消农业税,落实多项农业补贴政策,推进农村最低生活保障制度、县域内城乡义务教育一体化改革,加快整合城镇居民基本医疗保险和新型农村合作医疗两项制度等一系列政策措施极大促进了农民增收,改善了农民生活,推动了农村发展。受此影响,农村家庭作为农村社会经济的基本单元也正在发生日新月异的变化。

此外,随着国民经济不断发展,我国农村的社会经济发展环境正发生着快速而深刻的变化。我国城镇化进程快速推进,国家统计局 2020 年统计公报显示,2020 年我国年末常住人口城镇化率超过 60%;农村、农业劳动力外移进程保持高位,受疫情影响,2020 年全国农民工总量为 28560 万人,比 2019 年回落 1.8%,但比 2016 年增长 1.4%。其中,外出农民工 16959 万人,本地农民工 11601 万人。农民生活得到大幅改善,551 万农村贫困人口全部实现脱贫,绝对贫困实现历史性消除,全年贫困地区农村居民人均可支配收入 12588 元,比上

---

① 浙江大学农业经济管理系于 1981 年经国务院学位委员会批准,重新获得硕士学位授予权,1990 年获得博士学位授予权,建立博士后流动站,2000 年获准设立农林经济管理一级学科博士点。农林经济管理学科于 1994 年起被列为浙江省首批重点学科,之后成为"211 工程"重点建设学科之一。1999 年,浙江大学以农林经济管理学科为基本力量,组建了农业现代化与农村发展研究中心(简称 CARD),被批准为首批教育部人文社会科学重点研究基地。2005 年,该基地成为中国农村发展研究创新基地(国家"985 工程"A 类创新基地)。2007 年,农林经济管理学科被列为国家重点(培育)学科。2016 年,浙江大学将农林经济管理学科列入高峰学科建设支持计划进行重点建设。

年增长 8.8％；各项生产要素配置变化显著，以金融资本为例，2020 年末我国主要农村金融机构（农村信用社、农村合作银行、农村商业银行）人民币贷款余额 215886 亿元，比年初增加 25210 亿元。与此同时，信息技术对我国农村冲击巨大，"互联网＋"正悄然改变着农民的生活，《2020 中国淘宝村研究报告》显示，2020 年全国共发现 5425 个淘宝村、1756 个淘宝镇，广泛分布在全国 28 个省（区、市），实现交易额 1 万亿元；中国互联网络信息中心（CNNIC）发布的第 45 次《中国互联网络发展状况统计报告》显示，2006 年至今，我国农村居民的网络使用规模逐年扩大，到 2020 年，农村网民规模达到了 2.55 亿，农村地区互联网普及率为 46.2％，城乡差距缩小 5.9 个百分点。

因此，在上述深刻变化的社会经济背景下，通过开展系统的中国农村家庭调查，掌握我国农村家庭的基本情况及其动态变化，有利于客观了解我国农村社会的发展现状与变迁态势，为各项农业农村政策提供决策参考。

（2）学科发展背景

农林经济管理学科是以"三农"问题为研究对象的一个典型应用经济学科。20 世纪初，许璇教授留学回国在北京大学校农科开设了农业经济相关课程，中国农业经济学科由此兴起。20 世纪 30 年代，农经学界就中国农村社会性质展开了大论战，论战多基于农业经济理论，尚未有系统的家庭调查数据作为支撑。60 年代至 70 年代，人民公社调查、农村经济调查等逐渐开展实施，为农村社会经济发展与相关政策制定与落实提供了第一手数据[1]。自 1977 年恢复高考招生以后，我国农林经济与管理方面的研究取得了丰硕的成果，但学术研究多集中于宏观政策层面，基于微观主体的研究还比较薄弱，在数量分析方法上与国际水平有较大差距[2]。2000 年以来，随着国际化进程的快速推进，农林经济管理学科的研究也呈现出鲜明的国际化特点。一方面，中国作为世界上最重要的发展中国家之一，中国的"三农"问题引发了国际学术界的广泛关注和讨论；另一方面，随着更多国内学者的研究开始走向国际，在国际学术界做出中国学者应有的贡献，传统的农业经济研究方法必将迅速被基于规范调查的大样本微观数据为基础的现代数理经济学和计量经济分析方法所取代[3]。因此，为了更加全面、科学地开展中国农林经济管理学科相关问题的研究，学术界迫切需要大样本农村家庭调查数据库的支撑。

---

① 王秀清.中国农业经济百年巨变[J].农业经济问题,2005(11):6-10.

② 林坚.我国农业经济管理学科的演变历程与发展方向[C]//黄祖辉,杨烈勋,陈随军.农业经济管理论文集:农业经济管理学科前沿发展战略学术研讨会论文集.北京:科学出版社,2005:33-40.

③ 黄祖辉.中国农业经济管理学科研究评述——"十五"回顾与"十一五"研究态势[C]//黄祖辉,杨烈勋,陈随军.农业经济管理论文集:农业经济管理学科前沿发展战略学术研讨会论文集.北京:科学出版社,2005:11-17.

1.3　中国农村家庭调查的目标定位和调查原则

1.3.1　目标定位

(1)把握中国农村家庭的各项基本特征与发展趋势

中国农村家庭调查力图客观把握中国农村家庭的各项基本特征与发展趋势,通过基础数据的整合、比较与进一步的统计分析,掌握当前我国农村家庭的生存发展状况及其动态变化的规律,为党和各级政府的政策制定提供科学的决策参考。

(2)为学术研究提供有关中国农村家庭的基础数据支撑

当前及可以预见的将来,农业经济管理领域的学术研究对数据的要求会不断提高,中国农村家庭调查的相关数据能满足国际学术研究所用数据的多项标准:调查样本覆盖范围广,目前已包括全国 29 个省(区、市);抽样方法科学,保证了样本的随机性和代表性;调查设计规范,内容涵盖全面,并结合当前农业农村发展特征突出分析热点问题;实现数据动态追踪,形成中国农村调查的动态数据系统。因此,中国农村家庭调查能为学术研究提供扎实有效的基础数据支撑。

1.3.2　调查原则

(1)全面性

中国农村家庭调查的全面性体现在两个方面:第一,通过构建具有代表性的农村家庭样本,全面客观地反映中国农村家庭的发展情况。通过分层、三阶段、与人口规模成比例(PPS)的抽样,2019 年中国农村家庭调查总样本(包括城镇和农村)分布在全国 29 个省(区、市)345 个县(市、区)737 个行政村的 34643 个家庭共计 69256 人。第二,中国农村家庭调查的调查内容全面包括农林经济管理学科涉及的农村家庭的基本结构、就业情况、收入与支出、农业生产经营、土地利用与流转、人口迁移与城镇化、社会保障等各个方面,还涉及中国农村基层单位(村委会)的基本情况,包括当地的公共服务、社区经济、社区治理、环境特征等方面的信息。调查为研究中国农村发展和城镇化问题,特别是乡村振兴、农村减贫、农村劳动力流动、农村基层治理、农村环境整治、农村土地制度改革等方面的问题提供第一手的数据。

(2)开放性

中国农村家庭调查的开放性在于:一方面,调查所用问卷完全公开,同时欢迎国内外学者在浙江大学驻所开展相关研究,根据合作研究需要,可从问卷设计开始参与或加入调查,共同探讨调查设计、抽样方法、实际调研的系统过程,合作开发利用中国农村家庭调查数据,不断完善中国农村家庭调查的内容设计,发挥其最大的效用价值。另一方面,调查数据所形成的中国农村家庭调查数据库向登记用户开放,有研究需要的用户可通过 http://ssec.zju.edu.cn 提交申请,登记成功后即可使用。

（3）动态性

中国农村家庭调查在客观反映农业农村基本发展情况的同时,还重点把握了当前农村家庭发展的时代特征。例如,考虑到现代信息技术对农户生产生活的冲击,在调查问卷中设计有关网络平台采购、销售对农户生产经营的影响的问题,在兼顾农村家庭生存发展基本状态的同时,紧紧把握住农村发展的时代脉搏。

中国农村家庭调查还通过长期追踪调查与热点主题相结合的方式体现数据的动态性。调查将每两年进行一次,在样本数量、覆盖范围和问卷设计上不断完善,并计划每次都新增切合农村发展热点的专题性调查。

1.4 报告的基本内容框架与特别关注的主题

1.4.1 内容框架

本发展报告保留了《中国农村家庭发展报告》系列的基本框架,以保持内容的连续性和可读性。

中国农村家庭调查报告主要包含调查背景与抽样设计、农村家庭基本特征、农村家庭经济活动和农村家庭与公共服务以及调研结论五篇内容。第一篇为调查背景与抽样设计,包含导论和调查抽样设计等内容;第二篇为农村家庭基本特征,包含家庭基本结构、就业、收支等三章内容;第三篇为农村家庭经济活动,包含农业生产经营、土地利用与流转、人口迁移与市民化等三章内容;第四篇为农村家庭与公共服务,包含社会保障、社区环境和社区治理与公共服务等三章内容;第五篇为调研结论(见图1-1)。

需要注意的是,本报告中使用的数据不仅涉及居住在农村的农村家庭,也包括了居住在城镇的农村家庭(即户口所在地为农村,但在城市接受本项目调查的家庭)。考虑到部分农村人口进城务工的情况,本报告不仅包括与农业和农民相关的农村问题,而且包括与现代城镇生活有关的问题。全书各篇及各章节的主要内容如下:

第一篇中第1章为导论,主要介绍了农村家庭调查的相关历史沿革和本次调查的时代背景、样本概述,着力于将农村家庭调查的历史脉络进行较为清晰的呈现,并将农村家庭调查的原则和目标定位进行概括性描述。

第二篇中第2章为农村家庭的基本结构,分别从家庭、年龄、学历结构和婚姻、健康状况等5个方面对中国农村家庭的基本结构进行了介绍和把握,整体报告了此次调查所得的家庭样本的基本状况。

第3章为农村家庭就业,主要利用中国农村家庭调查数据,从劳动适龄人口与就业人口

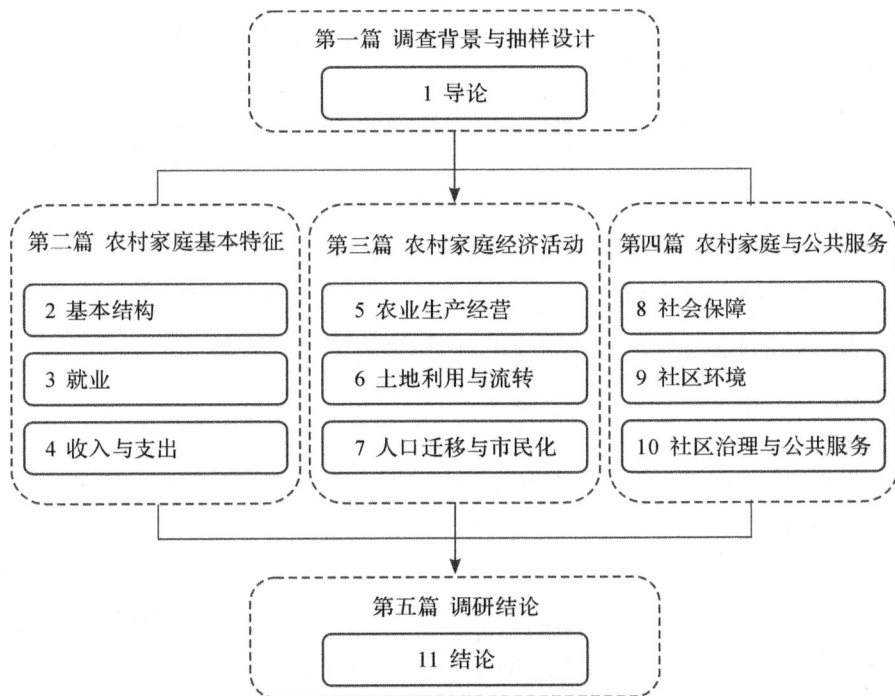

图 1-1　本书框架结构

概况、就业人口构成、不同分化程度的农户及其构成、非农就业人口的构成、不同人群的兼职情况、工作时长和通勤等 7 个方面对各层次人群中不同的就业状况进行了报告。

第 4 章为农村家庭收支,主要从农村社会各群体的收入及其构成情况、收入与构成差异、收入不平等状况、不同社区的收入与收入不平等情况、支出及其构成情况、不同人群的支出及其构成情况、网购支出情况、高等和职业教育及成人进修培训支出情况等 8 个方面对农村家庭的收支状况进行了把握。

第三篇中第 5 章为农村家庭的农业生产经营,分别从农村家庭基本情况、生产经营范围、农业劳动力、农业生产工具、农业用地、农资采购、家庭农业总产值与销售收入和农业生产补贴等 8 个方面报告中国农业生产经营的发展和趋势。

第 6 章为农村家庭土地利用与流转,分别从耕地基本情况和耕地流转 2 个主要方面对当下中国农村家庭土地利用与流转状况进行了梳理,并简要分析了我国农地流转的概况、它所产生的效果以及农地流转行为的影响因素。

第 7 章为农村家庭人口迁移与市民化,分别利用中国农村家庭调查中"居住在农村的农村家庭"样本和"居住在城市的农村家庭(即农民工家庭)"样本对农村居民人口迁移和农民工市民化的现状进行了整体把握。

第四篇中第 8 章为农村家庭的社会保障,分别从养老保险、医疗保险、失业保险、住房公积金和商业保险等 5 个方面对农村家庭的保障基本条件和现状进行了介绍。

第 9 章为农村家庭的社区环境,基于中国农村家庭调查的社区层面数据,主要从村庄概况与人口特征、社区基础设施、集体资产与债务、社区支出与收入和农业用地等5个方面对所调查的行政村状况进行了概述。

第10章为农村社区治理与公共服务，分别从治理主体与机制、治理条件、社区纠纷与矫正、社会组织、社区干部、社会保障、环境保护和社区培训等8个方面对当前农村社区的治理状况进行了统计呈现。

第五篇主要包含第11章结论部分。基于农村家庭调查的数据，该章节从整体报告的角度概括了中国农村家庭的新特点，总结了当下农村家庭微观总体的情况，并对本报告关注的农户分化情况进行了概述。

1.4.2 特别关注主题——农户分化

今年的发展报告，在保持基本内容框架不变的前提下，特别关注了农户分化主题，并将这一主题贯穿在每一章的分析内容中。

2018年的发展报告关注了农村家庭的相对贫困问题，报告的部分结论也为后续的学术研究提供了重要的现实依据。2021年2月25日，习近平总书记在全国脱贫攻坚总结表彰大会上向世界庄严宣告了我国脱贫攻坚战的全面胜利，完成了消除绝对贫困的艰巨任务。如何接续推进全面脱贫与乡村振兴的有效衔接成为社会经济发展的下一个阶段性重大问题。党中央在《"十四五"规划和2035年远景目标》中提出，要"全面实施乡村振兴战略，强化以工补农、以城带乡，推动形成工农互补、城乡互促、协调发展、共同繁荣的新型工农城乡关系，加快农业农村现代化"。在构建这一新型工农城乡关系的过程中，家庭作为社会经济运行网络中的基本微观单元，随着全社会生产经营方式的变革，将首先面临工农就业关系的内部分工和分化。在处理这一组关系中，农村家庭依然处于问题的核心，农村家庭的收入与其收入结构仍是社会衡量"三农"问题的焦点，由家庭收入与收入结构决定的农村家庭分化程度也应成为这一阶段分析农村家庭问题的基础。

农户分化是在工业化和城镇化快速发展阶段出现在农村地区的一个突出现象，学术界主要利用分化带来的异质性对农户具体的生产经营行为进行分析。目前关于分化的界定主要有农民的职业分化和经济分化两类，前者是农户分化的形式，后者则是农户分化的本质。[①]

参照学术界的常用做法，我们以农业收入占家庭总收入的比例对农村家庭分化程度进行区分，具体的划分方法和标准如下：根据表1-3列出的收入计算标准，对家庭的工资性收入、经营性收入（包括农业生产净收入和工商业净收入）、财产性收入和转移性收入进行加总得到家庭可支配收入，然后计算农业经营性收入占家庭可支配收入的比例。当该比例大于90％时，划分为纯农户；大于50％且小于等于90％时，划分为一兼农户；大于10％且小于等于50％时，划分为二兼农户；小于等于10％时，划分为非农户。此外，若家庭从事或参与的工商业项目属于农、林、牧、渔行业，则将其划分为纯农户。

---

① 刘洪仁，杨学成. 转型期农民分化问题的实证研究[J]. 中国农村观察，2005（4）：74-80.

表 1-3　家庭收入计算标准

收入类别		计算标准
工资性收入		受雇于他人或自由职业者获得的税后现金收入和实物折算收入。包括：税后工资收入、税后奖金收入、现金补贴福利以及实物福利的折算金额。并对个人工资性收入加总至家庭
经营性收入	农业生产净收入	家庭从事农业生产获得的农产品的市场价值扣除农业生产成本以后的全部净收入。其中农业生产成本包括：农业雇佣成本、农资采购成本、农业机械使用成本和其他农业经营成本
	工商业净收入	家庭从事或参与的工商业项目（包括个体户、租赁、运输、网店、微商、代购、经营公司企业等），在扣除生产经营成本和税收后获得的工商经营净收入
财产性收入		家庭拥有的房屋、土地、宅基地、商铺出租给他人获得的租金/转出金收入、知识产权收入，以及投资金融产品获得的净收入（包括存款利息、保险分红，和投资股票、债券、基金、金融衍生品、金融理财产品、互联网理财产品、非人民币资产、黄金、借出款等金融资产获得的收入）
转移性收入		包括家庭从政府获得的各种补贴性收入、各类社会救助和补助收入、保险性收入、提取或使用的住房公积金、辞退金、关系性转移收入等

　　基于上述农村家庭分化程度的划分方法，并剔除缺少相应收入数据的样本，2019 年样本类别划分情况如表 1-4 所示。纯农户、一兼农户、二兼农户和非农户的样本户数占比分别为 38.03％、3.27％、13.07％和 45.63％。可以看出，非农户已经在农村家庭中占了较大比例，在这一背景下考察农户分化状况有其必要性。

表 1-4　2019 年农村家庭样本总体情况

	样本总人数/人	样本人数占比/％	样本总户数/户	样本户数占比/％
纯农户	11968	32.96	4270	38.03
一兼农户	1389	3.82	367	3.27
二兼农户	5596	15.41	1467	13.07
非农户	17361	47.81	5124	45.63

1.5　中国农村家庭调查的抽样信息

1.5.1　抽样方案

　　中国农村家庭调查的抽样设计综合考虑了科学性、对照性和追踪性 3 个方面的要求。为了保证样本的随机性和代表性，抽样方案设计了整体抽样方案和末端抽样方案两部分，整体抽样方案采用的是分层、三阶段、与人口规模成比例（PPS）的抽样设计方法，末端抽样采用的是利用"住宅分布地理信息"建立抽样框来进行地图等距抽样。为了保障当年样本的横向可比性，全面考察中国农村家庭状况，以及城镇化进程对农村家庭的影响，调查抽样不仅涉及居住在农村的农村家庭，也包括移居城镇的农村家庭[①]。为了保持历年样本的纵向可比性，考察农村家庭变迁发展情况，调查抽样力求较高的追踪率，历次扩样均以前次调查样本为基础。中国农村家庭调查至今已进行了 5 轮（2011—2019 年），整体抽样方案基本保持了一致。

1.5.2　历年抽样情况概述

2011 年调查样本涵盖了 25 个省（区、市）的 80 个县（市、区）中的 320 个村（居）委会，分布在东、中、西部的比例为 32∶27∶21，其中农村样本规模为 5120 户。

2013 年调查则覆盖了全国除西藏、新疆和港澳台地区外的全部 29 个省（区、市）的 262 个县（市、区）中的 1048 个村（居）委会，农村样本规模为 16511 户。

2015 年则在之前抽样基础上进一步扩大了样本规模，在追踪了 2013 年全部受访户的基础上优化了省级代表性和副省级城市的样本代表性，最终访问到全国 29 个省（区、市）的 363 个县（市、区）中的 1439 个村（居）委会，农村样本规模为 22535 户。

2017 年的调查则包括了追踪回访 2015 年所取得的所有家庭样本，同时优化了全国农村地区和其他部分地区的代表性，得到全国除西藏、新疆和港澳台地区外的全部 29 个省（区、市）的 355 个县（市、区）中的 1428 个村（居）委会，农村样本规模为 608 个农村社区的 12732 户。

2019 年的调查在上一轮调查追踪回访的基础上进一步优化了样本代表性，并替换和新增了部分样本，实际共取得了全国 29 个省（区、市）共 21815 个农村家庭的 69256 人。

限于篇幅，具体抽样方案和样本情况可见往年《中国农村家庭发展报告》和浙江大学社会科学研究基础平台[②]。

[①]　居住在城镇的农村家庭是指居住在城镇且为农业户口的家庭，或居住在城镇现为统一居民户口且获得统一居民户口前是农业户口的家庭，即所谓的农民工家庭。

[②]　浙江大学社会科学研究基础平台网址：http://ssec. zju. edu. cn/sites/main/template/news. aspx? id＝51035。

第二篇

农村家庭基本特征

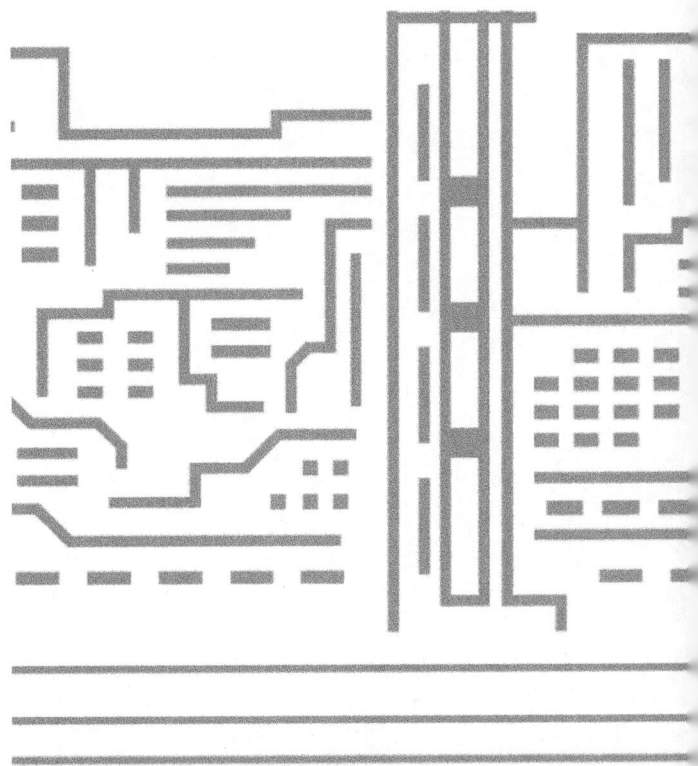

2　农村家庭基本结构

本章利用 2019 年浙江大学中国农村家庭调查样本分析家庭基本结构,并在部分分析中使用 2013—2017 年的调查数据进行比较。2019 年,中国农村家庭调查共收集到有效农村样本 12236 户,个人信息的样本量为 40862 人。研究发现,农村家庭样本的平均家庭规模为 4.07 人,加权后得出全国农村家庭平均规模为 4.27 人,核心家庭和夫妻家庭这两种家庭类型占到我国农村家庭的一半以上,有 47.5% 的家庭有 65 周岁及以上的老人。我国农村人口平均年龄为 38.0 周岁,年龄中位数为 38.0 周岁,其中少儿人口、劳动年龄人口和老年人口占比分别为 15.67%、72.77% 和 11.56%,劳动年龄人口将面临较大的少儿和老年抚养压力。将农户按农业收入占家庭总收入的比重划分为纯农户、一兼农户、二兼农户与非农户后发现纯农户的抚养压力要明显大于其他类型农户。我国农村地区目前有 39.6% 的居民未达到初中学历,与上次调查的 47.6% 相比降低了 8.0%,但是受教育程度在地区和性别间差异明显,东、中、西、东北农村地区[①]完成初中及以上教育的比例分别为 65.0%、59.7%、55.8% 和 62.0%,其中东北农村地区文盲率仅为 5.6%,远低于东、中、西部的 11.2%、12.5% 和 12.4%。男性完成初中及以上教育的比例为 68.0%,而女性仅为 52.2%。受教育程度在不同分化程度农户间的差异也较为明显,纯农户完成初中及以上教育的比例为 47.6%,要明显低于一兼农户、二兼农户与非农户的平均值(65.1%)。在符合我国法定结婚年龄的农村人口中,已婚人口比例为 78.5%,西部地区的未婚比例最高,而未婚比例会随着受教育水平的提高而增大。对于健康情况而言,15.4% 的人 2019 年有过住院经历,其中东部地区(11.7%)与东北地区(12.9%)相对住院比例较低。就自我身体评估而言,51.5% 的农村居民认为自己的身体状况非常好或好,高于 2015 年(45.4%)与 2017 年(50.3%)。男性(54.0%)认为自己的身体状况非常好或好的比例要高于女性(48.8%),东部地区农村居民认为自己的身体状况非常好或好的比例要高于中、西、东北部地区,而纯农户(43.3%)家庭认为自己的身体状况非常好或好的比例要显著低于其他家庭的平均(56.7%)。老年人身体状况评估上,全样本中非常好或好的比例为 22.0%,东部和东北地区为 25.4% 和 25.0%,明显高于中部和西部地区的 20.1% 和 20.0%,但这一比例在纯农户、一兼农户、二兼农户与非

---

①　本报告中关于东、中、西部的划分如下:东部地区包括北京、天津、河北、上海、江苏、浙江、福建、山东、广东、海南 10 个省(市);中部地区包括山西、安徽、江西、河南、湖北、湖南 6 个省;西部地区包括内蒙古、广西、重庆、四川、贵州、云南、西藏、陕西、甘肃、宁夏、青海、新疆 12 个省(区、市);东北地区包括辽宁、吉林、黑龙江 3 个省。

农户的老年人口上没有明显区别。

2.1 家庭结构

2019 年，CRHPS 农村样本的平均家庭规模为 4.1 人，加权后全国农村家庭平均规模为 4.3 人。如图 2-1 所示，按家庭规模分，2019 年我国农村由 1 人组成的家庭占比为 1.7%，由 2 人组成的家庭占比为 18.2%，由 3 人组成的家庭占比为 16.4%，由 4 人组成的家庭占比为 20.6%，由 5 人组成的家庭占比为 17.8%，由 6 人组成的家庭占比为 16.1%，由 7 人组成的家庭占比为 5.6%，由 8 人组成的家庭占比为 1.8%，家庭成员数在 9 人及以上的家庭占比为 1.9%。

农村家庭更多的由较多人口构成，由 4 人及以上组成的比例要明显高于城镇，如由 5 人组成的家庭在农村占比要比城镇高 6.2%，由 6 人组成的家庭则要高 7.9%，相应地，城镇中农民工家庭则主要由 3 人及以下组成，由 2 人组成的家庭在城镇占比为 29.2%，远高于农村的 18.2%，由 3 人组成的家庭在城镇农民工群体中占比为 20.7%，比农村也要高出 4.3%，这体现了我国城镇农民工家庭与农村家庭居住情况的现实差异。

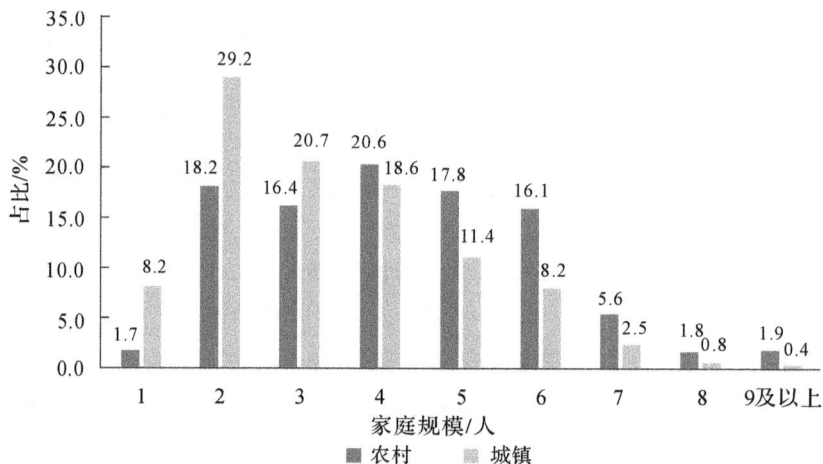

图 2-1　2019 年农村和城镇家庭规模构成

如图 2-2 所示，按家庭类型分，夫妻家庭与核心家庭均占据主导，农村两种家庭结构占比之和达到 55.1%，而城镇则达到 56.6%。2019 年农村夫妻家庭所占比例最大，达到了 32.6%，核心家庭为 22.5%，主干家庭为 11.0%，相比于城镇，农村夫妻家庭数量更多，高于城镇的 26.5%，而农村的核心家庭比例较低（城镇核心家庭比例为 30.1%）。主干家庭相差不多，农村为 11.0%，城镇为 10.4%。另外，单亲家庭与隔代家庭农村比例高于城镇，农村为 4.8% 和 3.4%，对应城镇则为 3.8% 和 2.2%。联合家庭的比例两者均较低且城镇、农村都为 0.4%。

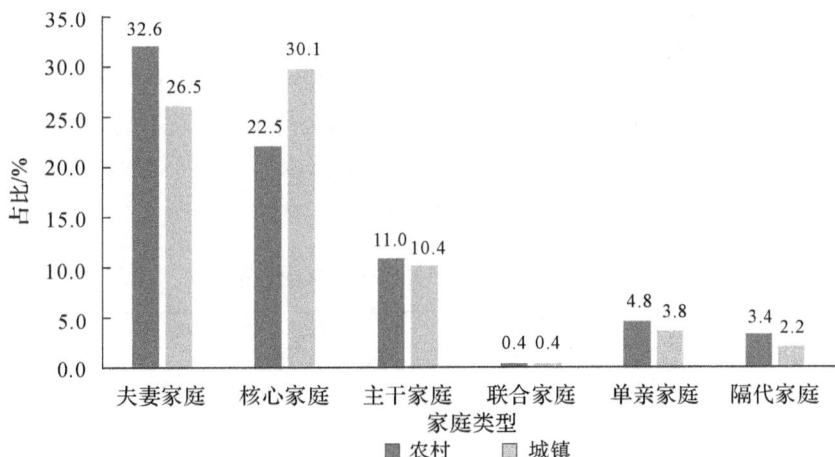

图 2-2 2019 年农村和城镇家庭类型构成

注:夫妻家庭:只有夫妻二人组成的家庭。核心家庭:由父母和未婚子女组成的家庭。主干家庭:由两代或者两代以上夫妻组成,每代最多不超过一对夫妻且中间无断代的家庭。联合家庭:指家庭中有任何一代含有两对或两对以上夫妻的家庭。单亲家庭:至少有一个孩子与单身家长居住在一起的家庭。隔代家庭:有缺代的家庭。

如表 2-1 所示,按家庭规模与代户关系来划分,2019 年农村代户关系中一代户、二代户和三代户比例较高,其中一代户比例最高,达到了 41.4%,远高于其他类别的家庭,另外二代户与三代户分别为 29.7% 和 27.0%,四代及以上户的家庭则只有 1.6%。

表 2-1 2019 年农村家庭规模与代户关系　　　　　　　　　　　　单位:%

家庭规模	规模比例	一代户	二代户	三代户	四代及以上户
一人户	8.4	8.4	0.0	0.0	0.0
二人户	35.5	32.7	2.5	0.3	0.0
三人户	17.5	0.2	14.6	2.6	0.0
四人户	15.2	0.0	9.6	5.0	0.1
五人户	11.2	0.0	2.2	8.7	0.3
六人户	8.6	0.0	0.5	7.7	0.4
七人户	2.7	0.0	0.1	2.1	0.5
八人户	0.8	0.0	0.1	0.5	0.2
九人及以上户	0.3	0.0	0.0	0.2	0.0
总计	100.0	41.4	29.7	27.0	1.6

在一代户家庭中,家庭规模主要组成为二人户(大部分为夫妻家庭),比例为 32.7%,另外,8.4% 的家庭为一人户,0.2% 的家庭为三人户。在二代户家庭中,主要组成为三人户和四人户,分别占到了 14.6% 和 9.6%。另外,还有 2.5% 的家庭为二人户,2.2% 的家庭为五人户,其他家庭类型较少。在三代户家庭中,以四人户、五人户和六人户为主,分别占到了 5.0%、8.7% 和 7.7%。另外,2.6% 的家庭为三人户,2.1% 的家庭为七人户,0.5% 的家庭为八人户,0.2% 为九人及以上户。四代及以上户的家庭总共为 1.6%,主要由六人户和

七人户构成,分别占 0.4% 和 0.5%,其他家庭规模占比较少。

如表 2-2 所示,2019 年全国农村近一半(47.5%)的家庭至少包含一个 65 周岁及以上的老人,其中 25.2% 的家庭只有一个老人,21.9% 的家庭有两个老人,还有 0.4% 的家庭有三个及以上老人。尤其值得注意的是,在全国的农村家庭中,5.7% 的家庭为单身老人户,14.0% 的家庭仅由一对老人组成,这在仅有两个老人的所有家庭中占比达到了 63.9%。

表 2-2　2019 年不同地区含老人家庭分布情况　　　　　　　　　　　　　　单位:%

地区	合计	有一个老人的家庭			有两个老人的家庭			有三个及以上老人的家庭
		小计	单身老人户	其他	小计	仅一对老人	其他	
全样本	47.5	25.2	5.7	19.4	21.9	14.0	7.9	0.4
东部	45.4	24.2	6.6	17.5	20.7	13.9	6.8	0.6
中部	51.2	25.9	6.4	19.5	24.9	16.8	8.1	0.5
西部	48.8	26.8	4.8	22.0	21.8	12.7	9.1	0.3
东北	39.0	20.6	4.5	16.1	18.2	11.4	6.8	0.3

从地区来看,东北地区仅有一个老人的家庭占比最低,为 20.6%,其他三个地区较为接近,分别为东部地区 24.2%,中部地区 25.9%,西部地区 26.8%,东部地区和中部地区单身老人户比例相对较高,为 6.6% 和 6.4%,高于西部地区和东北地区的 4.8% 和 4.5%。中部地区有更多的家庭拥有两个老人,占比为 24.9%,东部地区和中部地区有两个老人家庭的比例较为接近,分别为 20.7% 和 21.8%,东北地区有两个老人家庭的比例最小,为 18.2%,这些地区均存在大量的家庭仅由一对老人组成。另外,在全国的农村家庭中,大约有 0.4% 的家庭拥有三个及以上老人,且该比例在不同地区非常接近,东部地区和中部地区为 0.6% 和 0.5%,西部地区和东北地区较低,均为 0.3%。

如图 2-3 所示,从 2015 年开始,全国农村地区有老人的家庭比例从 39.1% 上升到 43.8% 再到 47.5%,有一个老人的家庭比例分别为 23.2%、24.6% 和 25.2%,有两个老人的

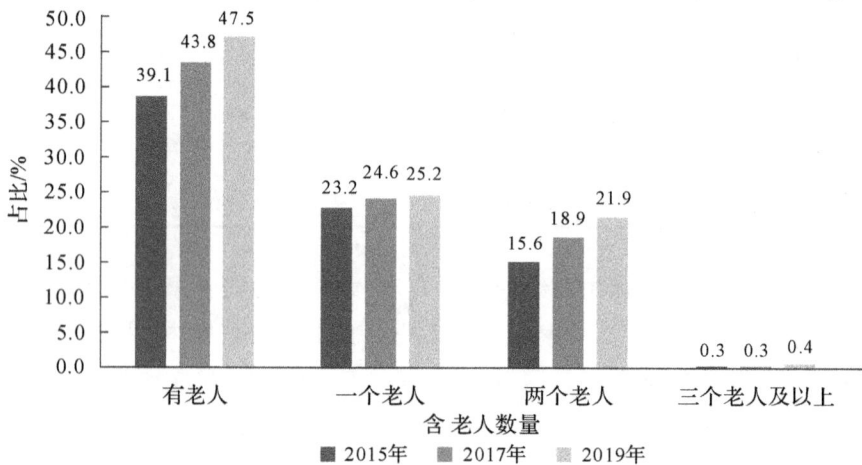

图 2-3　含老人家庭构成

家庭比例则从 15.6％上升到 18.9％和 21.9％,有三个老人及以上的家庭比例相对变化不大。

2.2 年龄结构

如表 2-3 所示,2019 年,我国男性人口占比为 52.3％,高于女性的 47.7％。年龄上面,我国农村人口平均年龄与年龄中位数均为 38.0 周岁,分性别来看,女性的平均年龄和年龄中位数为 38.7 周岁和 40.0 周岁,分别比男性高出 1.4 周岁和 3.0 周岁。在年龄层构成上,男女的劳动年龄人口比例非常接近,分别为 72.8％和 72.7％,男性的少儿人口比例为 16.2％,高于女性的少儿人口比例(15.0％),而男性老年人口比例(10.9％)则低于女性的老年人口比例(12.3％)。

表 2-3　2019 年农村人口年龄结构

性别	平均年龄 /周岁	年龄中位数 /周岁	不同年龄组人口占比/％			
			少儿人口	劳动年龄人口	老年人口	总人口
男性	37.3	37.0	16.2	72.8	10.9	52.3
女性	38.7	40.0	15.0	72.7	12.3	47.7
总体	38.0	38.0	15.7	72.8	11.5	100

注:根据《中国人口和就业统计年鉴》的划分,少儿人口指 14 周岁及以下的人群,劳动年龄人口指 15 周岁及以上和 64 周岁及以下的人群,65 周岁及以上为老年人口,下同。

表 2-3 体现了我国整体"中间大,两头小"的年龄结构。如表 2-3 所示,我国农村家庭少儿人口、劳动年龄人口和老年人口占比分别为 15.7％、72.8％和 11.5％,少儿人口比例和老年人口比例都呈现较小的比例。而如表 2-4 所示,我国农村总抚养比、少儿抚养比和老年抚养比分别为 37.4％、21.5％和 15.9％,劳动年龄人口面临着较大的少儿和老年抚养压力。

我国不同地区农村的总抚养比呈现一定差异,中部地区最高,为 40.8％,其次为西部地区和东部地区,分别为 38.5％和 36.6％,东北地区最低,为 23.5％。东北地区的少儿抚养比和老年抚养比分别为 11.9％和 11.6％,均远低于其他 3 个地区,且少儿抚养比与东部(20.5％)中部(23.3％)和西部地区(23.4％)差距较大。少儿抚养比的较大差异有可能源于地区经济水平差异对生育观念的影响,东北地区经济发展水平与东部地区相比相对较低,与中西部地区相比培养孩子带来的成本偏高,这就会使得养孩子带来的开支占据家庭支出的较大比重,由此在东北地区形成了晚婚晚育的循环,且人口生育意愿与二胎生育意愿均较低。

除了抚养比,人口老龄化率同样体现了一个社会的人口负担水平。根据联合国制定的标准,当一个社会中 65 周岁及以上老年人口占人口总数的 7.0％以上时,该社会就迈入了老龄化阶段。如表 2-4 所示,我国农村整体人口老龄化率达到了 11.6％。在地区间,中部地区的老龄化率最高,达到了 12.5％,东、西、东北部地区分别为 11.8％、10.9％和 9.4％。

表 2-4　2019 年不同地区农村家庭人口负担情况　　　　　　　单位：%

	总抚养比	少儿抚养比	老年抚养比	老龄化率
全样本	37.4	21.5	15.9	11.6
东部	36.6	20.5	16.1	11.8
中部	40.8	23.3	17.5	12.5
西部	38.5	23.4	15.1	10.9
东北	23.5	11.9	11.6	9.4

注：少儿抚养比指少儿人口占劳动年龄人口的比例；老年抚养比指老年人口占劳动年龄人口的比例；总抚养比指少儿和老年总人口占劳动年龄人口的比例。

如表 2-5 所示，根据农业收入占家庭总收入的比重划分出不同分化程度的农户后，可以发现纯农户的总抚养比（49.0%）要远大于一兼农户（22.4%）、二兼农户（30.1%）和非农户（37.0%），其少儿抚养比并未呈现明显的差异，但老年抚养比（28.4%）均明显大于一兼农户（5.4%）、二兼农户（8.1%）和非农户（14.6%）。这可能是由于纯农户经济收益相对较低，存在大量劳动力外流的趋势，同时众多老年人从事农民职业，这就使得劳动力人口下降而老年人口数量保持基本稳定。而对从事兼业的农民而言，其一般较为年轻，同时其父辈并未进入老年人口统计范围，这就使得其老年抚养比数值较低。而非农户群体则呈现出与总体相对保持一致的趋势。

表 2-5　2019 年不同分化程度农户的人口负担情况　　　　　　单位：%

	总体	纯农户	一兼农户	二兼农户	非农户
总抚养比	37.4	49.0	22.4	30.1	37.0
少儿抚养比	21.5	20.6	16.9	22.0	22.4
老年抚养比	15.9	28.4	5.4	8.1	14.6

2.3　学历结构

如表 2-6 所示，2019 年在 16 周岁及以上的我国农村人口中，文盲人口比例为 11.5%；小学学历的人口占比为 28.1%；初中学历的人口占比为 36.3%；高中及以上学历的人口占比为 24.1%；本科及以上学历的人口比例只有 5.2%，整体学历水平较低。初中学历与高中学历之间有一条明显分界线，36.3% 的人获得了初中学历，而获得高中学历的人却仅有 10.9%，可见大量的农村人口在九年义务教育后就不再接受教育。相比于 2017 年，受教育程度为小学及以下的人口比例从 47.7% 降低到 39.6%，尤其是文盲的比例从 16.6% 下降为 11.5%，而相应的，受教育程度在高中及以上的人口比例均有一定提升，整体而言，农村人口的受教育水平正在逐渐提升。

不同地区人口的受教育水平也存在明显差异,东北的文盲率最低,仅为 5.6%,远远低于东部地区(11.2%)、中部地区(12.5%)和西部地区(12.4%),这可能是由于东北地区发展相对较早,在年龄较大人口上教育覆盖面较广。相应地,东部地区受过初中及以上教育的人口比例最高,为 65.2%,其次为东北地区 62.0%、中部地区 59.6%,西部地区最低,为 55.8%。本科及以上学历的人口比例在地区间差异并不明显。因而整体上,地区间存在学历差距,但主要体现在基础教育上。

表 2-6 地区与受教育程度
单位:%

受教育程度	2017 年	2019 年	东部	中部	西部	东北
没上过学	16.6	11.5	11.2	12.5	12.4	5.6
小学	31.0	28.1	23.8	27.8	31.8	32.4
初中	33.2	36.3	39.2	36.0	32.3	41.7
高中	9.6	10.9	12.0	10.9	10.3	8.3
中专/职高	3.0	3.6	4.1	3.3	3.6	2.2
大专/高职	3.1	4.4	4.9	4.4	4.2	3.3
本科及以上	3.5	5.2	4.8	5.1	5.4	6.5

教育程度不仅在地域上存在差异,在性别上也存在显著差异。如表 2-7 所示,2019 年男性的受教育程度普遍高于女性。女性的文盲率高达 17.7%,而男性的文盲率仅有 5.8%;受过初中及以上教育的男性比例为 68.1%,而女性仅为 52.4%,远低于男性。相比于 2017年,男性和女性的受教育程度都有明显提升,而值得注意的是,教育程度为本科及以上时女性受教育程度超过了男性,2019 年与 2017 年女性分别为 5.5% 和 3.7%,男性则为 4.8%与 3.3%。

表 2-7 性别与受教育程度
单位:%

受教育程度	男		女	
	2017 年	2019 年	2017 年	2019 年
没上过学	9.5	5.8	24.2	17.7
小学	30.3	26.2	31.8	30.1
初中	38.5	41.5	27.4	30.8
高中	11.5	12.8	7.5	8.8
中专/职高	3.6	4.2	2.5	2.9
大专/高职	3.3	4.7	2.9	4.2
本科及以上	3.3	4.8	3.7	5.5

如表 2-8 所示，根据农业收入占家庭总收入的比重划分出不同分化程度的农户之后，纯农户受教育水平要明显低于其他家庭。从全国层面来看，纯农户的文盲率为 17.4％，而其他农户最高为非农户的 9.7％，纯农户仅受过小学教育的比例为 35.0％，相应的其他农户中最高的二兼农户比例则为 26.2％，就本科及以上高等教育的受教育比例而言，纯农户为 3.6％，其他类别中最低的一兼农户则为 5.1％。总的来说，在初中及以下，即相对较低的学历范围内，纯农户的比例高于全国平均，而在初中及以上相对较高的学历范围内，纯农户一般低于全国平均，这一点其他农户基本全部与纯农户相反。这可能是由于纯农户经济条件有限，不能给予下一代很好的教育，而下一代难以获得较好的教育，又有可能导致继续务农与贫困，纯农户相对贫困与教育落后的情况可能会形成一个恶性循环，而对于非农户来说则呈现相反循环的态势，这可能引起群体内部加强的趋势。

表 2-8　2019 年不同分化程度农户的受教育程度　　　　　　　　　　　　单位：%

受教育程度	总体	纯农户	一兼农户	二兼农户	非农户
没上过学	11.3	17.4	9.2	9.2	9.7
小学	28.1	35.0	25.4	26.2	25.1
初中	36.3	31.4	39.8	40.8	37.0
高中	10.9	8.9	11.0	10.1	12.1
中专/职高	3.7	1.9	4.1	3.4	4.3
大专/高职	4.4	1.8	5.4	5.0	5.7
本科及以上	5.3	3.6	5.1	5.3	6.1

2.4　婚姻状况

如表 2-9 所示，2019 年在全国农村人口中，未婚人口比例为 14.9％，已婚人口为 78.5％，丧偶人口为 4.6％，其余的婚姻状况（如同居、分居、离婚和再婚）人口比例总共为 2.0％。

在地区层面上，西部地区的未婚人口比例最高，为 16.6％，东部地区和中部地区比较接近，分别为 13.9％和 14.7％，东北地区比例最低，为 12.8％。相应地，东北地区已婚比例最高，达到了 81.4％，东部地区和中部地区已婚比例相近，分别为 77.7％和 78.5％，而西部地区较低，为 76.2％。其他的婚姻状况，如同居、分居、离婚，在群体中占比均不高。相对而言离婚比例较高，且 2019 年较 2017 年有明显增长，东部和中部地区相对较低，分别为 1.3％和 1.1％，西部地区和东北地区较高，分别为 1.6％和 1.9％。丧偶相比于前述三种婚姻状态更为常见，全国农村丧偶人口比例为 6.7％，东、中、西部较为接近，分别为 4.5％、5.1％和

4.6%,东北地区相对较低,为 3.6%。

表 2-9　不同地区农村人口的婚姻状况　　　　　　　单位:%

婚姻状况	2017 年	2019 年	东部	中部	西部	东北
未婚	14.7	14.9	13.9	14.7	16.6	12.8
已婚	77.2	78.5	77.7	78.5	76.2	81.4
同居	0.2	0.3	0.1	0.4	0.5	0.2
分居	0.2	0.3	0.2	0.2	0.5	0.1
离婚	1.0	1.4	1.3	1.1	1.6	1.9
丧偶	6.7	4.6	4.5	5.1	4.6	3.6

注:此表及以下所有涉及婚姻情况的表格中的对象,均针对符合我国法定结婚年龄,即男性≥22 周岁、女性≥20 周岁的群体而言。2015 年问卷中没有"再婚"这一选项。

目前,大龄未婚人群引起了广泛关注。如表 2-10 所示,30 周岁及以上未婚男性比例(6.0%)要明显高于 30 周岁及以上未婚女性(1.0%)比例,我国农村整体 30 周岁及以上未婚男性、30 周岁及以上未婚女性比例为 3.6%,其中农村 30 周岁及以上未婚男性是 30 周岁及以上未婚女性比例的 6 倍,这与表 3-3 中体现的我国农村地区男女人口比例不平衡的情况相印证。

表 2-10　2019 年农村 30 周岁及以上未婚人群分布　　　　　　单位:%

性别	30 周岁及以上人口比例	30 周岁及以上未婚人群比例				
		全样本	东部	中部	西部	东北
男	51.4	6.0	5.1	5.9	7.1	4.6
女	48.6	1.0	1.7	0.4	0.8	1.0
总体	100	3.6	3.4	3.2	4.0	2.9

注:30 周岁及以上未婚男性比例＝30 周岁及以上未婚男性数量/30 周岁及以上男性数量;30 周岁及以上未婚女性比例＝30 周岁及以上未婚女性数量/30 周岁及以上女性数量。

30 周岁及以上未婚男性、30 周岁及以上未婚女性在不同区域的比例也有所不同,西部地区 30 周岁及以上未婚男性、30 周岁及以上未婚女性比例为 4.0%,高于东部(3.4%)、中部(3.2%)和东北(2.9%),这主要是由于尽管西部地区的 30 周岁及以上未婚女性比例为 0.8%,低于东部的 1.7%、东北的 1.0%,微高于中部的 0.4%,但是其 30 周岁及以上未婚男性比例却高达 7.1%,远高于东部(5.1%)、中部(5.9%)和东北(4.6%)。

如表 2-11,从 2011 年到 2015 年,30 周岁及以上未婚男性、30 周岁及以上未婚女性的比例都在提升,而到了 2017 年,总体比例从 2015 年的 3.4% 下降为 3.2%,这主要是由于 30 周岁及以上未婚女性比例从 2015 年的 1.2% 下降为 2017 年的 0.8%,但在 2019 年两者均出现了上涨,30 周岁及以上未婚男性比例从 5.4% 上升到 6.0%,30 周岁及以上未婚女性比例则从 0.8％上升到 1.0％。尽管由于比例的下降,30 周岁及以上未婚男性更容易在婚姻市场上找到配偶,但是绝对数的上升说明 30 周岁及以上未婚男性这一群体在中国农村的扩大。

表 2-11　农村 30 周岁及以上未婚人群比例变化　　　　　　　单位:％

性别	2011 年	2013 年	2015 年	2017 年	2019 年
男性	4.4	5.0	5.4	5.4	6.0
女性	0.7	1.1	1.2	0.8	1.0
总体	2.6	3.1	3.4	3.2	3.6

学历和婚姻状况的关系历来为人们所关注,如表 2-12 所示,在符合法定结婚年龄的群体中,不同学历人群及不同性别人群的未婚比例都存在比较大的差异。这主要体现在两个方面:一方面,低学历男性的未婚比例远远高于低学历女性的未婚比例。例如,没上过学的男性未婚比例为 11.9％,而没上过学的女性未婚比例仅为 1.4％。另一方面,随着学历水平的升高,这一差异总体上在变小。如拥有高中学历的男性未婚比例为 20.1％,女性则为18.1％,到了本科及以上的阶段,男性未婚比例为 55.1％,女性则达到了 53.9％。

表 2-12　2019 年农村学历与未婚比例　　　　　　　　　　单位:％

学历	全样本	男性	女性
没上过学	4.1	11.9	1.4
小学	4.1	7.3	1.1
初中	9.3	12.2	5.3
高中	19.3	20.1	18.1
中专/职高	29.9	33.9	23.6
大专/高职	40.9	40.3	41.4
本科及以上	54.8	55.1	53.9

另外值得关注的一点在于,在全国农村样本中,随着学历的升高,未婚比例都呈现出非常明显的上升趋势,整体样本从没上过学的 4.1％,上升到本科及以上学历的 54.8％,这主要是因为高等教育普及时间较晚,学历水平较低的人更多的是年龄相对较大的人群,大部分都已经结婚,而获得本科及以上学历的人大部分为年轻群体,未婚率相对较高。

2.5　健康情况

如表 2-13 所示,在全国农村样本中,绝大多数人(84.6％)2019 年没有住院经历。有住院经历的情况也存在地区差异,东部地区与东北地区比例较低,分别为 11.7％和 12.9％,而中部与西部地区则相对较高,分别为 16.1% 和 18.6%。分性别来说,女性住院比例为 16.9%,明显高于男性的 14.1%,这可能是由于统计中将生育导致的住院计算在内导致的。

表 2-13　2019 年是否住过院(包括生育)　　　　　　　　单位:%

是否住院	全样本	东部	中部	西部	东北	男性	女性
是	15.4	11.7	16.1	18.6	12.9	14.1	16.9
否	84.6	88.3	83.9	81.4	87.1	85.9	83.1

表 2-14 是我国农村人口对自身身体状况的评估情况。2019 年,18.4% 的农村人口认为自己的身体状况非常好,33.1% 的人认为自己的身体状况好,仅有 12.6% 和 4.3% 的农户认为自己的身体状况不好或非常不好。整体上,农村人口对自我身体状况评估较为良好。相比于 2017 年和 2015 年,自我评价为"非常好"的比例上升了 1.6% 和 5.0%,而自我评价为"不好"的比例下降了 3.3% 和 3.6%,整体而言,农村人口对自我身体状况的评估有所改善。

表 2-14　分男女自我身体状况评估　　　　　　　　单位:%

身体状况	全样本			男性			女性		
	2015 年	2017 年	2019 年	2015 年	2017 年	2019 年	2015 年	2017 年	2019 年
非常好	13.4	16.8	18.4	14.9	18.5	20.0	11.7	14.9	16.7
好	32.0	33.5	33.1	33.7	34.4	34.0	30.2	32.5	32.1
一般	34.3	29.1	31.6	34.2	29.0	31.6	34.4	29.2	31.7
不好	16.2	15.9	12.6	13.8	14.0	10.7	18.9	18.0	14.7
非常不好	4.1	4.7	4.3	3.4	4.1	3.7	4.8	5.4	4.8

不同性别的自我身体状况也存在差异。2019 年,整体上,男性对自我身体情况的评估要好于女性,自我评价为"非常好"和"好"的男性为 54.0%,高于女性的 48.8%,评价为"一般"的男性(31.6%)与女性(31.7%)相似,而评价为"不好"和"非常不好"的男性(14.4%)则低于女性(19.5%)。相比于 2015 年,男性和女性的自我身体情况的评估均有明显改善,自我评价为"好"和"非常好"的男女比例均有上升,而自我评价为"不好"和"非常不好"的比例均有下降,这体现了我国在农村居民身体健康素质提升上的努力。

不同地区农村人口对自我身体状况的评估差别较大。如表 2-15 所示,东部地区和中部地区人口对自我身体状况的评估要稍微好于东北和西部地区。2019 年,东部和中部地区认为自己身体非常好的比例为 21.0% 和 21.8%,高于西部的 12.2% 和东北的 18.6%,而认为自己身体好和非常好的比例,东部地区和中部地区为 53.5% 和 52.4%,对应的西部和东北地区的比例均为 49.1%。相比于 2017 年,就自我评价为"好"和"非常好"的比例,除了东部从 55.8% 下降到 52.5% 之外,中部从 48.0% 上升到 52.4%,西部从 47.3% 上升为 49.1%,东北从 47.9% 上升为 49.1%,均有比较显著的提高。

表 2-15　分地区农村人口自我身体状况评估　　　　　　　　单位：%

身体状况	东部		中部		西部		东北	
	2017 年	2019 年	2017 年	2019 年	2017 年	2019 年	2017 年	2019 年
非常好	20.5	21.0	20.3	21.8	12.1	12.2	18.2	18.6
好	35.3	32.5	29.8	30.6	35.2	36.9	29.7	30.5
一般	28.5	32.2	29.3	29.6	29.6	32.5	34.1	34.3
不好	12.8	11.3	14.2	13.0	17.6	13.6	13.3	12.7
非常不好	2.9	3.0	5.5	5.0	5.5	4.8	4.7	3.9

根据农业收入占家庭总收入的比重划分出不同分化程度的农户后，发现纯农户家庭成员的自我评估水平劣于其他家庭。如表 2-16 所示，总体来说，在 2019 年，18.4% 的人认为自己的身体状况非常好，33.1% 的人认为自己身体状况好，而纯农户中 15.3% 的人认为自己的身体状况非常好，27.0% 的人认为自己身体状况好，其相对应的一兼农户中认为自己的身体状况非常好和好的比例为 25.0% 和 34.2%，二兼农户为 21.9% 和 34.4%，非农户为 18.7% 和 35.8%，均要高于纯农户。在自我评价较差的不好和非常不好的人中，全国 12.6% 的人认为自己的身体状况不好，4.3% 的人认为自己身体状况非常不好，而纯农户中 17.2% 的人认为自己的身体状况不好，6.8% 的人认为自己身体状况非常不好，远高于一兼农户的 8.0% 和 2.3%，二兼农户的 9.6% 和 3.3% 和非农户的 11.0% 和 3.4%。这可能是因为农户收入分类可以在一定程度上反映部分农户的收入与工作情况，这也会影响他们的身体健康与自我认知。

表 2-16　2019 年不同分化程度农户的自我身体状况评估　　　　　　　单位：%

身体状况	总体	纯农户	一兼农户	二兼农户	非农户
非常好	18.4	15.3	25.0	21.9	18.7
好	33.1	27.0	34.2	34.4	35.8
一般	31.6	33.7	30.5	31.8	31.1
不好	12.6	17.2	8.0	9.6	11.0
非常不好	4.3	6.8	2.3	3.3	3.4

老年人的身体健康情况是社会普遍关注的话题，如表 2-17 和表 2-18 所示，单独观察超过 65 岁人口的身体状况，在 2019 年，东部和东北地区自我身体状况评估为"非常好"和"好"的人口分别为 25.4% 和 25.0%，超过了全国平均的 22.0%，而中部和西部则以 20.1% 和 20.0% 低于全国平均。在性别方面，男性身体自我评估状况好于女性，男性自我身体状况评估为"非常好"的比例为 8.1%，"好"的比例为 18.9%，高于女性的 5.7% 和 13.5%，相对应地，男性自我身体状况评估为"不好"和"非常不好"的比例为 26.6% 和 10.8%，低于女性的

33.1％和15.2％。这说明我们应该更加关注老年女性的身体健康情况。

同样地,考察不同分化程度的老年农户可以发现2019年一兼农户的老年人口自我身体评估好于纯农户、二兼农户与非农户,自我身体状况评估为"一般"及以上的一兼农户为69.8％,远高于纯农户的57.8％、二兼农户的58.8％和非农户的56.2％。相应地,自我身体状况评估为"不好"或"非常不好"的一兼农户则为30.2％,远低于另外三者。

表 2-17　老年人口的自我身体状况评估　　　　　　　　　　　单位:％

老年人身体情况	全样本	东部	中部	西部	东北	男性	女性
非常好	6.9	9.7	6.0	4.2	8.1	8.1	5.7
好	15.1	15.7	14.1	15.8	16.9	18.9	13.5
一般	35.0	37.4	34.9	32.8	37.6	37.6	32.5
不好	29.9	27.8	29.4	33.1	26.6	26.6	33.1
非常不好	13.1	7.4	15.6	14.1	10.8	10.8	15.2

表 2-18　不同分化程度农户的老年人口自我身体状况评估　　　单位:％

	纯农户	一兼农户	二兼农户	非农户
非常好	7.3	7.0	9.2	6.3
好	14.9	17.4	13.0	15.5
一般	35.6	45.4	36.6	34.4
不好	29.6	18.5	27.6	31.0
非常不好	12.6	11.7	13.6	12.8

3 农村家庭就业

　　本章主要利用中国农村家庭调查中"居住在农村的农村家庭"样本，分析农村家庭的就业情况。研究发现，农村劳动适龄人口占农村总人口的比重为 70.5%。农村劳动适龄人口中就业人口的比重为 82.4%，该比重中部地区显著高于东、西、东北地区。农村就业人口中农业就业人口的比重为 50.9%，该比重从东部、中部、西部到东北部依次递增。农村就业人口中，男性占比明显高于女性，男性与女性的占比差异由东部地区向中部、西部、东北部依次递减。农业就业人口中女性占比较高，农业生产呈现"女性化"特点。绝大多数的农村就业人口处于中间年龄段，集中在 45—54 周岁。人口老龄化问题在农村就业人口中十分明显，农业就业人口的老龄化程度明显高于整体就业人口，且老龄化趋势在男性就业人口中表现更突出。绝大部分农村就业人口的受教育程度为初中及以下，其中初中教育程度的人群占比最高。东部地区就业人口受教育程度最高，中部、西部次之，东北部最低。男性就业人口受教育程度较女性高，尤其体现在 35 周岁及以上就业人口中。

　　农村家庭中非农户家庭占比最高，纯农户家庭次之，二兼农户、一兼农户占比最少。不同地区农户分化程度具有明显差异。东、中部地区农户构成与全样本一致，非农户最多，其次为纯农户、二兼农户和一兼农户。西部地区非农户与纯农户占比非常接近，其次为二兼农户和一兼农户。东北地区纯农户占比超过非农户，成为占比最多的农户分化类型。从不同收入水平地区的农户分化程度分布来看，随着收入的增加，非农户、一兼农户和二兼农户占比呈现增加趋势，纯农户占比呈现下降趋势。纯农户家庭就业人口的平均年龄最大，非农户家庭就业人口平均年龄最小。纯农户的平均年龄从东部、中部、西部到东北地区依次递减。

　　农村的非农就业人口主要就业于采矿、制造业和建筑业。各行业的性别构成符合行业需求，采矿、制造业和建筑业等重体力行业的男性就业人口占比明显高于女性。住宿与餐饮业、房地产业等行业的男、女占比相近。科教文卫、批发和零售业、金融业则主要就业人群为女性。就各行业的年龄分布来看，农、林、牧、渔业就业者（仅包含农业雇工）年龄主要集中在 45—55 岁。采矿、制造业，建筑业，电力、热力、煤气及水生产和供应业的就业者年龄主要集中在 25—54 周岁。其余行业如金融业、信息传输、软件和信息技术服务业、科教文卫行业的就业者年龄则明显集中于 24—34 周岁。各行业的受教育程度构成同样与行业需求一致，农、林、牧、渔业就业者（仅包含农业雇工），采矿、制造业，建筑业，交通运输、仓储和邮政业等教育门槛较低行业主要就业者的受教育程度集中在初中及以下。金融业、信息传输、软件和信息技术服务业、科教文卫等教育门槛较高行业的就业者受教育程度集中于高职/大专/本科及以上。

农村就业人口整体兼职比例为 12.4%。中部地区兼职比例最高,而西部地区兼职比例最低。农村男性就业人口中兼职群体占比远高于女性,该差距在中部地区最为明显。兼职人群占比随年龄呈倒 U 形变化,年龄为 45—54 周岁的人群占比最高。兼职群体在受教育程度为初中的农村就业人口中占比最高,在教育程度为高职/大专/本科及以上就业人口中占比最小。中等收入群体中兼职人群占比较高,低收入群体中占比最低。

农村就业人口全年平均工作月份数为 9.3,工作月平均每月工作 24.2 天,工作日平均每天工作 9.2 小时,长于 8 小时工作制工作时长。分地区来看,东部地区全年平均工作月份数最长,但工作日平均每天工作小时数最短。全年平均工作月份数由东部向中部、西部、东北部依次递减,但工作日每天平均工作小时数则依次递增。工作月平均每月工作天数,东北地区最高,其次为中部地区,随后为东部地区,西部地区最短。男性的全年平均工作月数和工作月平均每月工作天数均低于女性,但工作日每天工作小时数高于女性。全年平均工作月份数、工作日平均每天工作小时数均随就业人口的年龄呈倒 U 形变化,全年平均工作月份数在 35—44 周岁达到峰值,工作日每天工作小时数在 45—54 周岁达到峰值。工作月平均每月工作天数则随年龄增加逐渐减小。随着教育程度的增加,全年平均工作月份数逐渐增加,工作月平均每月工作天数先增加后减少。工作日平均每天工作小时数则随教育程度增加逐渐减少,越来越接近 8 小时。总体而言,农村就业人口的工作时长与其工资性收入呈正相关关系,充分体现了"多劳多得"的分配特点。

农村就业人口主要通勤方式为"电动车或摩托车"和"步行",其他类型的通勤方式占比很小。在东部地区,最主要的通勤方式为"电动车或摩托车",而中、西部和东北地区为"步行"。虽然以"私家车"作为通勤方式的农村就业人口占比很小,但该比例随家庭总收入增加而增加,而以步行为通勤方式的人群占比随收入增加而降低。45.6% 的农村就业人口单程通勤时间在 15 分钟以下,单程通勤时间不低于 60 分钟的人群占比很小。西部地区农村就业人口的单程通勤时间明显长于东、中和东北地区。单程通勤时间总体上随收入增加而减少。

3.1　劳动适龄人口与就业人口概况

农村总人口中,年龄在 16—64 周岁的人群被称为农村的"劳动适龄人口"。在本调查中,年龄在 16 周岁及以上且报告有工作的人群被称为"就业人口"。其中,就业性质为"务农"的人群被称为"农业人口",其他类型就业性质的人群被称为"非农人口"。

表 3-1 报告了全样本以及东、中、西与东北地区农村的劳动适龄人口与就业人口概况。劳动适龄人口概况由劳动适龄人口占农村总人口的百分比表示,就业人口概况由就业人口占劳动适龄人口的百分比表示。在劳动适龄人口和就业人口中,还进一步对男性和女性的占比进行了比较。表 3-1 显示,就总样本而言,农村劳动适龄人口占农村总人口的比重为

70.5%。东、中、西和东北地区该比重分别为70.7%、68.9%、70.2%和78.7%,东北地区劳动适龄人口占比最高,东、中、西三地劳动适龄人口占比相差都不大。就全样本而言,劳动适龄人口中就业人口比重为82.4%,东、中、西和东北地区该比重分别为80.5%、85.1%、81.6%和82.8%,中部地区就业人口占比最高。就全样本而言,就业人口中农业人口的比重为50.9%,东、中、西和东北地区该比重分别为43.3%、49.7%、55.1%和69.2%,呈现依次递增趋势。无论是从全样本还是分地区来看,女性劳动适龄人口在农村女性总人口中的占比与男性劳动适龄人口在农村男性总人口中的占比相差都不大。女性就业人口在女性劳动适龄人口中的占比普遍低于男性。全样本来看,男性就业人口在男性劳动适龄人口中的占比高达90.36%,分地区来看,中部最高,东部次之,而后为东北与西部地区。女性农业人口在农村女性就业人口中的比重明显高于男性。

表 3-1 2019 年农村劳动适龄人口与就业人口概况　　　　　单位:%

人口类型	全样本	东部	中部	西部	东北
劳动适龄人口/农村总人口	70.5	70.7	68.9	70.2	78.7
劳动适龄人口/农村总人口（男）	70.5	70.3	69.4	70.0	78.6
劳动适龄人口/农村总人口（女）	70.6	71.2	68.3	70.3	78.8
就业人口/劳动适龄人口	82.4	80.5	85.1	81.6	82.8
就业人口/劳动适龄人口（男）	90.3	89.6	92.6	88.8	89.6
就业人口/劳动适龄人口（女）	73.8	70.9	76.6	73.8	75.5
农业人口/就业人口	50.9	43.3	49.7	55.1	69.2
农业人口/就业人口（男）	43.8	37.0	41.9	47.8	63.4
农业人口/就业人口（女）	60.3	51.7	60.3	64.9	76.6

注:按照国际标准,年龄在15—64周岁的人群为劳动适龄人口,结合中国关于就业年龄的规定,将15周岁的人群排除在劳动适龄人口范围外。以下涉及年龄的均同此规定。

3.2　就业人口构成

本节主要关注就业人口的构成,从性别、年龄、教育程度三方面分析了农村就业人口的构成。其中表3-2、表3-3分别衡量了农村就业人口与农村农业人口中男性、女性人群的占比;表3-4报告了16—24周岁、25—34周岁、35—44周岁、45—54周岁、55—64周岁和65周岁及以上等六个年龄组的人群占比;表3-5报告了小学及以下、初中、高中/中专/职高和高职/大专/本科及以上等四组人群在就业人口中的占比。同时,在分析就业人口的年龄、教育程度构成时,还进一步比较了男性与女性的构成差异。

3.2.1 性别构成

表 3-2 显示,就业人口中男性占比明显高于女性。全样本中男性和女性就业人口在总人口中的占比分别为 57.3%、42.7%。东、中部地区男性与女性占比差异高于西部、东北地区。东北地区男性与女性就业人口占比差异最小,同时女性在就业人口中的占比最高,为 44.0%。

表 3-2　2019 年农村就业人口的性别构成　　　　　　单位:%

性别/就业人口	全样本	东部	中部	西部	东北
男	57.3	57.4	57.7	57.0	56.0
女	42.7	42.6	42.3	43.0	44.0

如表 3-3 所示,在农业人口性别构成中,可以看出除东北地区外,全样本与分地区样本中女性占比均高于男性,呈现出农业生产"女性化"的特征。

表 3-3　2019 年农村农业人口的性别构成　　　　　　单位:%

性别/农业人口	全样本	东部	中部	西部	东北
男	49.3	49.1	48.6	49.5	51.4
女	50.7	50.9	51.4	50.5	48.6

3.2.2 年龄构成

表 3-4 显示绝大多数农村就业人口处于 25—34 周岁、35—44 周岁、45—54 周岁这三个年龄阶段,总占比达到 65.6%。在这三个年龄阶段中,45—54 周岁占比最高,达 26.3%。分地区来看,西部地区 16—24 周岁人群占比在不同地区中最高,而 55 周岁及以上人群占比最低,整体老龄化程度最轻。东部、中部和东北地区老龄化程度高于西部地区。

表 3-4　2019 年农村就业人口的年龄构成　　　　　　单位:%

年龄	全样本	东部	中部	西部	东北
16—24 周岁	5.1	4.2	5.2	6.2	3.6
25—34 周岁	21.0	19.2	22.0	22.7	17.9
35—44 周岁	18.3	18.6	17.4	18.7	18.7
45—54 周岁	26.3	27.4	24.0	26.3	31.5
55—64 周岁	17.5	19.3	18.1	14.4	20.3
65 周岁及以上	11.8	11.3	13.3	11.7	8.0

为考察农业人口与非农人口中男女就业者年龄构成的差异,图 3-1 报告了就业人口中男性与女性的年龄分布。结果显示,农业人口的年龄分布峰值出现在 45—54 周岁;非农业人口的年龄峰值出现在 25—34 周岁,农业人口呈现出明显的老龄化特征。

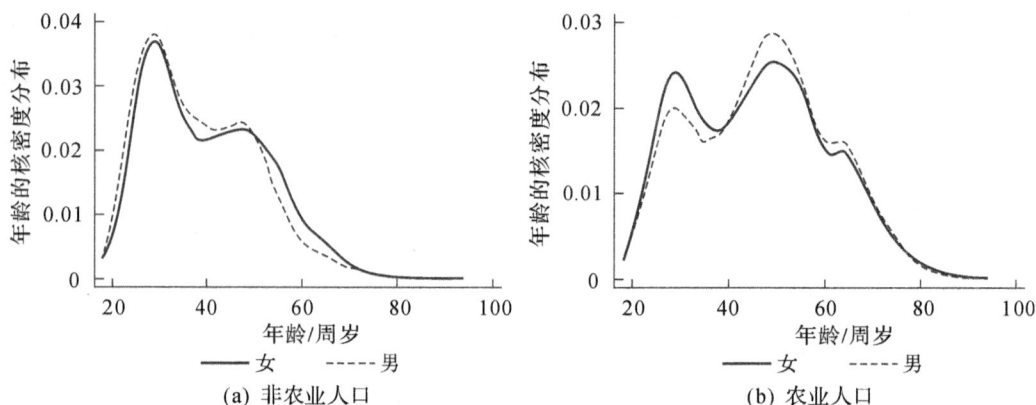

图 3-1　2019 年各性别就业人口的年龄分布

在农业人口中,农业就业女性的年龄峰值集中在 25—34 周岁,而男性的年龄峰值集中在 45—54 周岁,男性农业人口老龄化显著快于女性,这表明农业人口主要由两大群体构成:年轻女性和老年男性;非农人口则相反,25—34 周岁与 45—54 周岁的男性非农就业人口均多于女性。

3.2.3　教育程度构成

表 3-5 显示,绝大多数农村就业人口的受教育程度在初中及以下,总占比达到 80.0%。初中教育程度人群占比最高,达到 41.1%;小学及以下次之,达 38.9%。分地区来看,东部地区小学及以下就业人口占比最低,高中/中专/职高及以上占比最高,整体受教育程度最高。西部地区整体受教育程度最低,西部地区小学及以下教育程度人群占比最高,达45.3%,而高等教育(高职/大专/本科及以上)人群占比最低,为 6.5%。

表 3-5　2019 年农村就业人口的受教育程度构成　　　　　　单位:%

受教育程度	全样本	东	中	西	东北
小学及以下	38.9	32.1	40.2	45.3	36.9
初中	41.1	45.0	40.0	36.8	47.2
高中/中专/职高	12.8	15.0	12.8	11.4	8.8
高职/大专/本科及以上	7.2	7.9	7.0	6.5	7.1

表 3-6 报告了男女就业人口受教育程度构成差异,结果显示小学及以下教育程度人群在农村女性就业人口中占比明显高于男性,而高中/中专/职高教育程度人群在农村男性就业人口中的占比明显高于女性,男性整体受教育程度高于女性。随着受教育程度的提高,男

女差异逐渐缩小,小学及以下教育程度在女性中占比高于在男性中占比 18.5%,初中受教育
程度在男性中占比高于在女性中占比 12.4%,高中/中专/职高在男性中占比多于在女性中
占比 6.1%,而高职/大专/本科及以上受教育程度人群男女占比差异不大,均为 7.2% 左右。

表 3-6　2019 年农村男性、女性就业人口的受教育程度构成　　　　　单位:%

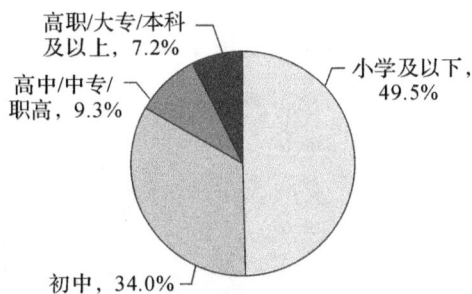

性别	小学及以下	初中	高中/中专/职高	高职/大专/本科及以上
男	31.0	46.4	15.3	7.3
女	49.5	34.0	9.3	7.2

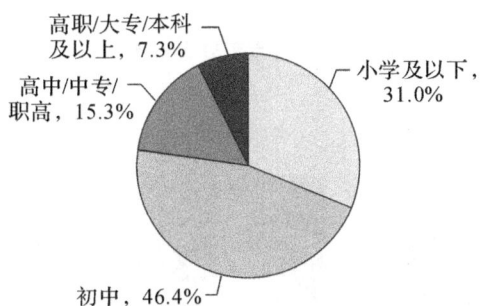

(a) 农村男性就业人口受教育程度构成　　　　(b) 农村女性就业人口受教育程度构成

图 3-2　2019 年农村男性、女性受教育程度构成

就业人口的教育程度构成在不同年龄、性别人群中有明显差异。图 3-3 体现了各年龄
组中男性、女性初中及以下教育程度者的占比。结果显示 16—24 周岁与 25—34 周岁的男
性初中及以下教育程度人口占比高于女性,其中 16—24 周岁差异更为明显,而 25—34 周岁
差异明显缩小。这有可能是因为,作为农村家庭的重要劳动力,年轻男性辍学进入劳动力市
场或外出打工普遍较早,因此在 24 岁以下的就业人口中低教育程度男性占比高于女性。对
于其他年龄段,女性就业人口中该类人群的占比均高于男性就业人口,整体来看男性就业人
口教育程度高于女性就业人口,与表 3-6 结论一致。

在图 3-3 的分年龄段的比较中,可以看出随着年龄段的提高,男性和女性就业人口中初
中及以下教育程度者占比明显上升,25—34 周岁的男性、女性初中及以下受教育程度占比
分别为 57.7%、54.1%;而 35—44 周岁男性、女性初中及以下受教育程度占比大幅提升为
81.4%、85.7%。在男性和女性就业人口中,35 周岁以下就业人口的教育程度明显优于 35
周岁及以上人口,这与 20 世纪 80 年代以来"科教兴农"等战略对农村教育问题的关注有关。

图 3-4 进一步报告了农业就业人口与非农就业人口在不同年龄阶段教育程度的构成。
明显可以看出,各个年龄阶段初中及以下教育程度人群在农业就业人口中占比均明显高于
非农就业人口,并且该差异随着年龄的增加而缩小,因此在年轻人口当中,农业就业与非农
就业人口的受教育程度差异更大。

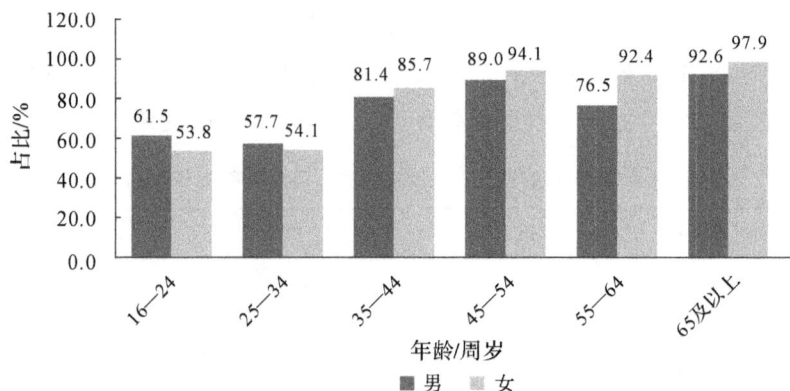

图 3-3　2019 年各年龄组男性、女性就业人口初中及以下教育程度者占比

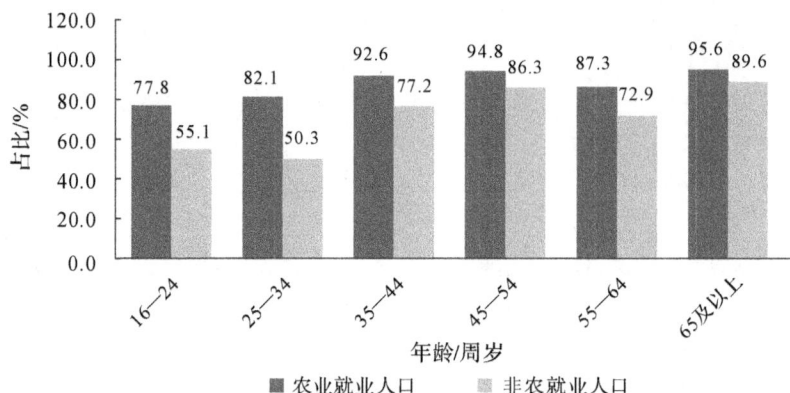

图 3-4　2019 年各年龄组农业、非农就业人口初中及以下教育程度者占比

3.3　不同分化程度的农户及其构成

　　根据农业纯收入在家庭总收入中的占比，将农户分化程度划分为纯农户（90％以上）、一兼农户（50％—90％）、二兼农户（10％—50％）和非农户（10％以下）。对于家庭工商业收入与工资性收入均为 0 而农业纯收入大于 0 的家庭，不论其农业纯收入在家庭总收入中占比是多少，均归类为纯农户。本节将对农户分化程度、农户的就业分布概况、不同收入地区的分布和年龄结构进行分析。

3.3.1　不同分化程度农户概况

　　表 3-7 报告了按农业收入占家庭总收入的比重划分的不同分化程度农户在全样本与各地区的分布。非农户的家庭占比最高，为 45.6％；其次为纯农户，占比 35.5％；兼业农户占比最低，为 17.9％，其中一兼农户占比明显低于二兼农户，仅占比 3.7％。分地区来看，东北地区的纯农户和一兼农户在四个地区中占比最高，而非农户占比明显低于其他地区。东部

地区的纯农户占比最低,而非农户占比显著高于其他地区。整体来看,在农村家庭中农业纯收入占家庭总收入的比重由东北部、西部、中部向东部依次降低。

表 3-7 2019 年农户分化程度构成概况   单位:%

分化程度	全样本	东部	中部	西部	东北
纯农户	36.5	32.2	35.3	40.0	46.6
一兼农户	3.7	2.5	3.2	4.2	9.0
二兼农户	14.2	11.4	16.0	15.4	14.8
非农户	45.6	53.9	45.5	40.4	29.6

3.3.2 不同收入水平地区的农户分化程度

根据国家统计局公布的 2019 年各省人均 GDP 数据,将调研省份分为三个区域,分别为高收入、中收入和低收入省份。表 3-8 对不同收入省份的农户分化程度构成进行了报告。高收入省份的非农户占比显著高于中、低收入省份,而中、低收入省份的纯农户家庭与兼业农户占比更高。

表 3-8 2019 年依据省份收入水平划分的农户分化程度构成概况   单位:%

分化程度	高收入省份	中收入省份	低收入省份
纯农户	35.6	39.4	34.0
一兼农户	2.9	3.2	5.3
二兼农户	11.5	15.4	15.8
非农户	50.0	42.0	44.9

3.3.3 不同分化程度农户的平均年龄

表 3-9 报告了按农业收入占家庭总收入的比重划分的不同分化程度农户的年龄结构。家庭人口平均年龄从非农户到二兼农户、一兼农户、纯农户依次递增,随着农业纯收入在家庭总收入中占比的增加,家庭平均年龄呈现出明显的老龄化特征。而从地区间的横向比较来看,中部地区纯农户老龄化最为严重,平均年龄 56.1 周岁;东北地区纯农户平均年龄最小,为 51.1 周岁。就整体年龄分布而言,东、中部地区老龄化快于西部、东北地区。

表 3-9 2019 年各分化程度农户的就业人口平均年龄   单位:周岁

分化程度	全样本	东部	中部	西部	东北
纯农户	54.1	55.7	56.1	52.0	51.1
一兼农户	44.2	44.7	45.1	43.5	43.6
二兼农户	44.2	46.4	44.5	42.3	43.4
非农户	42.7	43.3	42.5	41.9	43.1

3.4 非农就业人口的构成

在对农村就业人口和农村家庭分化程度分析的基础上，本节对农村非农就业人口的行业构成进行分析，并进一步分析各行业非农就业人口的性别、年龄和受教育程度。

3.4.1 行业构成

表 3-10 显示，非农就业主要集中在采矿、制造业；建筑业和居民服务、修理和其他服务业，总占比达 52.4%。其中采矿、制造业吸纳了最多的农村非农就业人口。就地区而言，东、中、西、东北部的非农就业结构差异不大。总的来看，非农就业仍集中在以体力需求为主的行业中。信息传输、软件和信息技术服务业，科教文卫，金融业等以脑力需求为主的行业占比较低，仅 11% 左右。

表 3-10　2019 年非农就业人口的行业构成　　　　　　　　　　单位：%

行业	全样本	东部	中部	西部	东北
农、林、牧、渔业	3.0	3.4	2.4	2.6	6.3
采矿、制造业	21.6	24.1	23.6	18.8	9.4
建筑业	19.7	17.5	20.3	21.5	20.7
电力、热力、煤气及水生产和供应业	2.7	4.5	1.6	1.8	2.2
批发和零售业	6.3	6.7	5.1	7.4	5.7
交通运输、仓储和邮政业	5.0	4.8	5.3	4.7	6.5
住宿与餐饮业	6.5	5.0	6.9	7.6	7.8
信息传输、软件和信息技术服务业	2.9	2.8	3.1	2.8	3.7
金融业	1.1	1.2	0.9	1.2	1.3
房地产业	1.2	1.2	1.4	1.2	0.2
科教文卫	7.3	6.6	7.5	7.8	7.3
居民服务、修理和其他服务业	11.1	9.7	12.3	11.0	13.5
公共管理、社会保障和社会组织	6.8	7.6	5.7	6.9	7.9
其他	4.8	4.9	3.9	4.7	7.5

注：非农就业人口中的"农、林、牧、渔业"仅包含农业雇工，不包含农业就业人口，下同。

3.4.2 各行业就业人口的性别构成

表 3-11 反映了各行业就业人口的性别构成。性别构成符合各行业特点：农、林、牧、渔

业,采矿、制造业,建筑业,电力、热力、煤气及水生产和供应业,交通运输、仓储和邮政业等对体能要求较高的行业,男性占比较高,达到60%—90%。而批发和零售业、金融业、科教文卫等更适合女性从事的行业女性占比较高,达到60%—70%。住宿与餐饮业等行业男女占比相近。

表3-11 2019年各行业就业人口的性别构成 单位:%

行业	男	女
农、林、牧、渔业	62.0	38.0
采矿、制造业	60.1	39.9
建筑业	92.6	7.4
电力、热力、煤气及水生产和供应业	84.8	15.2
批发和零售业	34.7	65.3
交通运输、仓储和邮政业	84.0	16.0
住宿与餐饮业	47.8	52.2
信息传输、软件和信息技术服务业	70.0	30.0
金融业	29.2	70.8
房地产业	58.4	41.6
科教文卫	39.3	60.7
居民服务、修理和其他服务业	61.4	38.6
公共管理、社会保障和社会组织	70.1	29.9
其他	67.8	32.2

3.4.3 各行业就业人口的年龄构成

从行业年龄构成来看,农、林、牧、渔业主要吸纳年龄较大的非农就业人口,就业人口年龄集中在45周岁及以上。而采矿、制造业,建筑业,电力、热力、煤气及水生产和供应业,批发和零售业,交通运输、仓储和邮政业等体力需求较大的行业,就业人口主要集中在25—44周岁。而像信息传输、软件和信息技术服务业,金融业,科教文卫等脑力需求较大的行业,就业人口同样大量集中在25—34周岁的年轻人中。

表3-12 2019年各行业就业人口的年龄构成

行业	16—24周岁	25—34周岁	35—44周岁	45—54周岁	55—64周岁	65周岁及以上
农、林、牧、渔业	1.2	11.9	17.4	34.5	22.9	12.1
采矿、制造业	9.9	35.3	26.3	21.4	5.9	1.2

续表

行业	16—24周岁	25—34周岁	35—44周岁	45—54周岁	55—64周岁	65周岁及以上
建筑业	3.9	28.6	23.1	30.3	12.2	1.9
电力、热力、煤气及水生产和供应业	8.2	28.6	30.0	23.3	7.9	2.0
批发和零售业	16.5	44.6	19.9	15.8	2.4	0.8
交通运输、仓储和邮政业	10.5	37.1	27.4	17.9	5.4	1.7
住宿与餐饮业	25.5	36.4	19.2	13.9	4.7	0.3
信息传输、软件和信息技术服务业	18.4	61.8	14.0	4.6	0.9	0.3
金融业	10.0	67.0	19.8	0.4	2.3	0.5
房地产业	6.9	57.7	10.7	10.6	13.7	0.4
科教文卫	10.6	46.0	17.4	16.9	7.8	1.3
居民服务、修理和其他服务业	12.9	33.5	20.8	19.0	10.1	3.7
公共管理、社会保障和社会组织	3.8	24.6	17.6	25.9	18.6	9.5
其他	11.0	39.1	22.8	19.3	6.6	1.2

3.4.4　各行业就业人口的教育构成

各行业就业人口的教育构成同样符合行业特点。农、林、牧、渔业，采矿、制造业，建筑业，电力、热力、煤气及水生产和供应业，批发和零售业，交通运输、仓储和邮政业，住宿与餐饮业等教育门槛较低行业，就业人员受教育程度主要集中在初中及以下。而信息传输、软件和信息技术服务业，金融业，科教文卫等行业教育门槛较高，就业人员受教育程度主要集中在高职/大专/本科及以上。

表3-13　2019年各行业就业人口的教育程度构成　　　　　　　　　　单位:%

行业	小学及以下	初中	高中/中专/职高	高职/大专/本科及以上
农、林、牧、渔业	39.6	44.0	12.4	4.0
采矿、制造业	24.3	49.3	18.6	7.8
建筑业	31.9	52.7	9.4	6.0
电力、热力、煤气及水生产和供应业	25.5	44.9	15.6	14.0
批发和零售业	15.1	48.7	22.2	14.0
交通运输、仓储和邮政业	16.6	50.9	18.1	14.4
住宿与餐饮业	20.6	60.1	13.2	6.1

行业	小学及以下	初中	高中/中专/职高	高职/大专/本科及以上
信息传输、软件和信息技术服务业	8.7	28.8	21.0	41.5
金融业	0.3	21.7	20.8	57.2
房地产业	16.2	35.6	31.7	16.5
科教文卫	8.5	16.3	19.6	55.6
居民服务、修理和其他服务业	20.1	48.1	20.8	11.0
公共管理、社会保障和社会组织	11.0	33.2	27.1	28.7
其他	18.8	45.4	21.0	14.8

3.5 不同人群的兼职情况

除了主要工作之外还有其他工作的情况被视为"兼职"。本部分根据就业人口的个人信息从性别、年龄、教育程度等角度进行人群间兼职情况的比较。另外,本部分还比较了地区间的差异,并将家庭总收入作为人群归类依据加入到分析中。

3.5.1 不同地区人群的工作数量

如表 3-14 所示,87.6%的农村就业人口只有 1 份工作,有其他工作的人群占农村就业人口的 12.4%。分地区来看,西部地区农村就业人口中有其他工作的人群占比最小,为11.5%,略低于中、东北与东部地区的 13.9%、12.7%和 11.8%。

表 3-14　2019 年不同地区就业人口工作数量　　　　　　　　单位:%

工作数量	全样本	东部	中部	西部	东北
1 份	87.6	88.2	86.1	88.5	87.3
2 份及以上	12.4	11.8	13.9	11.5	12.7

3.5.2 不同性别人群的兼职情况

表 3-15 依据性别划分群体,比较各类群体的兼职情况。结果显示,从全样本来看,农村男性就业人口中兼职群体占比远高于女性,达到 15.7%,约为农村女性就业人口中兼职群体占比的 2.0 倍。分地区比较,农村男性就业人口中兼职群体占比普遍高于女性,其中两类就业群体中兼职群体占比差距最大的为中部地区,约为 115.6%(基于农村女性就业人口中兼

职人群的占比）；东北部次之，约为 94.5%（基于农村女性就业人口中兼职人群的占比）；其次为西部与东部，分别为 86.7%、86.3%（基于农村女性就业人口中兼职人群的占比）。

表 3-15　2019 年不同地区男性、女性就业人口兼职情况　　　　单位：%

性别	全国	东部	中部	西部	东北
男	15.7	14.6	18.0	14.3	16.2
女	8.0	7.9	8.3	7.7	8.3

3.5.3　不同年龄人群的兼职情况

表 3-16 依据农村就业人口的年龄划分群体，对比不同群体的兼职情况。结果显示，兼职人群在农村就业人口中的占比随年龄呈倒 U 形变化。年龄为 45—54 周岁的农村就业人口中兼职群体占比最高，达 16.6%；年龄为 16—24 周岁的农村就业人口中兼职群体占比最低，为 4.8%。兼职群体在农村就业人口中的占比在各地区间均随就业人口年龄呈倒 U 形变化，峰值普遍出现在 45—55 周岁。西部地区峰值出现在 35—44 周岁，但 45—54 周岁兼职人群占比与峰值相近。16—24 周岁年龄段兼职群体占比在各地间普遍较低。

表 3-16　2019 年不同地区各年龄组就业人口兼职情况　　　　单位：%

年龄	全样本	东部	中部	西部	东北
16—24 周岁	4.8	3.9	3.0	6.9	5.0
25—34 周岁	7.9	8.1	8.3	7.2	9.3
35—44 周岁	14.3	12.8	14.8	15.8	13.4
45—54 周岁	16.6	14.4	20.5	15.3	16.4
55—64 周岁	14.9	15.0	17.5	12.0	13.4
65 周岁及以上	7.6	7.4	9.3	5.9	6.4

3.5.4　不同教育程度人群的兼职情况

表 3-17 依据农村就业人口教育程度划分人群，比较各类群体的兼职情况。结果显示，兼职群体在教育程度为初中的农村就业人口中占比最高，为 14.4%，在教育程度为高职/大专/本科及以上的农村就业人口中占比最小，为 5.5%。分地区看，各地区兼职群体的占比随教育程度的变化规律基本一致，除东北地区为高中/中专/职高教育程度的人群占比最高外，其他地区均为初中教育程度人群占比最高。横向比较来看，中部地区高职/大专/本科及以上教育程度人群占比最高，是占比最低的东北地区的 196.1%（基于东北地区农村就业人口中兼职人群的占比）。教育程度为高中/中专/职高的人群在东北地区占比最高，是占比最低的东部地区的 73.7%（基于东部地区农村就业人口中兼职人群的占比）。初中及以下教育程

度人群占比在地区间差异不大。

表 3-17 2019 年各地区不同教育程度就业人口兼职情况   单位：%

受教育程度	全样本	东部	中部	西部	东北
小学及以下	11.7	11.9	12.7	10.7	11.3
初中	14.4	13.6	15.9	13.6	14.5
高中/中专/职高	12.3	9.8	15.6	11.0	17.0
高职/大专/本科及以上	5.5	4.7	6.9	5.7	2.3

3.5.5 不同收入人群的兼职情况

表 3-18 依据农村就业人口家庭总收入的分布将人群划分为低收入组（家庭总收入分布在 20％以下）、中低收入组（家庭总收入分布在 20％—40％）、中等收入组（家庭总收入分布在 40％—60％）、中高收入组（家庭总收入分布在 60％—80％）和高收入组（家庭总收入分布在 80％及以上），比较各类群体的兼职情况。结果显示，中等收入群体中兼职人群占比较高，低收入群体中兼职比例最低。兼职人群占比随家庭总收入的变化规律在地区间无明显差异。横向比较来看，东部地区低收入人群兼职比例最低，而东北地区高收入人群兼职比例最高。

表 3-18 2019 年不同地区各收入组就业人口兼职情况   单位：%

收入	全样本	东部	中部	西部	东北
低收入组	5.2	3.7	5.9	5.8	4.9
中低收入组	13.4	12.9	16.1	12.3	10.1
中等收入组	15.8	16.4	17.0	13.4	17.5
中高收入组	14.8	14.9	15.1	14.1	15.5
高收入组	12.4	10.5	14.8	11.8	15.4

3.6 不同人群的工作时长

表 3-19 报告了全国农村就业人口工作时长概况，表 3-20、表 3-21、表 3-22、表 3-23、表 3-24 分别从性别、年龄、教育程度、收入与行业角度对非农就业人口的工作时长进行了描述性

统计。其中，工作时长由全年工作月份数[①]、工作月平均每月工作天数[②]、工作日平均每天工作小时数来衡量。

3.6.1 不同地区的工作时长

如表 3-19 所示，农村就业人口调查前一年平均工作月份数为 9.3 个月，工作月平均每月工作 24.2 天，工作日平均每天工作 9.2 小时，略高于 8 小时工作制工作时长。分地区看，东北地区农村就业人口全年平均工作月份数明显低于东、中、西部，但其工作月平均每月工作时长和工作日平均每天工作时长均为四地区最高。从东部、中部、西部直到东北地区，全年平均工作月数逐渐缩短，但每月的平均工作天数与工作日平均每天工作小时数都逐渐增长。这种工作状态与当地气候特点有很大关系。

表 3-19　2019 年不同地区就业人口工作时长概况

工作时长	全样本	东部	中部	西部	东北
月/年	9.3	9.7	9.1	9.0	8.9
天/月	24.2	24.1	24.6	23.9	24.9
时/天	9.2	9.2	9.2	9.3	9.9

3.6.2 不同性别非农就业人口的工作时长

表 3-20 对比不同性别的农村就业群体的工作时长。结果显示，农村女性就业人口全年平均工作月份数与每月平均工作天数均高于男性；而男性的工作日平均每天工作小时数高于女性。

表 3-20　2019 年男性、女性就业人口工作时长

工作时长	男	女
月/年	9.1	9.5
天/月	24.1	24.6
时/天	9.3	9.1

3.6.3 不同年龄非农就业人口的工作时长

表 3-21 依据农村就业人口的年龄划分群体，对比不同群体的工作时长。结果显示，全

---

① 样本总体为 16 周岁及以上且未丧失劳动能力、非在校学习的个体。

② 样本总体为"全年工作月份数"的子样本，仅包括其中工作性质为：受雇于他人或单位（签订正规劳动合同）、临时性工作（没有签订正规劳动合同，如打零工）、自由职业和其他（志愿者）的个体。工作日平均每天工作小时数的样本总体与之相同。

年平均工作月份数、工作日平均每天工作小时数均随就业人口的年龄整体呈倒 U 形变化。全年平均工作月份数在年龄为 35—44 周岁的就业人口中达到峰值,工作日平均每天工作小时数在 35—44 周岁的就业人口中达到峰值。工作月平均每月工作天数则总体上随就业人口的年龄增长呈下降趋势。

表 3-21　2019 年各年龄组就业人口工作时长

工作时长	16—24 周岁	25—34 周岁	35—44 周岁	45—54 周岁	55 周岁及以上
月/年	8.8	9.5	9.5	9.0	9.1
天/月	25.1	24.6	24.2	23.9	22.9
时/天	9.2	9.3	9.4	9.3	8.8

3.6.4　不同教育程度非农就业人口的工作时长

表 3-22 依据农村就业人口的教育程度划分群体,对比不同群体的工作时长。结果显示,教育程度为初中、高中/中专/职高的就业人口工作月平均每月工作天数高于教育程度处于两端的就业人口,呈现两端低、中间高的特点;工作日平均每天工作小时数随就业人口教育程度上升而降低,而全年平均工作月份数随着就业人口受教育程度的上升而增加。受教育程度为小学及以下的就业群体的平均每天工作小时数最高,但其他两项工作时长指标均为最低。上述统计结果在一定程度上表明,农村就业人口工作的稳定性与其受教育程度正相关,受教育程度越高,工作越稳定,表现为全年工作的月份数更多,每天工作时间更接近 8 小时。

表 3-22　2019 年不同受教育程度就业人口工作时长

工作时长	小学及以下	初中	高中/中专/职高	高职/大专/本科及以上
月/年	8.3	9.1	10.0	10.3
天/月	23.3	24.3	25.1	24.3
时/天	9.4	9.4	9.1	8.8

3.6.5　不同非农收入就业人口的工作时长

表 3-23 根据年工资收入分布将农村非农就业人口均分为低收入组(年个人工资收入处于 20% 以下)、中低收入组(年个人工资收入处于 20%—40%)、中等收入组(年个人工资收入处于 40%—60%)、中高收入组(年个人工资收入处于 60%—80%)和高收入组(年个人工资收入处于 80% 及以上)五类,比较每类人群的工作时长。

结果显示,全年平均工作月份数、工作月平均每月工作天数均与农村就业人口的工资性收入呈正相关关系,随工资性收入增加而增加,体现了"多劳多得"的分配特点。其中,全年平均工作月份数由低收入组的 7.3 个月上升至高收入组的 10.6 个月,工作月平均每月工作天数由低收入组的 22.7 天上升至高收入组的 25.0 天；而工作日平均每天工作小时数则与工资性收入呈现倒 U 形关系。中等与中高收入组的每天平均工作小时数并列最高，为 9.4 小时，而其他收入组每天平均工作小时数均为 9.2 小时。

表 3-23　2019 年各收入组就业人口工作时长

工作时长	低收入组	中低收入组	中等收入组	中高收入组	高收入组
月/年	7.3	8.8	9.5	10.1	10.6
天/月	22.7	24.0	24.5	25.0	25.0
时/天	9.2	9.2	9.4	9.4	9.2

3.6.6　不同行业非农就业人口的工作时长

表 3-24 比较了不同行业的工作时长，结果表明不同行业的工作时间具有明显的行业特点。建筑业等全年平均工作月份数与工作月平均每月工作天数均较短，但工作日平均每天工作小时数明显高于其他行业。而科教文卫，公共管理、社会保障和社会组织等工作比较稳定的行业全年平均工作月份数与工作月平均每月工作天数均较长，但工作日平均每天工作小时数更接近 8 小时。而像交通运输、仓储和邮政业，住宿与餐饮业等服务性行业则全年平均工作月数、工作月平均每月工作天数与工作日平均每天工作小时数都很长。

表 3-24　2019 年不同行业非农就业人口工作时长

行业/工作时长	月/年	天/月	时/天
农、林、牧、渔业	7.7	22.3	9.0
采矿、制造业	9.9	25.2	9.4
建筑业	7.6	22.4	9.5
电力、热力、煤气及水生产和供应业	9.3	23.9	9.6
批发和零售业	9.8	25.5	9.3
交通运输、仓储和邮政业	9.5	25.3	9.8
住宿与餐饮业	9.2	26.6	9.7
信息传输、软件和信息技术服务业	9.9	25.2	9.2
金融业	9.8	24.0	8.6
房地产业	8.8	25.1	8.9
科教文卫	10.1	24.0	9.0
居民服务、修理和其他服务业	9.6	24.9	9.2
公共管理、社会保障和社会组织	11.0	23.5	8.0
其他	8.9	23.4	9.2

3.7 不同人群的通勤方式和通勤时间

本部分样本为农村就业人口中就业身份为"雇员"的个体,考察不同地区和不同收入人群的通勤方式和通勤时间。

3.7.1 不同地区非农就业人口的通勤方式和通勤时间

表 3-25 显示,"步行"是农村就业人口最主要的通勤方式,占比为 41.9％;其次是"电动车或摩托车",占比为 32.9％;10.5％的农村就业人口采用"公共交通"作为通勤方式;其他类型的通勤方式占比很小。分地区看,农村就业人口主要的通勤方式为"步行"和"电动车或摩托车"。在东部地区,农村就业人口最主要的通勤方式为"电动车或摩托车";而中、西和东北地区农村就业人口最主要的通勤方式为"步行",且该类人群占比远高于东部地区。

表 3-25   2019 年不同地区非农就业人口通勤方式概况 单位：％

通勤方式	全样本	东部	中部	西部	东北
公共交通	15.2	13.2	14.9	17.6	17.2
私家车	11.8	15.9	7.9	10.6	14.0
打车	3.7	2.4	4.0	4.7	5.9
电动车或摩托车	35.6	44.9	34.7	28.1	18.3
自行车	6.3	8.4	5.6	4.4	6.9
步行	32.9	22.1	38.6	38.4	42.6
单位班车	2.9	2.9	2.5	2.8	5.5
其他	4.5	3.6	5.1	4.4	8.1

表 3-26 报告了农村就业人口单程通勤时间。结果显示,超过一半的农村就业人口单程通勤时间在 15 分钟以下,单程通勤时间为 15—29 分钟、30—44 分钟的人群在农村就业人口中的占比分别为 25.2％和 10.6％,单程通勤时间为 45—59 分钟、60 分钟及以上人群占比较小,分别为 3.5％和 5.8％。分地区看,西部地区单程通勤时间不超过 30 分钟的人群占比为 77.2％,远低于东、中部地区的 81.9％和 80.6％,而其单程通勤时间不低于 60 分钟的人群占比为 7.1％,明显高于东、中部地区的 4.5％和 6.2％。西部通勤时间整体高于东、中、东北地区。

表 3-26　　2019 年不同地区非农就业人口通勤时间概况　　　　　　单位：%

通勤时间	全样本	东部	中部	西部	东北
15 分钟以下	45.6	44.0	47.4	43.8	56.0
15 至 29 分钟	30.3	31.8	29.0	31.3	24.0
30 至 44 分钟	10.3	10.8	10.9	9.0	10.8
45 至 60 分钟	5.5	5.2	5.7	5.9	3.9
60 分钟以上	8.3	8.2	7.0	10.0	5.3

3.7.2　不同收入非农就业人口的通勤方式和通勤时间

根据年家庭总收入分布将农村就业人口均分为低收入组、中低收入组、中等收入组、中高收入组和高收入组五类（具体分类方式同 3.5.5）。随着收入的增加，"私家车"和"打车"的占比明显增加，"步行"的占比明显下降。"自行车"和"电动车或摩托车"的占比先增加后下降。"公共交通"的占比在各收入组间没有明显差异。

表 3-27　　2019 年各收入组非农就业人口通勤方式　　　　　　单位：%

通勤方式	低收入	中低收入	中等收入	中高收入	高收入
公共交通	13.9	14.9	14.2	14.3	16.7
私家车	2.4	5.4	6.2	9.5	19.7
打车	2.2	3.1	3.2	3.5	4.5
电动车或摩托车	27.3	34.8	38.4	37.5	32.9
自行车	5.7	8.9	6.2	5.3	6.4
步行	41.4	27.0	35.2	33.7	29.2
单位班车	3.7	1.3	1.9	2.5	4.3
其他	7.9	5.3	5.3	4.6	3.6

表 3-28 依据不同收入水平划分了农村非农就业人口的通勤时间。随着收入的增加，通勤时间在 15 分钟以下的人群占比逐渐增加，而在 60 分钟以上的人群占比逐渐降低，说明随着收入的增加，通勤便利程度在逐渐增加。

表 3-28　　2019 年不同收入水平的非农就业人群的通勤时间　　　　　　单位：%

	15 分钟以下	15—29 分钟	30—44 分钟	45—60 分钟	60 分钟以上
低收入	40.8	31.4	8.9	12.3	6.6
中低收入	40.4	30.1	11.8	6.7	11.0
中等收入	44.6	29.5	10.2	7.1	8.6
中高收入	46.0	29.0	10.1	5.4	7.4
高收入	46.1	32.0	10.2	3.9	7.8

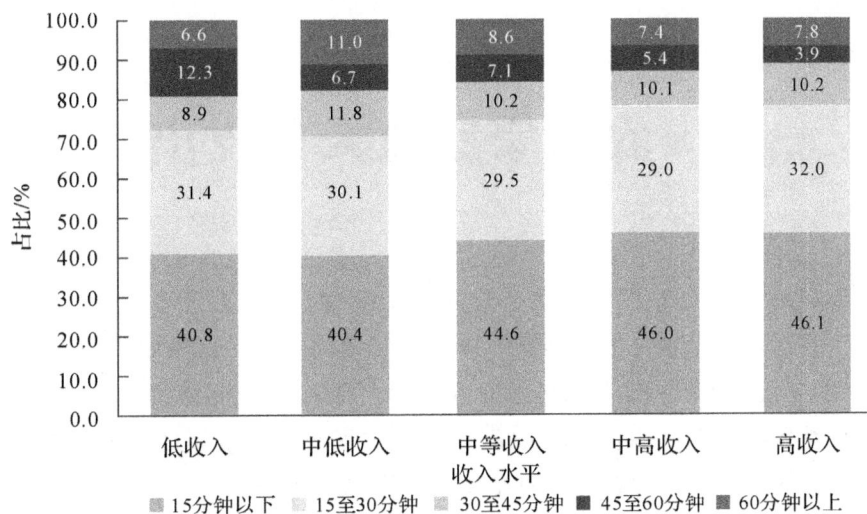

图 3-5 2019 年不同收入非农就业人群的通勤时间柱形图 单位：%

图 3-5 更为直观地显示了不同收入人群的通勤时间分布的变化，可以看到随着收入的增加，15 分钟以下、15—30 分钟等较短通勤时间人群占比越来越大，而 45—60 分钟、60 分钟以上较长通勤时间人群占比逐渐降低。

4　农村家庭收入与支出

本章主要利用2019年中国农村家庭调查中的"居住在农村的家庭"样本，分析农村家庭的收支情况。在部分对比研究中，使用了"居住在城镇的农业户口家庭"（即农民工家庭）样本。研究发现，工资性收入是农村家庭总收入的最主要来源，农业纯收入是西部和东北地区农村家庭第二重要的收入来源，而东、中部地区农村家庭第二重要的收入来源为转移性收入。东部地区农村家庭的户均总收入明显高于西部、东北地区。

得益于较多的农业纯收入、工资性收入和工商业收入，户主为男性的家庭具有较高的总收入水平。户均总收入、工资性收入和工商业收入总体上随户主年龄先上升后下降，农业纯收入在户主为45—54周岁的家庭中最高，财产性收入随户主年龄增加而上升，转移性收入则随户主年龄先上升后下降。整体而言，户均总收入随户主教育程度的提高而上升。农业纯收入随户主教育程度的提高先上升后下降，户主为初中受教育程度家庭的农业纯收入最高；转移性收入随户主教育程度的提高先下降后上升；其他非农业收入则随户主教育程度提高而不断上升。农民工家庭的总收入水平最高、工商业收入最高而农业纯收入最少。有外出经验的农民家庭的农业纯收入与非农收入均在农民家庭和农民工家庭之间。农民家庭户均总收入最低，具有最高的农业纯收入以及最低的工资性收入、工商业收入与财产性收入。在根据农业收入占家庭总收入的比重划分的四类农户中，一兼农户的户均总收入最高，纯农户的户均总收入最低。一兼农户的农业纯收入远高于其他三类农户，非农户和二兼农户则具有更高的工资性收入和工商业收入，而纯农户除转移性收入外其他收入均较低。

农村家庭户均总收入的基尼系数为0.531，非农业收入的基尼系数远低于农业纯收入，在非农收入中工资性收入的基尼系数最小，财产性收入的基尼系数最大。西部地区的总收入、农业纯收入、非农业收入的基尼系数均高于东、中、东北地区。无论是家庭总收入还是各分项收入的基尼系数，省内差异的贡献都很小，而组间重叠部分始终占据着贡献最大的部分。社区的社会救助支出、公共事务支出与社区户均总收入整体呈正相关关系。社区的社会救助与各项收入的基尼系数总体上呈负相关关系，尤其体现在工商业收入方面。

对各地区而言，总支出中消费性支出的占比均最高，东、中、西部地区家庭的消费性支出占比明显高于东北地区家庭。东北地区家庭转移性支出和农业生产支出的占比高于东、中、西部地区。就全样本而言，消费性支出中食品支出、生活居住支出、教育娱乐支出的占比较大。分地区看，东部地区的食品支出、生活居住支出占比较中、西、东北部高，较高的食品支出反映出东部地区较高的市场化水平；中部地区的各类支出整体处于中间水平，教育娱乐支出明显高于东、西部地区；西部地区交通通信支出占比最高，其他类支出在四地间同样处于中间水平;东北地区食品支出和生活居住支出占比最低,较低的食品支出可能是由于存在较多自产自销情况导致的。东北地区教育娱乐支出、医疗保健支出、衣着支出和日用品与耐用品支出占比最高。

无论是全样本还是分地区来看,按支出项目分,红白喜事支出在转移性支出中的占比最高,其中东北地区最高,中部次之;按支出对象分,对父母、岳父母之外其他亲属/非亲属的转移性支出占比最高,其中东北地区最高,西部次之。户均总支出随教育程度的提高而升高,除医疗保健支出在消费支出中的占比随教育程度的提高而下降外,其他消费性支出均随教育程度的提高而呈上升趋势;转移性支出同样随着教育程度的提高而上升;农业生产支出则随教育程度提高先上升后下降,户主为初中教育程度家庭的农业生产支出最高。户均总支出随着年龄的上升呈现倒 U 形变化,其中35—44 周岁人群的户均总支出最高。消费性支出同样随户主年龄呈倒 U 形变化,其中食品支出占比整体随年龄增加而下降;交通通信、教育娱乐支出占比在中间年龄段家庭中明显较高;医疗保健支出占比则在年龄较大家庭中较高。家庭的总支出随着家庭收入的增加而增加。除医疗保健支出随着收入的增加而下降外,其他细分支出均随着收入的增加而增加。农民工家庭的户均总支出水平最高,其次是有外出经验的农民家庭;消费性支出、转移性支出的规律与此一致。农业生产支出则相反,有农民家庭中最高,其次是有外出经验的农民家庭,而在农民工家庭中最低。农民工家庭的教育娱乐支出占比显著高于其他两类家庭,而其他支出占比低于其他两类家庭。

在农村家庭中,有网购支出的家庭占比较多,在农民工家庭中网购参与率达到54.9%,其次为有外出经验的农民家庭43.2%,最后为农民家庭27.9%。分地区而言,东部地区农村家庭的网购参与率高于中、西部地区;东北地区的网购参与率整体低于其他三个地区。网购消费的参与率随着收入的增加而上升。随着户主年龄的增加,网购消费的参与率先上升后下降,25—34 周岁人群的参与率最高。

高等和职业教育及成人培训支出随着家庭总收入的增加而整体呈上升趋势,其在消费支出中的占比先上升后下降。高等和职业教育及成人培训支出及其占比随着教育程度的上升呈现增加趋势,其中高职/大专/本科及以上人群的高等和职业教育及成人培训支出相较高中/中专/职高家庭增幅最大。

4.1　收入及其构成情况

本章主要利用中国农村家庭调查中的"居住在农村的家庭"样本,分析农村家庭的收支情况。在部分对比研究中,使用了"居住在城镇的农业户口家庭"(即农民工家庭)样本。

农村家庭的总收入由农业纯收入和非农业收入组成。其中,农业纯收入是农业收入扣除农业生产成本后的剩余部分。根据来源划分,非农业收入包括工资性收入、工商业收入、财产性收入、转移性收入和其他收入等五部分。在本调查中,除工资性收入、转移性收入中的养老金和年金是在个人层面统计而获得的之外,其余各项收入都以家庭为单位进行统计。为统一口径,将上述三种收入也在家庭层面上加总。最终,各项收入均以家庭为单位进行统计。

表 4-1 报告了全样本和东、中、西、东北地区农村家庭的各项户均收入,图 4-1 报告了全样本农村家庭收入构成。就全样本来看,2018 年中国农村家庭户均总收入为 41487.9 元,其中 15.0% 为农业纯收入,85.0% 为非农业收入。在非农业收入中,工资性收入占总收入比重最大,为 63.9%;转移性收入和工商业收入的占比次之,分别为 14.0% 和 6.0%;财产性收入仅占非农业收入的 1.1%。

表 4-1　2018 年农村家庭各项户均收入

收入类型及占比	全样本	东部	中部	西部	东北
总收入/元	41487.9	46942.3	40133.5	37310.7	38904.4
农业纯收入/元	6231.2	5342.9	4492.7	6924.6	13673.7
农业收入/元	11311.3	10417.5	9164.2	11237.9	22881.5
农业纯收入在总收入中占比/%	15.0	11.4	11.2	18.6	35.1
非农业收入/元	35256.7	41599.4	35640.8	30386.1	25230.7
工资性收入/元	26524.5	31330.8	27074.0	22983.9	17479.7
工商业收入/元	2500.3	3645.2	2499.4	1594.6	1035.1
财产性收入/元	455.9	622.2	370.4	277.6	711.1
转移性收入/元	5776.0	6001.2	5697.0	5530.0	6004.8

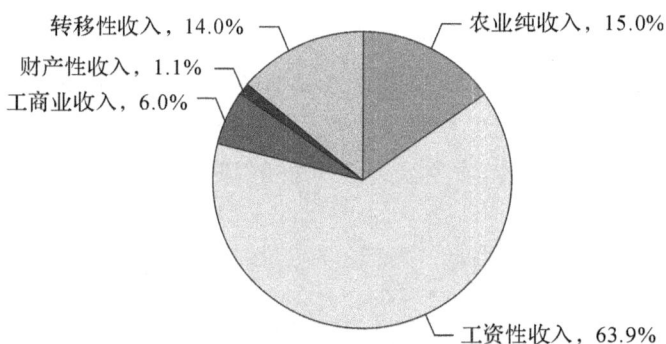

图 4-1　全样本农村家庭收入构成

就不同地区来看,无论是在全样本还是东、中、西和东北地区,工资性收入和农业纯收入都是农村家庭总收入的主要来源。各地区按照户均收入排序依次为:东部、东北、中部、西部;东部地区农村家庭户均总收入超出西部地区 25.8%(基于西部地区农村家庭户均总收入计算)。就细分支出来看,东北地区农业纯收入绝对值与其在总收入中的比重都明显高于其他三个地区;非农收入由东、中、西到东北依次递减,其中工资性收入和工商业收入符合这一规律；财产性收入和转移性收入则是东北地区最高，其次为东、中部地区，西部地区最低。由细分项收入对比可以看出，东部地区家庭的高户均收入主要来源于较高的工资性收入与工商业收入，而东北地区的较高的家庭户均收入则主要来源于农业纯收入与工资性收入。

图 4-2 报告了东、中、西、东北部农村家庭收入构成的对比情况。就收入构成来看，东、中部地区收入构成类似，工资性收入在总收入中占比均达到 65% 以上，与第二高的收入占比相差 50% 以上；另外四种收入中，转移性收入最高，其次为农业纯收入和工商业收入，财产性收入非常少，可以忽略不计。西、东北地区与东、中部地区的区别是农业纯收入超过了转移性收入成为第二大主要收入来源，且工资性收入占比与第二高收入占比的差距逐渐缩小；其中东北地区的工资性收入和农业纯收入占比差距显著降低，仅相差 9.8%。

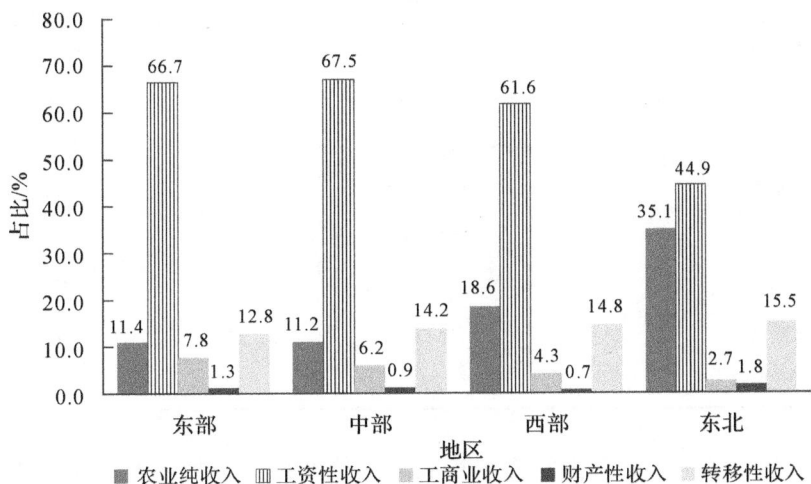

图 4-2　东、中、西、东北部农村家庭收入构成

从表 4-1、图 4-1 和图 4-2 中可以得出以下几点结论：第一，工资性收入是农村家庭总收入的最主要来源；第二，农业纯收入是西部、东北地区农村家庭第二重要的收入来源，东、中部地区农村家庭第二重要的收入来源为转移性收入；第三，东部地区农村家庭的户均总收入明显高于西部地区；第四，东部较高的家庭总收入主要来自较高的工资性、转移性收入等非农业收入，而东北地区较高的家庭总收入是较高的农业纯收入的结果。

4.2　各类群体的收入与构成差异

根据户主个人信息，可以将家庭归类，进而比较不同群体的收入与其构成情况。户主的个人信息主要包括其性别、年龄、教育程度和外出经验等。

4.2.1 性 别

表 4-2 依据户主的性别划分家庭,对比不同群体的各项收入。结果显示,户主为男性的家庭具有较高的总收入水平,两类群体的总收入相差 6756.3 元,差距为 18.9%（基于女性户主家庭总收入）。男性户主家庭较高的总收入主要得益于较多的农业纯收入、工资性收入和工商业收入。两类群体在这三项收入上分别相差 3475.6 元、3232.7 元、1140.4 元;女性户主家庭的转移性收入比男性户主家庭多 1192.5 元;两类群体的财产性收入大致相当。

表 4-2　依据户主性别划分的各项户均收入　　　　　　　　　　　单位:元

收入类型	男	女
总收入	42510.8	35754.5
农业纯收入	6757.4	3281.8
农业收入	12152.3	6597.7
非农业收入	35753.4	32472.7
工资性收入	27013.9	23781.2
工商业收入	2673.0	1532.6
财产性收入	471.1	370.8
转移性收入	5595.5	6788.0

图 4-3 直观对比了男、女户主家庭户均收入构成情况。两类家庭的工资性收入在总收入中占比大致相当。女性户主家庭的转移性收入在总收入中占比高于男性户主家庭;男性户主家庭的农业纯收入在总收入中占比高于女性户主家庭,工商业收入在总收入中占比略高于女性户主家庭。

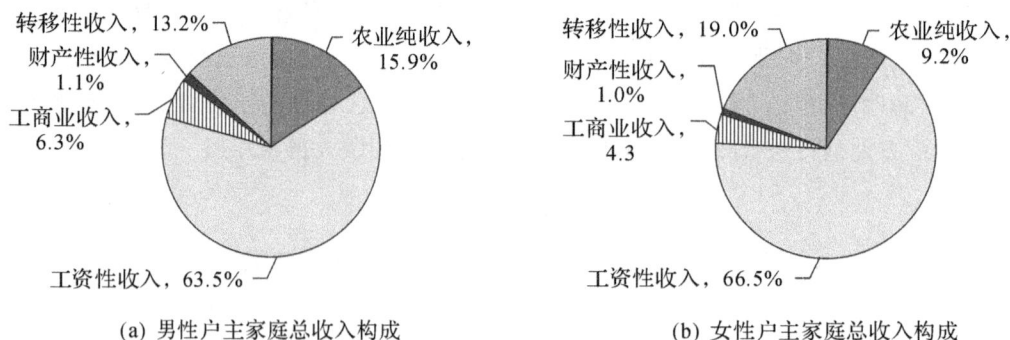

转移性收入，13.2%　　　农业纯收入，15.9%
财产性收入，1.1%
工商业收入，6.3%
工资性收入，63.5%

(a) 男性户主家庭总收入构成

转移性收入，19.0%　　　农业纯收入，9.2%
财产性收入，1.0%
工商业收入，4.3
工资性收入，66.5%

(b) 女性户主家庭总收入构成

图 4-3　不同性别户主的各项户均收入构成

4.2.2 年 龄

表 4-3 依据户主的年龄划分家庭,对比不同群体的各项收入。结果显示,户主年龄处于

25—34 周岁的家庭具有最高的总收入水平。图 4-4 反映了家庭收入随户主年龄变化的变化趋势。总体而言,总收入随户主年龄上升呈现倒 U 形变化。工资性和工商业收入随户主年龄的变化趋势与总收入一致,随户主年龄先上升后下降。财产和转移性收入随户主年龄先下降后上升。农业纯收入随户主年龄上升逐渐升高,而后略有下降,在户主为 25—34 周岁的家庭中最高。

表 4-3　依据户主年龄划分的各项户均收入　　　　　　单位:元

收入类型	16—24 周岁	25—34 周岁	35—44 周岁	45—54 周岁	55—64 周岁	64 周岁以上
总收入	40169.1	63070.9	48229.5	50359.3	39506.0	21915.2
农业纯收入	1586.0	7392.7	7535.6	8082.6	5583.8	3067.0
农业收入	1889.6	12452.4	13381.5	14469.8	10608.1	5688.1
非农业收入	38583.1	55678.2	40693.9	42276.8	33922.2	18848.3
工资性收入	26622.6	43820.7	32716.0	35274.1	23942.1	8911.1
工商业收入	0.0	6493.5	3021.1	2782.4	2862.1	648.6
财产性收入	436.8	386.7	563.9	411.3	532.3	371.6
转移性收入	11523.7	4977.4	4392.9	3809.0	6585.7	8917.1

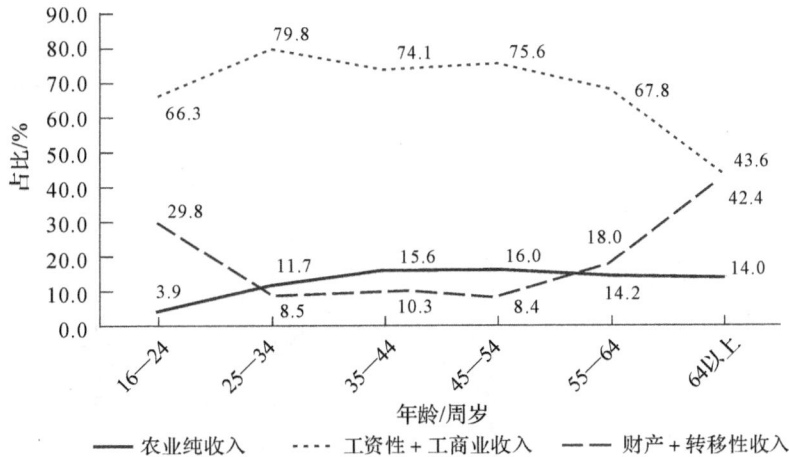

图 4-4　农村家庭收入构成随户主年龄变化情况

从表 4-3 中逐列纵向来看,还可以发现,对所有年龄组家庭而言,收入的最主要来源均为工资性收入,但其他主要的收入来源有所差异。对于户主年龄为 16—24 周岁、65 周岁及以上的家庭而言,转移性收入为第二重要的收入来源,其次是农业纯收入;对于户主年龄为 25—34 周岁的家庭而言,工商业收入和农业纯收入为重要性仅次于工资性收入的主要收入来源;对于户主年龄为 35—55 周岁的家庭而言,农业纯收入为第二重要的收入来源,其次是工商业收入;对于户主年龄为 55—64 周岁的家庭而言,转移性收入与农业纯收入的重要程度相近,仅次于工资性收入。

4.2.3　教育程度

表4-4依据户主的受教育程度划分家庭,对比不同群体的各项收入。结果显示,户主受教育程度为高职/大专/本科及以上的家庭户均收入为88992.5元,户主受教育程度为小学及以下的家庭户均收入为31901.9元,总收入随户主的受教育程度提高而上升。除转移性收入随户主受教育程度先下降后上升外,其他细分收入则随户主受教育程度提高而不断上升。

表 4-4　依据户主教育程度划分的各项户均收入　　　　　　　　　单位:元

收入类型	小学及以下	初中	高中/中专/职高	高职/大专/本科及以上
总收入	31901.9	47561.9	53341.8	88992.5
农业纯收入	4739.4	7823.6	6888.3	6099.3
农业收入	8735.1	13999.9	12556.9	11808.7
非农业收入	27162.5	39738.3	46453.5	82893.2
工资性收入	19854.2	30663.2	33647.7	69016.5
工商业收入	1146.9	3204.7	5083.5	6810.2
财产性收入	337.2	499.7	694.0	1206.4
转移性收入	5824.2	5370.7	7028.3	5860.0

图4-5报告了依据户主教育程度划分的各项户均收入占比情况。

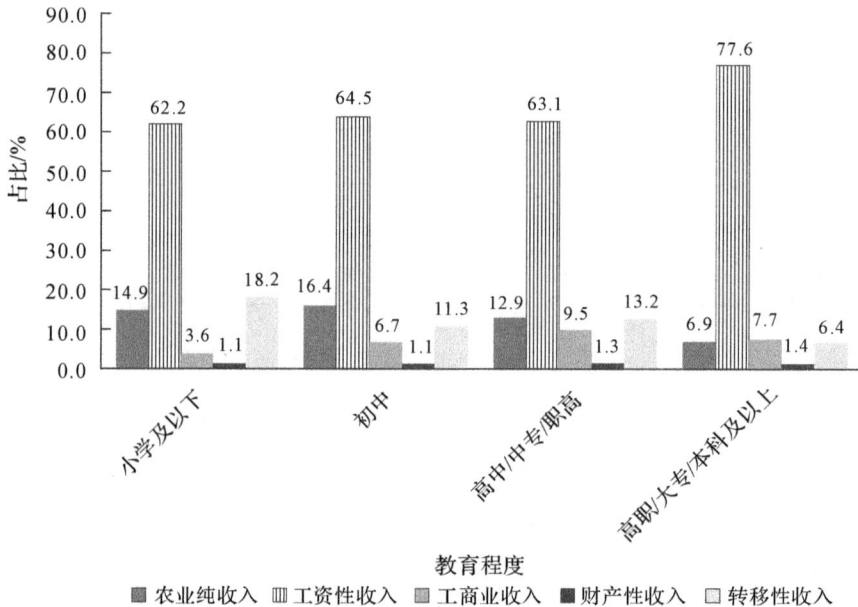

图 4-5　依据户主教育程度划分的各项户均收入占比

将图、表结合来看,在四类家庭中工资性收入都是最主要的收入来源,四类家庭工资性收入占比均在60%以上,高职/大专/本科及以上家庭占比最高,达到77.6%。小学及以下受教育程度户主家庭的财产和转移性收入占比18.3%,高于其他三类家庭的6.6%—13.2%;初中受教育程度家庭农业纯收入占比16.4%,在四类家庭中处于最高,高职/大专/本科及以上农业纯收入最低,仅6.9%。

4.2.4 外出务工经验

表4-5依据户主的外出经验划分家庭,对比不同群体的各项收入。具体来说,如果户主所在地区为城镇,但户口为农业户口,或户口为非农业户口,但获得统一居民户口之前为农业户口,则将该家庭定义为农民工家庭。如果户主目前为农民,但有离开目前所在省(区、市)到其他省(区、市)生活或者工作的经验,则将该家庭定义为有外出经验的农民家庭。有外出经验的农民家庭是农民家庭的子集。结果显示,农民工家庭的总收入水平最高,高出农民家庭54.9%,高出有外出经验的农民家庭23.8%,同时农民工家庭的农业纯收入最少且与其他两类家庭差距较大。

表4-5　依据户主进城务工经验划分的各项户均收入　　　　单位:元

收入类型	农民家庭	有外出经验的农民家庭	农民工家庭
总收入	41487.9	51897.0	64271.3
农业纯收入	6231.2	5947.8	2036.8
农业收入	11311.3	10688.3	3803.1
非农业收入	35256.7	45949.2	62234.5
工资性收入	26524.5	36358.7	46306.1
工商业收入	2500.3	3360.8	8737.1
财产性收入	455.9	466.5	1105.1
转移性收入	5776.0	5763.2	6086.3

图4-6反映了依据户主进城务工经验划分的各项户均收入构成情况。图表结合来看,农民家庭的主要收入来源是工资性收入、农业纯收入和转移性收入,占比分别为63.9%、15.0%和13.9%。其中,有外出经验的农民家庭更依赖于工资性收入,其在总收入中的占比高达70.1%;而其农业纯收入的占比为11.5%。农民工家庭的主要收入来源是工资性收入和工商业收入,占比分别为72.0%和13.6%。在这三类家庭中,农民家庭的转移性收入占比高于另两类家庭。

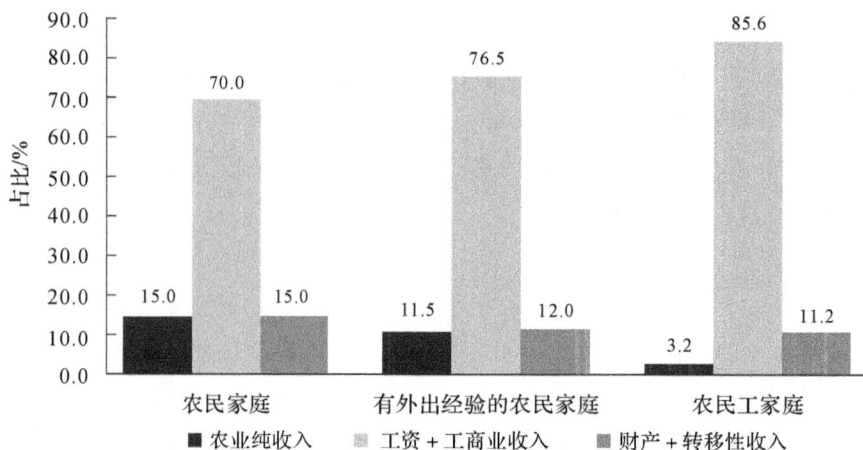

图 4-6　依据户主进城务工经验划分的各项户均收入构成

4.2.5　农户分化程度

按照农业收入占家庭总收入的比重划分农户分化程度，其中农业纯收入占比 90% 及以上的归为纯农户，占比 50%—90% 的为一兼农户，占比 10%—50% 的为二兼农户，占比 10% 及以下的为非农户。其中，如果农户的工资性收入与工商业收入均为 0，则不论其农业收入在总收入中占比如何，均归类为纯农户。

表 4-6 依据农户类型划分，比较不同群体收入。结果表明，一兼农户的户均总收入最高，达 58434.9 元；其次为非农户，收入 56661.7 元；随后为二兼农户与纯农户，收入分别为 51776.8 元和 17123.8 元。不同类型农户收入存在明显差异，收入最高的一兼农户高出最低的纯农户 241.2%（基于纯农户户均收入计算）。

表 4-6　依据农户分化程度划分的各项户均收入　　　　单位：元

收入类型	纯农户	一兼农户	二兼农户	非农户
总收入	17123.8	58434.9	51776.8	56661.7
农业纯收入	9613.2	38534.8	12492.0	1026.1
农业收入	17248.3	53881.2	19950.4	2277.5
非农业收入	7510.5	19900.1	39284.8	55635.7
工资性收入	930.9	15389.7	32747.7	43679.0
工商业收入	228.8	1317.2	2689.4	4528.3
财产性收入	198.9	195.2	232.0	781.5
转移性收入	6151.9	2998.1	3615.8	6646.9

图 4-7 反映了依据农户分化程度划分的各项户均收入构成情况。图表结合来看，工资性收入、转移性收入和工商业收入是非农户主要的收入来源，占比达到 96.8%。而农业纯收入是纯农户主要的收入来源，占比达 56.1%。值得说明的是，纯农户目前的农业纯收入占比没有达到 90% 以上，是因为部分工资性收入和工商业收入为 0 的农户也被算作纯农户。一

兼农户农业纯收入占总收入比重达 65.9%,其次为工资性收入 26.3%;二兼农户则以工资性收入为主,占比达 63.2%,农业收入仅占比 24.1%。

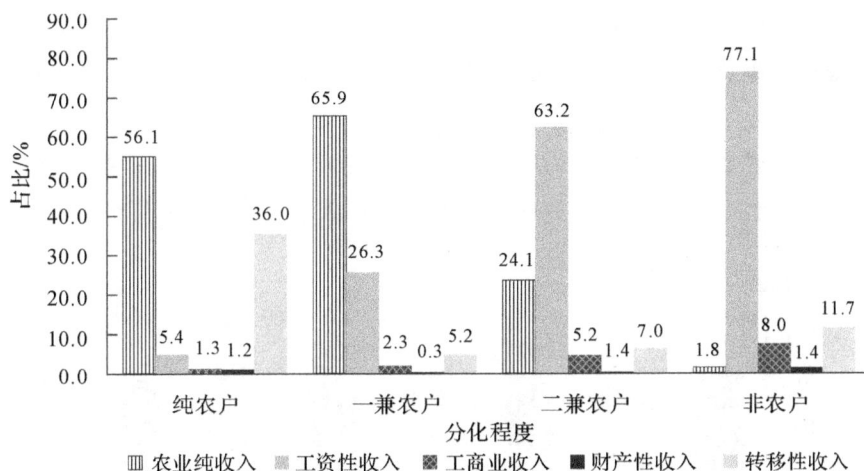

图 4-7　依据农户分化程度划分的各项户均收入构成

4.3　收入不平等状况

表 4-7 报告了各项户均收入在全样本和东、中、西、东北地区的基尼系数,以及基尼系数在省际的分解结果,以刻画农村家庭的收入不平等情况。结果显示,就全样本而言,农村家庭户均总收入的基尼系数为 0.531,农业纯收入的基尼系数高于非农业收入。在各项非农业收入中,工资性收入的基尼系数最小,为 0.440;转移性收入的基尼系数最大,为 0.687。农村家庭总收入的基尼系数中 85.6% 来自重叠部分,11.8% 来自省际差异,省内差异的贡献很小。分各项收入来看,省内差异对基尼系数的贡献始终很小,重叠部分总是占据着贡献最大的部分,表明各省在各类收入的分布上重叠部分较多。

表 4-7　各项家庭收入的基尼系数与分解

收入类型	基尼系数					全样本基尼系数分解		
	全样本	东部	中部	西部	东北	省内差异/%	省际差异/%	重叠部分/%
总收入	0.531	0.527	0.527	0.537	0.507	2.6	11.8	85.6
农业纯收入	0.695	0.706	0.644	0.697	0.625	3.3	28.8	67.9
农业收入	0.659	0.667	0.605	0.676	0.578	3.1	27.6	69.3
非农业收入	0.576	0.563	0.563	0.585	0.582	2.8	15.4	81.8
工资性收入	0.440	0.425	0.432	0.452	0.441	2.1	10.6	87.3
工商业收入	0.592	0.566	0.600	0.602	0.512	3.5	23.9	72.6
财产性收入	0.687	0.665	0.743	0.657	0.507	3.4	22.4	74.2
转移性收入	0.641	0.654	0.631	0.642	0.610	3.0	16.0	81.0

图 4-8 汇报了东、中、西部农村家庭各项收入基尼系数对比。分地区来看，基尼系数整体上呈现西高东低的特点，西部地区的总收入、农业收入和非农收入基尼系数均高于东、中、东北地区，而东部地区的农业纯收入基尼系数最高。就各项非农业收入而言，工资性收入的基尼系数在地区间差异不大，西部地区工资性收入基尼系数最高，东部地区最低；工商业收入的基尼系数在各地区间具有明显差异，西部地区工商业收入基尼系数最大，而东北地区最低。中部地区财产性收入的基尼系数明显高于其他地区，而东北地区的财产性收入明显低于其他地区。转移性收入的基尼系数在各地间差异不大，东部最高而东北部最低。

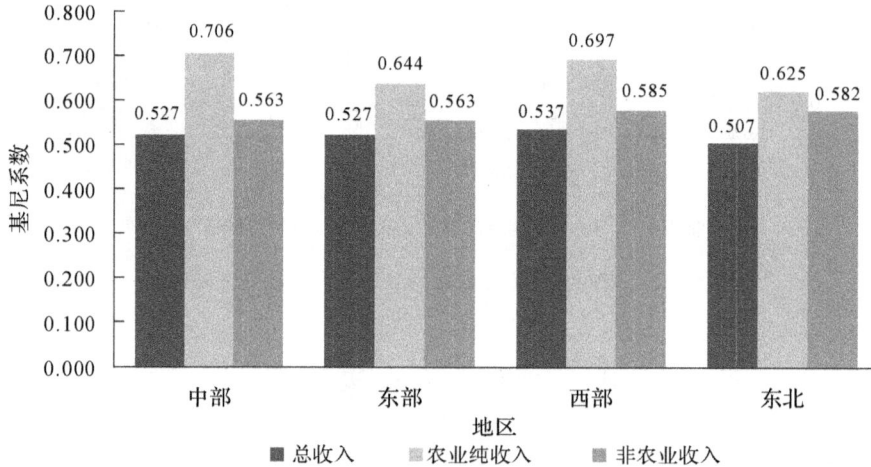

图 4-8　东、中、西部农村家庭各项收入基尼系数对比

表 4-8 对比了按农业收入占家庭总收入的比重划分的不同分化程度农户的基尼系数情况。纯农户除财产性收入和转移性收入外，所有收入类型的基尼系数都明显高于其他三类农户，可见纯农户群体内收入差异最为明显。二兼农户的财产性收入基尼系数最高，而非农户的转移性收入基尼系数最高。

表 4-8　依据农户分化程度划分的各项家庭收入的基尼系数

收入类型	纯农户	一兼农户	二兼农户	非农户
总收入	0.606	0.466	0.415	0.469
农业纯收入	0.697	0.495	0.484	0.488
农业收入	0.659	0.481	0.467	0.457
非农业收入	0.671	0.454	0.419	0.470
工资性收入	0.536	0.487	0.436	0.400
工商业收入	0.578	0.447	0.610	0.556
财产性收入	0.696	0.694	0.709	0.673
转移性收入	0.606	0.601	0.619	0.653

4.4 不同社区的收入与收入不平等情况

根据社区公共支出的不同情况,可以比较不同社区中家庭的收入及其不平等状况。社区支出包括社会救助支出和公共事务支出。社会救助,也称为社会救济,是指国家和其他社会主体对于遭受自然灾害、失去劳动能力或者其他低收入公民给予物质帮助或精神救助,以维持其基本生活需求,保障其最低生活水平的各种措施。这里不包括国家及上级政府直接投入的社会救助资金。公共事务指较为广义的社区公共服务,包括基础设施建设、经济发展、文化教育、医疗卫生等,只要是不针对特定个体,而是为全社区居民提供服务,都可以算作是公共事务开销。大多数社区几乎所有的经费都是用作公共事务开销,少部分社区还有经费投资到集体经济或者给居民分红。社会救助一般不算作公共事务开销,因为通常是针对特定个体,不是社区居民普遍受惠。

表4-9报告了是否有社会救助支出和公共事务支出的社区收入对比,图4-9汇报了依据社区支出情况划分的各项户均收入构成情况。有社会救助支出的社区总收入、农业纯收入、非农业收入均高于没有社会救助支出的社区。就收入构成而言,二者没有明显差异。有公共事务支出社区的非农收入,尤其是工商业收入和财产性、转移性收入都高于没有公共事务支出的社区,而农业纯收入低于没有公共事务支出的社区,总收入略低于没有公共事务开销支出的社区。两社区的收入构成基本一致。

表 4-9　依据社区支出情况划分的各项户均收入　　　单位:元

收入类型	社会救助支出		公共事务开销支出	
	有	无	有	无
总收入	44646.4	39603.4	41700.6	43489.3
农业纯收入	6407.1	6376.9	6083.7	8171.3
农业收入	11296.5	11709.0	11148.8	13642.7
非农业收入	38239.3	33226.5	35616.9	35318.0
工资性收入	29178.9	24547.1	26628.2	27218.8
工商业收入	2576.6	2519.5	2689.6	1715.3
财产性收入	505.1	412.7	461.9	421.3
转移性收入	5978.8	5747.2	5837.2	5962.6

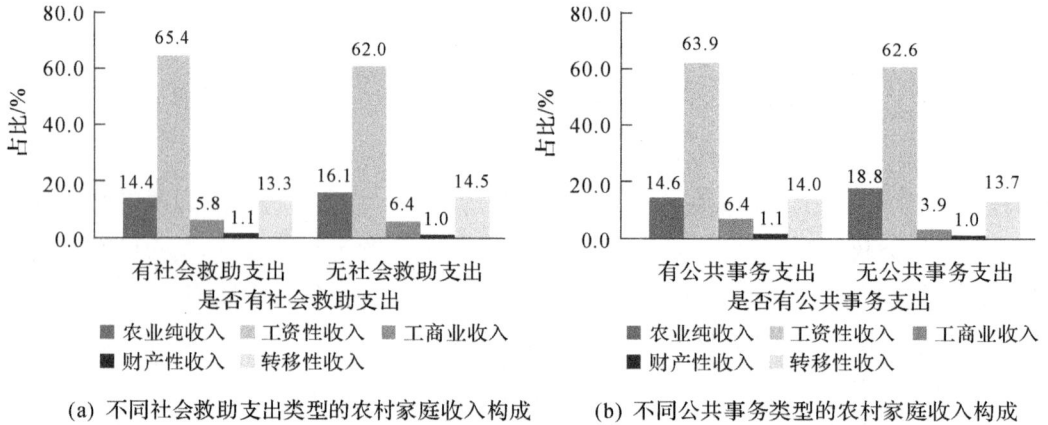

(a) 不同社会救助支出类型的农村家庭收入构成　　(b) 不同公共事务类型的农村家庭收入构成

图 4-9　依据社区支出情况划分的各项户均收入构成情况

如表 4-10 所示，各项收入的基尼系数总体上与社会救助支出呈负相关，说明社会救助有助于缓解收入不平等。与此同时，有公共事务开销的社区的基尼系数整体上高于无公共事务开销的社区，但有公共事务开销的社区工商业收入和转移性收入的基尼系数相较无公共事务开销的社区低，说明公共事务开销对收入不平等的缓解体现在这两方面收入上。

表 4-10　依据社区支出情况划分的各项户均收入基尼系数

收入类型	社会救助支出		公共事务开销支出	
	有	无	有	无
总收入	0.520	0.536	0.533	0.502
农业纯收入	0.695	0.699	0.703	0.663
农业收入	0.660	0.664	0.670	0.618
非农业收入	0.567	0.581	0.577	0.565
工资性收入	0.428	0.448	0.442	0.419
工商业收入	0.598	0.561	0.580	0.619
财产性收入	0.677	0.688	0.688	0.647
转移性收入	0.635	0.646	0.637	0.663

4.5　支出及其构成情况

4.5.1　支出概况

农村家庭的总支出按照用途分为消费性支出、转移性支出、农业生产支出、其他支出四部分。其中，消费性支出是指日常生活支出，又包括食品支出、衣着支出、生活居住支出、日用品与耐用品支出、医疗保健支出、交通通信支出、教育娱乐支出、其他支出等八大类。转移性支出是给予家庭成员以外的人或组织的现金或非现金支出。按照支出项目,转移性支出包括节假日支出(包括压岁钱),红白喜事(包括祝寿庆生等)支出,在教育、医疗和生活上给予他人的资助,其他方面的转移性支出,以及捐赠或资助。按照支出对象,转移性支出包括对父母、岳父母以及其他亲属/非亲属的转移性支出。农业生产支出是从事农业生产经营所产生的支出,主要包括农业生产成本和农业雇佣支出两部分。

表 4-11 报告了全样本及东、中、西和东北地区农村家庭的户均总支出及其构成情况。全样本农村家庭的户均总支出为 45298.9 元。图 4-10 报告了全样本户均支出构成情况,在各项支出中,消费性支出以 81.4% 的占比位居第一,农业生产支出占比 11.2%,位居第二,转移性支出仅占比 4.5%,位居最后。分地区看,东部家庭的户均总支出最高,东北地区次之,而西部地区则最低,东部地区和东北地区与其他两个地区的支出差距主要体现在农业生产支出方面。

表 4-11　农村家庭户均支出及其构成

支出类型		全样本	东部	中部	西部	东北
总支出/元		45298.9	47634.8	43924.8	44009.3	45343.2
各项支出占比/%	消费性支出	81.4	83.7	81.9	82.1	68.3
	转移性支出	4.5	3.7	4.4	4.7	7.1
	农业生产支出	11.2	10.7	10.6	9.8	20.3
	其他支出	2.9	1.9	3.1	3.4	4.3

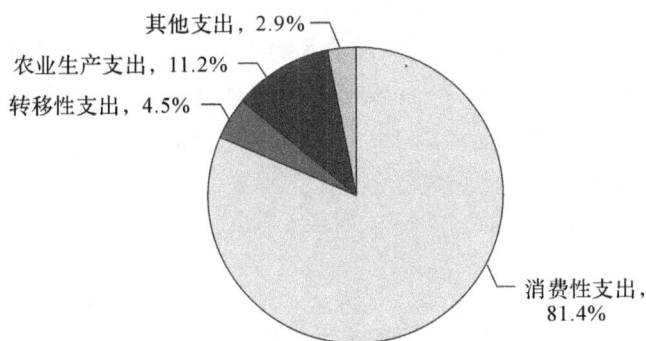

图 4-10　全样本户均支出构成

图 4-11 反映了东、中、西、东北地区户均支出构成情况。东、中、西部地区消费支出占比相近,在 81.9%—83.7%,明显高于东北地区的 68.3%。东北地区家庭的农业生产支出明显高于东、中、西部地区,达到 20.3%。东北地区转移性支出占比同样高于其他三地,达到 7.1%;东部地区转移性支出占比最低,为 3.7%。

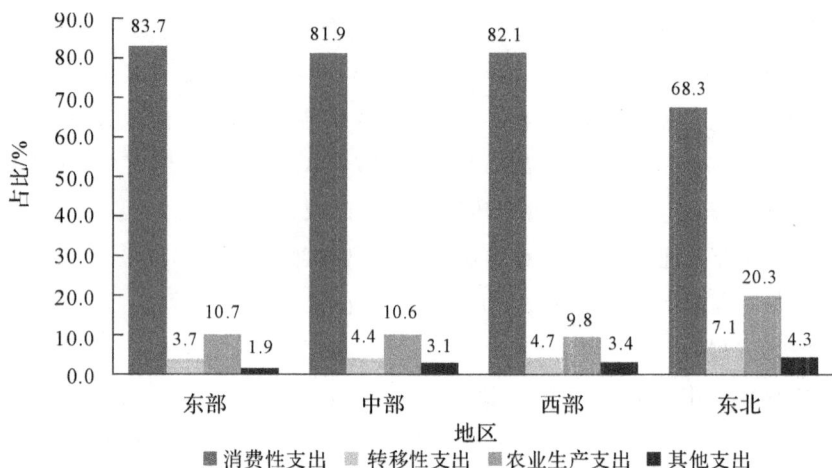

图 4-11　东、中、西、东北地区户均支出构成

4.5.2　消费性支出情况

如表 4-12 所示，在八大类消费性支出中，食品支出、生活居住支出、教育娱乐支出的比重比较大。其中，食品支出占消费性支出的比重在全国为 36.0%；东部地区该比重为 38.8%，明显高于中、西部和东北地区（35.5%、34.1%、30.9%），这一现象或许是由于东部地区农产品市场化程度较高，食品一般由市场购买得到；而西部、东北地区农产品市场化程度较低，存在大量自产自销情况导致的。生活居住支出占消费性支出的比重在全国为 14.4%；东部地区该比重为 15.0%，明显高于东北地区的 11.6%；中、西部地区的生活居住支出占比相同，均为 14.3%。教育娱乐支出占消费性支出的比重在全样本为 11.7%；东北地区该比重为 16.6%，明显高于东、中、西部地区的 10.5%、12.7%、11.1%。医疗保健支出占消费性支出的比重在全国为 11.0%；该项支出在各地区占比接近，在 10.2%—11.5%。日用品与耐用品支出占消费性支出的 10.5%，除东北地区该项占比 12.4% 高于其他地区外，东、中、西三地占比相近，在 10.2%—10.8%。交通通信支出占消费性支出的比重在全样本为 8.5%，该项比重在地区间的差异不大。衣着支出和其他支出占消费性支出的比重在全国分别为 4.1% 和 3.8%。

表 4-12　农村家庭户均消费性支出及其构成

支出类型		全样本	东部	中部	西部	东北
消费性支出/元		36908.0	39863.9	35981.1	36174.5	30952.7
各项支出占比/%	食品支出	36.0	38.8	35.5	34.1	30.9
	衣着支出	4.1	4.2	4.2	3.9	4.4
	生活居住支出	14.4	15.0	14.3	14.3	11.6
	日用品与耐用品支出	10.5	10.8	10.1	10.2	12.4

支出类型		全样本	东部	中部	西部	东北
各项支出占比/%	医疗保健支出	11.0	11.5	10.8	10.2	11.5
	交通通信支出	8.5	7.4	8.6	9.9	9.3
	教育娱乐支出	11.7	10.5	12.7	11.1	16.6
	其他支出	3.8	1.8	3.8	6.3	3.3

4.5.3 转移性支出情况

如表4-13所示,按支出项目分,红白喜事支出占转移性支出比重最高,全样本范围内该比重为57.0%。其中,东部地区该比重最低,为46.8%;东北地区该比重最高,为70.6%。其次为节日红包礼品支出。全样本范围内,节日红包礼品支出占转移性支出的比重为28.1%。其中,东部地区该占比最高,为37.4%;东北地区该占比最低,为20.0%。按支出对象分,全国范围内对父母转移性支出占总转移性支出的比重约为27.2%;对岳父母转移性支出占总转移性支出的比重约为24.4%;对其他亲属/非亲属的支出占比最高,达48.4%。

表4-13 农村家庭户均转移性支出及其构成

支出类型		全样本	东部	中部	西部	东北
转移性支出/元		2037.7	1784.2	1944.2	2080.3	3241.9
按支出项目分/%	节日红包礼品支出	28.1	37.4	28.6	22.2	20.0
	红白喜事	57.0	46.8	59.4	58.7	70.6
	教育资助	2.1	3.3	1.9	1.3	1.6
	医疗	3.3	3.0	3.1	3.7	3.6
	生活费	5.0	7.6	4.0	4.0	3.6
	捐赠或资助	2.1	1.1	2.3	3.8	0.4
	其他	2.4	0.8	0.7	6.3	0.2
按支出对象分/%	父母	27.2	28.4	26.1	27.4	24.5
	公婆/岳父母	24.4	29.1	22.9	20.7	21.0
	其他亲属/非亲属	48.4	42.5	51.0	51.9	54.5

4.6 不同人群的支出及其构成情况

4.6.1 教育程度

如表4-14所示,随着教育程度的提高,总支出整体呈现升高趋势。具体而言,初中教育程度人群总支出较小学及以下人群显著增加,增加幅度为 33.0％(基于小学及以下家庭计算);而高中/中专/职高人群总支出与初中人群相比略有下降但大体相当;高职/大专/本科及以上人群支出则明显上升,上升幅度 48.6％(基于高中/中专/职高家庭计算)。就支出类型而言,消费性支出与转移性支出随着户主教育程度的上升而增加,农业生产支出则先增加后减少。其他支出在四类家庭间有差异但相对较小。而就消费性支出的构成来看,几类人群没有明显差异。

表 4-14 不同受教育程度人群支出及构成情况

支出类型		小学及以下	初中	高中/中专/职高	高职/大专/本科及以上
总支出/元		38403.8	51076.7	49735.7	73905.3
消费性支出/元		31870.9	41072.5	39615.7	61953.3
消费性支出各项占比/％	食品支出	36.3	35.4	37.0	34.9
	衣着支出	3.8	4.2	4.7	5.4
	生活居住支出	13.9	15.2	13.5	13.3
	日用品与耐用品支出	9.7	10.8	12.1	12.3
	医疗保健支出	13.4	9.8	8.4	4.4
	交通通信支出	8.2	8.6	9.5	9.4
	教育娱乐支出	10.2	12.6	12.0	18.5
	其他支出	4.5	3.4	2.8	1.8
转移性支出/元		1530.7	2345.1	2863.3	3559.6
农业生产支出/元		3995.7	6176.3	5668.6	5709.3
其他支出/元		1006.5	1488.2	1588.0	2683.0

4.6.2 年　龄

表 4-15 根据户主的年龄划分家庭,报告了各年龄组家庭的户均总支出及其构成情况。结果显示,消费性支出金额随户主年龄增长呈倒 U 形变化。户主为 25—34 周岁家庭的消费性支出最多,为 48227.5 元;户主年龄为 16—24 周岁和 65 周岁及以上家庭的消费性支出分别为 48019.6 元和 25098.7 元。分项来看,食品支出占比始终最大,但 16—24 周岁人群的食品支出占比明显高于其他年龄人群,达 50.1％,而其他年龄人群占比接近,在 35.3％—39.6％;生活居住支出随年龄的增加整体呈现先下降后上升的趋势。相比于 16—24 周岁户主家庭,日用品与耐用品支出占比在 25—34 周岁户主家庭中显著提高,随后逐渐下降。医疗保健支出随着年龄的增加占比显著增大,尤其在 65 周岁及以上人群中占比达到 22.6％。交通通信支出占比随着年龄的增加呈现先上升后下降趋势。教育娱乐支出在 35—44 周岁中占比最高,达 17.6％;其次为 16—24 周岁,达到 13.2％。

表 4-15 不同年龄人群支出及构成情况

支出类型		16—24 周岁	25—34 周岁	35—44 周岁	45—54 周岁	55—64 周岁	65 周岁及以上
总支出/元		49743.2	58096.4	56709.1	52142.0	41227.5	29536.0
消费性支出/元		48019.6	48227.5	47124.7	41738.9	32977.4	25098.7
消费性支出各项占比/%	食品支出	50.1	39.6	35.3	35.5	36.6	35.5
	衣着支出	3.9	5.8	4.9	4.4	3.8	2.4
	生活居住支出	14.2	11.1	13.8	14.5	15.4	14.3
	日用品与耐用品支出	6.5	15.7	11.4	10.3	10.4	8.7
	医疗保健支出	5.2	5.5	5.1	8.3	13.9	22.6
	交通通信支出	6.5	10.2	8.4	9.3	8.7	6.0
	教育娱乐支出	13.2	10.0	17.6	14.2	6.8	5.9
	其他支出	0.4	2.1	3.5	3.5	4.4	4.6
转移性支出/元		1079.2	2447.1	2174.5	2431.9	2022.4	1289.1
农业生产支出/元		303.6	5059.7	5846.0	6387.2	5024.3	2621.2
其他支出/元		340.8	2380.2	1563.9	1595.9	1212.0	553.0

4.6.3 收 入

表 4-16 根据收入的分布将人群划分为五类[①]，比较其支出情况。显然总支出随着收入增加而增加。从支出的构成来看，消费性支出、转移性支出、农业生产支出和其他支出均随着收入的增加而增加。从消费支出的构成来看，除医疗保健支出和其他支出在总支出中的占比随着收入的增加而下降外，其余支出占比均整体上随收入的增加而增加。

表 4-16 不同收入人群支出及其构成情况

支出类型		低收入	中低收入	中等收入	中高收入	高收入
总支出/元		31786.8	38013.0	47728.6	58700.0	69158.1
消费性支出/元		26358.2	30842.2	38810.0	47772.9	55732.4
消费性支出各项占比/%	食品支出	34.0	35.4	37.5	35.8	37.2
	衣着支出	2.8	3.6	4.3	4.7	5.3
	生活居住支出	13.0	14.6	13.1	14.8	16.5

① 依据农村家庭总收入将人群划分为低收入组（家庭总收入分布在 20% 以下）、中低收入组（家庭总收入分布在 20%—40%）、中等收入组（家庭总收入分布在 40%—60%）、中高收入组（家庭总收入分布在 60%—80%）和高收入组（家庭总收入分布在 80% 及以上）。

续表

支出类型		低收入	中低收入	中等收入	中高收入	高收入
消费性支出 各项占比/%	日用品与耐用品支出	9.5	10.4	10.4	10.9	11.5
	医疗保健支出	19.7	12.3	9.8	8.3	4.3
	交通通信支出	7.1	7.9	8.5	9.2	10.1
	教育娱乐支出	10.1	11.1	12.5	12.8	12.0
	其他支出	3.8	4.7	3.9	3.6	3.1
转移性支出/元		884.9	1710.5	2432.1	2814.7	3679.7
农业生产支出/元		4022.5	4582.3	4932.1	6386.0	6989.0
其他支出/元		547.3	885.4	1576.9	1726.4	2773.9

4.6.4　进城务工经验

表 4-17 依据户主的进城务工经验划分家庭,比较农民家庭、有外出经验的农民家庭和农民工家庭的户均支出及其构成情况。结果显示,农民工家庭的户均总支出水平最高且明显高于另外两类家庭,其次是有外出经验的农民家庭,而农民家庭的支出水平最低。消费性支出、转移性支出和其他支出的规律与此一致。而农业生产支出则相反,在农民家庭中最多,其次为有外出经验的农民家庭,农民工家庭农业生产支出最少。进一步考察各类家庭的消费性支出结构发现,农民工家庭的教育娱乐支出占比明显高于其他两类家庭,而其他类别支出占比则较另外两类家庭更少。有外出经验的农民家庭与农民家庭在消费支出构成上大体相近,但农民家庭的医疗保健支出占比 11.0%,明显高于有外出经验的农民家庭的 8.2%。

表 4-17　不同进城务工经验人群支出及其构成情况

支出类型		农民家庭	有外出经验 的农民家庭	农民工家庭
总支出/元		45298.9	52930.5	107230.5
消费性支出/元		36908.0	43737.8	101096.7
消费性支出 各项占比/%	食品支出	36.0	36.3	19.6
	衣着支出	4.1	4.6	2.6
	生活居住支出	14.4	15.7	8.1
	日用品与耐用品支出	10.5	10.3	6.6
	医疗保健支出	11.0	8.2	3.6
	交通通信支出	8.5	9.0	4.3
	教育娱乐支出	11.7	12.7	54.7
	其他支出	3.8	3.2	0.5
转移性支出/元		2037.7	2749.0	2862.8
农业生产支出/元		5080.1	4740.6	1766.4
其他支出/元		1290.8	1706.4	1634.0

4.7　网购支出情况

4.7.1　支出概况

表 4-18 报告了全样本和东、中、西、东北地区农民家庭、有外出经验的农民家庭、农民工家庭中有网购支出的家庭比例。从不同进城务工经验的农户家庭来看,农民工家庭的网购参与率最高,达到 54.9%;有外出经验的农民家庭参与率略低,为 43.2%;农民家庭的网购消费参与率最低,为 27.9%。各地区不同类型农户的网购参与率分布规律与全样本一致。分地区对比来看,东部地区网购参与率整体高于其他三个地区。东部地区农民家庭的网购参与率达 30.5%,在四地区中最高,三类农户的网购参与率差异在东部地区最小。东北地区的三类农户网购参与率均在四地区中最低,因此东北地区的网购参与率显著低于其他三个地区。

表 4-18　不同地区依据进城务工经验划分的网购消费参与率　　　　单位:%

地区	农民家庭	有外出经验的农民家庭	农民工家庭
全样本	27.9	43.2	54.9
东部	30.5	43.0	54.9
中部	25.8	44.3	55.8
西部	28.0	42.7	56.8
东北	25.2	39.9	45.3

表 4-19 报告了全样本和按地区的不同分化程度农户中有网购支出的家庭比例。就全样本而言,非农户和一兼农户的网购参与率略高于二兼农户,显著高于纯农户。分地区而言,东北地区的纯农户网购参与率在四地中最高,西部地区的一兼、二兼农户网购参与率在四地中最高,东部地区的非农户在四地中网购参与率最高。

表 4-19　不同地区依据农户分化程度划分的网购消费参与率　　　　单位:%

地区	纯农户	一兼农户	二兼农户	非农户
全样本	13.2	36.0	34.3	36.0
东部	14.4	37.2	29.9	38.1
中部	9.2	27.8	34.8	34.4
西部	14.7	42.5	38.2	34.9
东北	16.1	34.6	32.1	34.0

4.7.2 不同人群的网购支出情况

表 4-20 根据总收入水平将有网购支出的家庭分为低收入组、中低收入组、中等收入组、中高收入组和高收入组五类（分类依据同 4.6.3），比较每类家庭的网购支出情况。图 4-12 直观显示了网购支出及其占比随收入的变化情况。结果显示，无论是绝对水平还是在消费性支出中的相对占比，户均网购支出均随收入水平提高而提高，分别从低收入组的 1601.2 元、3.9％增至高收入组的 3727.9 元、5.4％。

表 4-20　各收入组的户均网购支出及其在消费性支出中的占比

	低收入	中低收入	中等收入	中高收入	高收入
网购支出/元	1601.2	1316.9	1824.2	2455.7	3727.9
网购支出占消费性支出比例/%	3.9	3.1	3.9	4.6	5.4

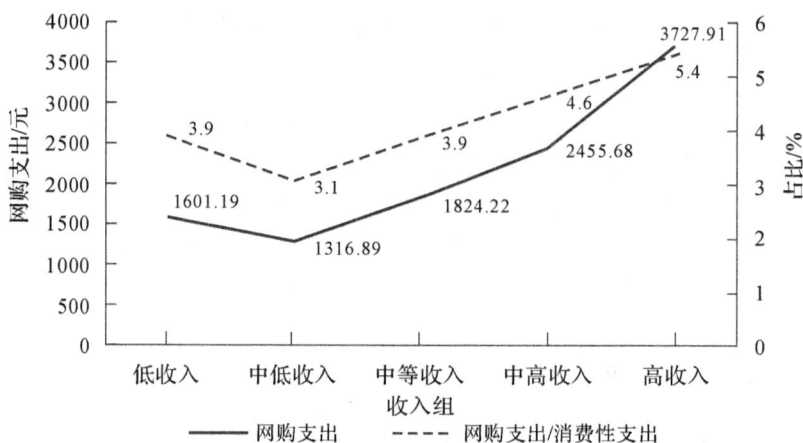

图 4-12　各收入组的户均网购支出及其在消费性支出中的占比

表 4-21 依据户主年龄对有网购支出的家庭进行划分，报告了各年龄组家庭的户均网购支出情况。图 4-13 进一步直观地呈现了网购支出及其占比随户主年龄的变化。结果显示，网购支出金额随户主年龄增长呈倒 U 形变化，其在消费性支出中的占比随户主年龄增长同样呈倒 U 形变化。无论是支出的绝对水平还是在消费性支出中的相对占比，其峰值均出现在户主年龄为 25—34 周岁的家庭。

表 4-21　各年龄组的网购支出及其在消费性支出中的占比

	16—24 周岁	25—34 周岁	35—44 周岁	45—54 周岁	55—64 周岁	65 周岁及以上
网购支出/元	1024.5	2743.7	2258.5	2047.6	2041.9	1750.6
网购支出占消费性支出比例/%	4.1	6.4	4.2	3.9	3.9	3.6

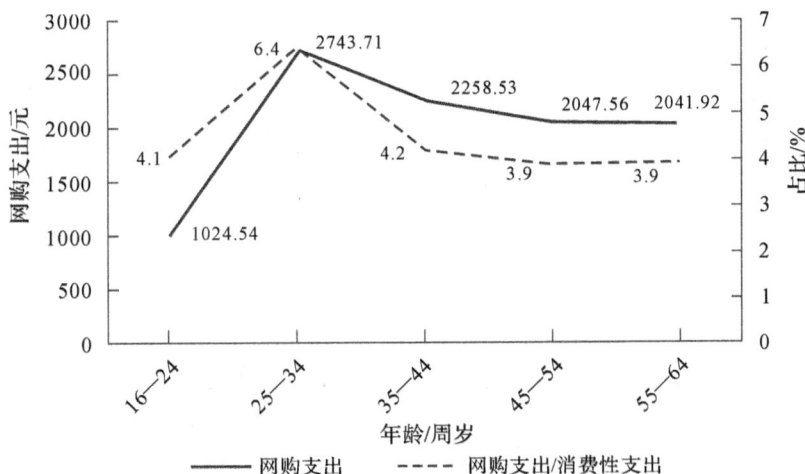

图 4-13 各年龄组的网购支出及其在消费性支出中的占比

4.8 高等和职业教育及成人进修培训支出情况

4.8.1 支出概况

表 4-22 统计了全样本及各地区的户均高等、职业教育及成人培训支出情况。全样本户均高等、职业教育及成人培训支出为 2460.7 元。分地区来看,该支出由东部、中部、西部到东北部依次递增,东北部的户均高等、职业教育及成人培训支出最高,达 2733.0 元。

表 4-22 全样本及不同地区户均高等、职业教育及成人培训支出　　　　单位:元

	全样本	东部	中部	西部	东北
高等、职业教育及成人培训支出	2460.7	2049.1	2595.4	2696.3	2733.0

4.8.2 不同人群的支出情况

表 4-23 依据总收入水平将农村家庭均分为低收入组、中低收入组、中等收入组、中高收入组和高收入组五类(分类依据同 4.6.3),比较不同收入组的高等、职业教育及成人进修培训支出及其在消费支出中占比的变化。图 4-14 进一步直观地呈现了这一变化。结果显示,随着收入的增加,高等、职业教育及成人进修培训支出整体上呈现增加趋势,其占比呈现先增加后下降的趋势。

表 4-23 各收入组的户均高等、职业教育及成人进修培训支出及其在消费性支出中的占比

支出类型	低收入	中低收入	中等收入	中高收入	高收入
高等、职业教育及成人进修培训支出/元	609.9	882.0	1320.2	1316.3	1421.6
高等、职业教育及成人进修培训支出占消费性支出比例/%	1.4	1.8	2.3	2.3	2.0

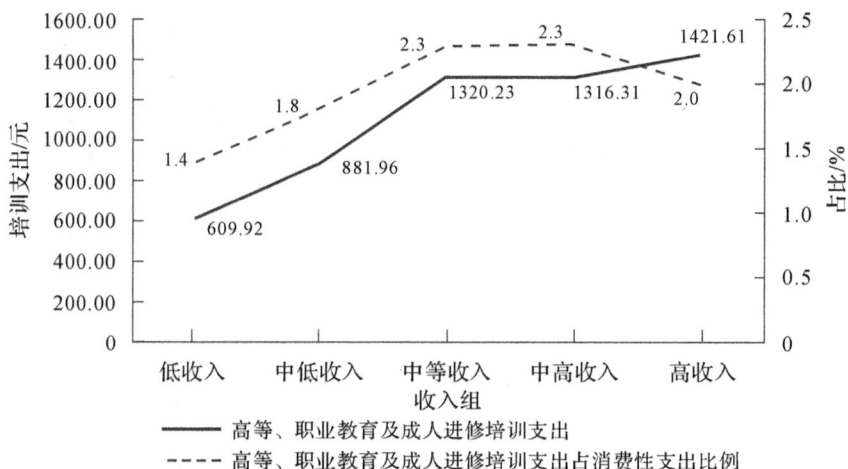

图 4-14　各收入组的户均高等、职业教育及成人进修培训支出及其在消费性支出中的占比

表 4-24 依据户主教育程度对所有农村家庭进行划分,报告了各教育程度组家庭的户均培训支出情况。图 4-15 反映了高等、职业教育及成人进修培训支出与占比的变化趋势。结果显示,高等、职业教育及成人进修培训支出随着教育程度的提高而上升,其占比也随着教育程度的上升而增加,同时随着教育程度的提高,高等、职业教育及成人进修培训支出在总消费支出中占比的增长率逐渐增加,高职/大专/本科及以上人群的高等、职业教育及成人进修培训支出占比相较高中/中专/职高增幅最大。

表 4-24　依据户主教育程度划分的户均高等、职业教育及成人进修培训支出及其在消费性支出中的占比

支出类型	小学及以下	初中	高中/中专/职高	高职/大专/本科及以上
高等、职业教育及成人进修培训支出/元	728.8	1195.6	1221.8	3477.0
高等、职业教育及成人进修培训支出占消费性支出比例/%	1.4	2.2	2.1	5.7

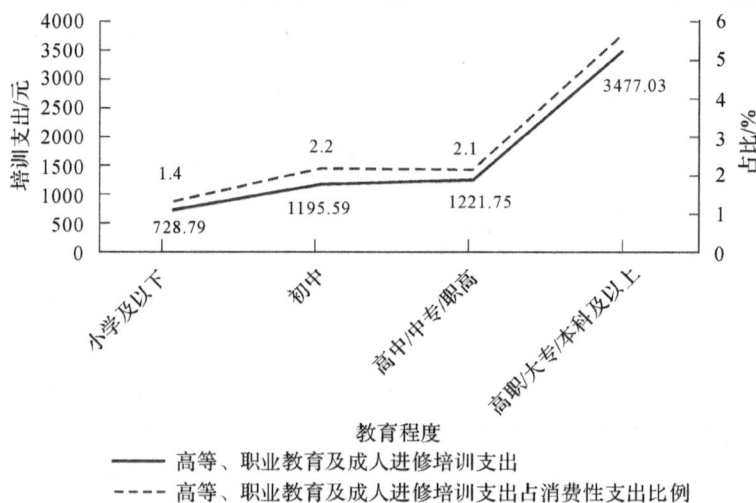

图 4-15　依据户主教育程度划分的户均高等、职业教育及成人进修培训支出及其在消费性支出中的占比

第三篇

农村家庭经济活动

5 农村家庭农业生产经营

本章利用浙江大学中国农村家庭调查数据,分析中国农业生产经营的发展和趋势,主要由农业家庭经营基本情况、生产经营范围、农业劳动力雇用情况、生产工具使用情况、农业用地拥有情况、农资采购情况、农业总产值与销售情况、农业生产补贴等内容构成。本章将"农业家庭"定义为所有从事农业生产经营的农村家庭样本和农民工家庭样本。2019年农业家庭样本共12440户,其中,农村样本为9081户,农民工样本为3359户;按照地区来分,东部地区有3495户,中部地区有3307户,西部地区有4477户,东北地区有1161户。

5.1 基本情况

农业生产经营主要包括种植农作物,育种,养殖牲畜、家禽、水产品等农业活动。由图5-1可知,中国农村家庭调查的所有样本中,农村样本、农民工样本中分别有75.5%、32.2%的家庭从事农业生产经营。分地区来看,西部从事农业生产经营家庭的比例最高,西部地区农民工样本从事农业生产经营的比例为37.8%,西部农村样本从事农业生产经营的比例为80.6%;东部地区农民工样本从事农业生产经营的比例为28.0%,农村样本从事农业生产经营的比例为67.5%。

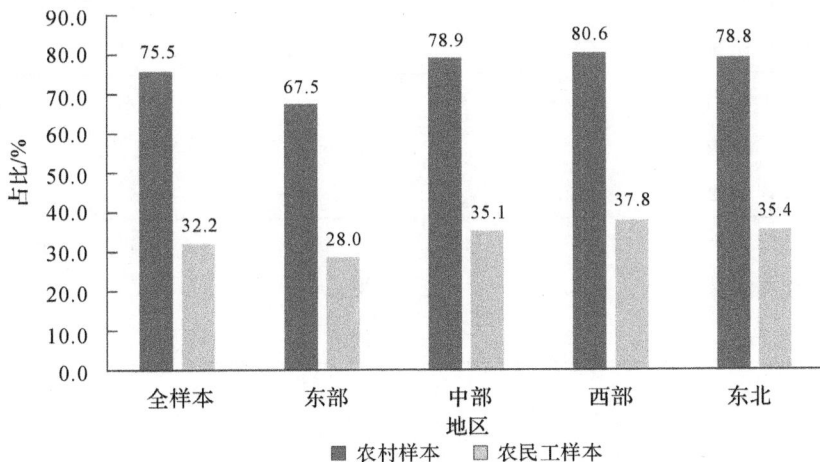

图 5-1　2019 年家庭农业生产经营参与比例

将家庭划分为从事农业生产经营的农业家庭和未从事农业生产经营的非农业家庭,比较两种家庭类型的就业人口特征。限定统计个体为 16 及 16 岁以上,得到的结果如表 5-1 所示。2019 年农业家庭中女性占比为 47.4%,非农生产型家庭中女性占比为 49.2%。相比非农业家庭,农业家庭的就业人口的平均年龄更高,受教育程度更低。农业家庭的就业人口的平均年龄为 38.3 岁,非农业家庭的平均年龄为 37.1 岁。农业家庭人口的平均受教育程度为 3.1,非农业家庭人口的平均受教育程度为 3.5。

表 5-1　2019 年家庭就业人口特征

家庭类型	女性占比/%	平均年龄/岁	受教育程度[①]
农业家庭	47.4	38.3	3.1
非农业家庭	49.2	37.1	3.5

按农业收入占家庭总收入的比重划分成不同分化程度农户来看。由表 5-2 可知,相对于其他农户类型,从全样本结果来看,不同农户类型中女性占比没有太大差异,比例在 50% 左右。纯农户的平均年龄为 43.3 岁,显著高于一兼农户、二兼农户和非农户的平均年龄。而受教育程度则是一兼农户、二兼农户和纯农户高于纯农户。农村和农民工样本中,农户的女性占比、年龄以及受教育程度在不同农户类型中的变化趋势与全样本一致。对比农村样本和农民工样本,女性占比没有显著的差异,但是农村样本中不同类型农户的年龄略高于对应的农民工样本农户类型,而受教育程度农村样本则低于农民工样本。

表 5-2　2019 年不同农户类型家庭人口特征比较

	劳动力特征	纯农户	一兼农户	二兼农户	非农户
全样本	女性占比/%	48.1	49.0	46.9	48.3
	平均年龄/岁	43.3	35.2	35.1	35.3
	受教育程度	2.7	3.2	3.1	3.4
农村	女性占比/%	48.0	48.2	46.8	47.8
	平均年龄/岁	43.5	35.6	35.3	36.6
	受教育程度	2.6	3.1	3.1	3.2
农民工	女性占比/%	48.8	54.4	47.7	49.0
	平均年龄/岁	42.2	32.5	34.4	33.7
	教育程度	2.9	3.8	3.4	3.8

① 表示个人受教育水平,1 为没上过学,2 为小学,3 为初中,4 为高中,5 为中专/职高,6 为大专/高职,7 为大学本科,8 为硕士研究生,9 为博士研究生。

5.2 生产经营范围

在 2015 年报告中,农业生产经营范围的界定标准为生产是否以营利为目的,具体来说,从事经济作物、林木、畜牧养殖、水产养殖和捕捞等生产是以营利为目的,而供自家使用的生产行为,则不包含在内。在 2017 年的报告中,统计口径发生了变化,将自用农产品生产也纳入考量。即"不论产出的农产品是自用还是销售,只要从事农业生产经营",都包含在统计中。2019 年的统计标准与 2017 年相同,即只要从事农业生产经营的家庭,都包含在统计范围内。从分析结果来看,就农业生产经营范围而言,覆盖率由高到低分别为粮食作物、经济作物、畜牧业、林业、渔业、其他农业。如表 5-3 所示,从全样本来看,有粮食作物经营行为的农业家庭比例高达 83.2%,有经济作物经营行为的农业家庭比例为 45.4%,有畜牧业经营行为的农业家庭比例为 22.1%。从农民工样本来看,有粮食作物经营行为的农业家庭占比为 71.8%,经济作物占比为 44.3%,畜牧业、林业、渔业、其他农业占比分别为 15.8%、5.3%、3.6%、0.5%。农村样本有粮食作物经营行为的农业家庭比例约比城镇高 13.7%,有经济作物、畜牧业、林业经营行为的农业家庭比例分别比农民工家庭高 1.3%、7.6%、0.1%,渔业则比农民工家庭低 1.2%。就东、中、西以及东北地区而言,东北地区有粮食生产行为的农业家庭比例最高,为 95.2%;有经济作物生产行为的农业家庭比例为东部地区最高,为48.9%;有畜牧业经营行为的农业家庭比例西部地区最高,为 40.2%;林业占比西部地区最高,为 6.5%;渔业占比中部地区最高,为 4.5%。

表 5-3　2019 年农业生产经营行为类型　　　　单位:%

生产范围	全样本	农村	农民工	东部	中部	西部	东北
粮食作物	83.2	85.5	71.8	74.4	89.5	82.7	95.2
经济作物	45.4	45.6	44.3	48.9	47.8	47.7	15.0
林业	5.4	5.4	5.3	6.3	4.6	6.5	1.2
畜牧业	22.1	23.4	15.8	7.4	22.8	40.2	13.0
渔业	2.5	2.3	3.6	2.3	4.5	1.4	0.3
其他农业	0.5	0.5	0.5	0.2	0.8	0.5	0.4

如表 5-4 所示,从全样本来看,经营粮食作物主要为玉米、水稻、小麦、豆类、马铃薯、甘薯等,具体而言,全国经营玉米的农业家庭占比为 69.2%,经营水稻的占比为 38.6%,经营小麦、豆类、马铃薯、甘薯的比例分别为 35.6%、13.2%、9.4%、9.8%。就农民工样本而言,粮食作物生产经营中,经营玉米的农业家庭比例最高,为 63.9%,其次为水稻,比例为 40.9%。就农村样本而言,经营玉米的占比为 70.1%,水稻的占比为 38.2%。就东、中、西部以及东北地区而言,经营水稻的农业家庭占比最高的为西部,占比为 47.6%;经营小麦的

农业家庭占比最高的为东部，为 61.6％；经营玉米的占比最高的地区为东北地区，占比为 90.4％；经营马铃薯比例最高的地区为西部，约为 20.1％，约为中部地区的 3 倍、东部地区的 5 倍；经营甘薯占比最高的地区为西部，约为 17.7％；经营豆类的农业家庭比例最高的地区为西部，约为 17.7％，比东部约高 10 个百分点。

表 5-4　2019 年粮食作物生产经营类型　　　　　　　　　　单位：％

生产范围	全样本	农村	农民工	东部	中部	西部	东北
水稻	38.6	38.2	40.9	28.4	45.5	47.6	18.3
小麦	35.6	35.6	35.7	61.6	36.7	20.4	0.1
玉米	69.2	70.1	63.9	69.3	54.3	78.9	90.4
马铃薯	9.4	9.9	6.0	3.5	7.1	20.1	2.5
甘薯	9.8	9.8	9.7	3.2	11.0	17.7	1.4
豆类	13.2	13.3	12.7	8.4	13.3	17.7	13.9
其他	3.2	3.3	2.4	2.3	2.9	4.5	2.9

表 5-5 展示了从事经济作物生产的家庭占比。各种经济作物中，有蔬菜、花生、瓜果、油菜等作物生产行为的家庭占比较高。从全样本看，经营蔬菜作物的占比为 37.9％，经营花生、瓜果、油菜作物的农业家庭占比分别为 26.7％、23.1％、12.4％。比较农民工样本和农村样本可以发现，农民工样本家庭蔬菜经营占比高于农村样本家庭约 12.5％，油菜经营约高于农村样本家庭 0.1％，花卉经营高于农村样本家庭 3.4％，甘蔗生产经营比例与农村样本家庭一样；而农村样本的花生、茶叶、棉花、烟叶、香料作物生产经营占比则高于农民工样本。就东、中、西部的比较而言，西部地区的茶叶、甜菜、甘蔗、烟叶、水果、香料作物生产经营占比最高，中部地区的花生和油菜生产经营比率最高，东部地区的棉花、蔬菜、花卉生产经营占比最高。而东北地区的主要经济作物类型是蔬菜、水果、花生。

表 5-5　2019 年经济作物生产经营类型　　　　　　　　　　单位：％

生产范围	全样本	农村	农民工	东部	中部	西部	东北
花生	26.7	28.2	19.1	23.6	42.0	13.9	29.4
油菜	12.4	12.3	12.9	2.5	20.3	16.5	0.6
茶叶	4.9	5.3	2.7	2.4	4.5	8.4	0.0
棉花	8.0	8.3	6.4	17.5	6.0	0.1	0.0
甜菜	0.4	0.4	0.7	0.1	0.3	1.0	0.0
甘蔗	2.6	2.6	2.6	1.7	0.3	6.2	0.0
烟叶	2.1	2.5	0.4	0.6	0.5	5.8	0.3
蔬菜	37.9	35.8	48.3	43.4	33.3	36.1	42.6
水果	23.1	22.2	27.9	24.6	17.0	27.5	27.2
香料作物	3.0	3.3	1.5	1.0	1.7	6.7	0.0
花卉	1.2	0.7	4.1	2.1	0.8	0.8	0.7
其他	15.3	16.4	10.0	10.6	18.7	17.5	11.1

作物播种面积指本年农作物总播种面积,即上年秋冬播种面积加本年春播种面积加本年夏播种面积加本年秋播种面积。表 5-6 呈现了主要作物的播种面积。从全样本看,水稻种植户的水稻平均播种面积为 10.8 亩,其中,农民工样本平均播种面积约为 10.5 亩,而农村样本约为 10.9 亩。对于小麦,全样本小麦经营户平均播种小麦面积为 7.2 亩,中部地区最大,约为 9.2 亩。对于马铃薯,农民工样本平均播种面积约为农村样本的 2 倍,东部地区约为中部地区的 2 倍。对于甘薯,全样本甘薯播种面积平均为 1.5 亩,农村样本约为 1.6 亩,约为农民工样本的 2 倍;中部地区约为 2.0 亩,高于东部地区的 0.8 亩和西部地区的 1.2 亩。对于棉花,棉花播种面积在全样本中平均为 3.8 亩,东部地区播种面积为 4.5 亩,远远大于中、西部地区的 1.5 亩和 1.3 亩。就烟叶播种而言,全样本平均播种面积为 9.5 亩,农民工样本约为 9.4 亩,而农村样本约为 9.5 亩;东部地区约为 11.4 亩,高于中、西部地区的平均水平。由于东北是粮食主产区,所以东北的水稻播种面积远远高于其他地区播种面积,为 55.2 亩。此外,东北的玉米、花生、豆类播种面积也远远高于中、东、西部地区。

表 5-6　2019 年主要农作物播种面积　　　　　　　　　　单位:亩

生产范围	全样本	农村	农民工	东部	中部	西部	东北
水稻	10.8	10.9	10.5	6.8	15.0	3.0	55.2
小麦	7.2	7.5	5.7	6.8	9.2	4.4	0.0
玉米	7.5	7.6	6.8	5.3	4.5	4.8	25.8
马铃薯	1.1	1.2	0.5	2.4	1.2	0.9	1.1
甘薯	1.5	1.6	0.9	0.8	2.0	1.2	6.1
豆类	3.3	3.0	5.3	1.5	3.0	1.5	14.4
花生	3.4	4.0	4.4	3.2	3.4	0.6	40.6
油菜	1.8	1.9	1.3	0.9	2.1	1.5	0.6
棉花	3.8	3.8	3.7	4.5	1.5	1.3	0.0
烟叶	9.5	9.5	9.4	11.4	10.6	9.1	9.0

表 5-7 展示了不同分化程度农户的主要农作物播种面积。从表中可以看出,一兼农户的主要农作物种植面积高于纯农户、二兼农户和非农户。具体而言,对于水稻种植面积,一兼农户为 34.3 亩,是纯农户种植面积的 2 倍多,是二兼农户的 4 倍多。对于小麦种植面积,一兼农户为 16.8 亩,是纯农户和二兼农户的约 2 倍。对于玉米种植面积,一兼农户为 21.7 亩,同样为纯农户和二兼农户的 2 倍多。对于豆类、花生、烟业等经济作物,一兼农户的播种面积仍是纯农户和二兼农户的 2 倍多。但对于马铃薯、甘薯、油菜、棉花等经济作物,不同类型农户之间的播种面积没有太大的差异。

表 5-7　2019 年不同类型农户主要农作物播种面积　　　　　　　　单位：亩

生产范围	纯农户	一兼农户	二兼农户	非农户
水稻	14.6	34.3	8.3	3.2
小麦	8.8	16.8	6.8	4.3
玉米	8.7	21.7	7.8	3.6
马铃薯	1.3	1.4	1.3	0.7
甘薯	1.3	1.7	1.1	0.7
豆类	3.3	11.5	3.1	1.9
花生	3.8	11.6	3.8	3.5
油菜	1.8	2.2	2.4	1.4
棉花	4.6	6.1	3.7	2.7
烟叶	10.7	10.1	7.1	6.0

5.3　农业劳动力

5.3.1　自我雇用

与 2018 年报告相同,本小节将农业劳动力来源分为自我雇用、帮工和雇用他人三种情况,同时进一步对农忙时期和非农忙时期的劳动力投入情况进行了区分。具体而言,如表 5-8 所示,农忙期间、非农忙期间自我雇用人数各地区平均水平与全样本平均水平、农村样本和农民工样本平均水平差异不大。农忙期间,全样本自我雇用人数约为 1.9 人,农民工样本约为 1.8 人,农村样本约为 1.9 人。而非农忙期间,自家劳动力投入有所下降,全样本平均自我雇用人数为 1.5 人。地区之间比较,农忙、非农忙期间西部地区自我雇用人数均为最高,约为 2.0 人及 1.6 人。农忙期间,亲友帮忙的帮工人数在全样本中约为 0.7 人,东北地区最高,约为 1.0 人,东部和中部地区一样,为 0.6 人。农忙期间,家庭成员平均工作天数东部地区最长,为 80.3 天,中部地区最短,为 61.4 天。地区间农忙时间的差异可能是在定义的相同农忙时间内,地区间主要种植农作类型的不同导致的。

表 5-8　2019 年农业生产经营自我雇用状况

		农忙期间			非农忙期间
		自我雇用人数/人	帮工人数/人	工作天数/天	自我雇用人数/人
全样本		1.9	0.7	70.7	1.5
农村		1.9	0.7	73.6	1.5
农民工		1.8	0.7	55.7	1.3
分地区	东部	1.9	0.6	80.3	1.4
	中部	1.9	0.6	61.4	1.5
	西部	2.0	0.9	69.8	1.6
	东北	2.0	1.0	70.3	1.3

5.3.2　劳动力雇用

本节将农业生产经营雇用劳动力分为长期雇用和短期雇用劳动力。长期工人指每年超过半年都在此工作,具有稳定雇佣关系的雇工。短期雇工指农忙时节临时招募的雇工,不包括换工。如表 5-9 所示,农业生产中短期雇工的家庭比例远高于长期雇工家庭的比例。就农业生产经营劳动力长期雇用状况而言,全国样本雇用比例约为 0.5%,农民工样本雇用比例 0.4%,略低于农村家庭的 0.5%。东部地区雇用比例为 0.6%,高于中部地区及西部地区的 0.3%。对于短期雇工,全样本的雇用比例为 7.2%,农村样本的雇用比例 9.1%,高于农民工样本的 3.4%;从地区来看,东北地区的短期雇用比例最高,为 10.2%,中部地区的雇用比例最低,为 6.5%。

表 5-9　2019 年农业生产经营劳动力雇用状况　　　　　　　　　　　　单位:%

		长期雇工比例	短期雇工比例
全样本		0.5	7.2
农村		0.5	9.1
农民工		0.4	3.4
分地区	东部	0.6	7.5
	中部	0.3	6.5
	西部	0.3	6.8
	东北	0.7	10.2

表 5-10 对短期工人雇用情况进行了具体分析,可以发现,短期工人工作时间长度差异较大,均值与中位数结果存在较大差距。全样本雇用短期工人平均工作天数为 13.2 天,农民工样本均值高于农村家庭,东部地区均值为 14.5 天,高于中部地区的 11.2 天、西部地区的 14.1 天以及东北地区的 11.2 天,而就中位数结果而言,短期工人雇用天数也是农民工样

本大于农村家庭。从地区上看,东北地区和西部地区一样为 5 天,大于中部地区的 2 天和东部地区的 3 天。将工资、奖金,分红、股息等都换算为薪酬,结果显示,全样本平均酬金水平为每天 158.7 元,农民工样本、农村样本差异不大,东北地区的平均薪酬最高,约为每天 184.6 元,西部地区薪酬最低,约为每天 116.7 元。中位数统计结果也显示西部地区短期雇工薪酬明显低于中部、东部地区水平。

表 5-10　2019 年农业生产短期雇工工作天数及薪酬

		工作时间/天		薪酬/(元·天$^{-1}$)	
		均值	中位数	均值	中位数
全样本		13.2	3.0	158.7	130.0
农村		12.8	3.0	159.5	130.0
农民工		15.8	5.0	154.3	140.0
分地区	东部	14.5	3.0	181.5	150.0
	中部	11.2	2.0	151.0	125.0
	西部	14.1	5.0	116.7	100.0
	东北	11.2	5.0	184.6	150.0

5.4　农业生产工具

5.4.1　农业机械

本小节的农业机械指拖拉机、播种机、插秧机、收割机、脱粒机、耕地机、钢磨（碾米机）、抽水机、喷药机、饲料粉碎机等各种用于农业生产及农产品加工的机械。如表 5-11 所示,2019 年农业家庭拥有农业机械的比例在全样本中平均为 45.3%,对于农民工样本,拥有农业机械的农业家庭比例约为 34.4%,约比农村样本小 13.1%。东部地区的拥有比例为 39.8%,低于中部地区的 40.1% 和西部地区的 51.4%,而东北地区的拥有比例为 64.0%,高于东、中、西部地区。在拥有农业机械的农业家庭中,户均拥有的农业机械价值在全样本中为 18905.6 元,农民工样本的平均农业机械价值高于农村样本的平均价值。从地区来看,东北地区家庭的平均农业机械价值最高,为 37645.5 元,其次为东部地区和中部地区家庭,西部地区家庭的平均农业机械价值最低,为 5429.8 元。从不同分化程度的农户类型上看,一兼农户的农业机械拥有比例最高,为 72.1%,其次为二兼农户,为 56.4%,纯农户的拥有比例为 47.6%。

表 5-11 2019 年农业农户农业机械拥有情况

	拥有比例/%	农业机械价值/元	
		均值	中位数
全样本	45.3	18905.6	3000.0
农村	47.5	14154.1	3000.0
农民工	34.4	51656.9	3000.0
分地区 东部	39.9	26871.6	3000.0
中部	40.1	16582.6	2500.0
西部	51.4	7230.9	2700.0
东北	64.0	37645.5	10000.0
农户类型 纯农户	47.6	30134.0	3200.0
一兼农户	72.1	27810.9	10000.0
二兼农户	56.4	7570.7	3000.0
非农户	33.1	5492.7	2000.0

在种植粮食作物或经济作物的农业家庭中,各种植环节使用农业机械的比例如表 5-12 所示,统计中,包括使用自家拥有、雇用租赁以及整体外包服务中的农用机械。结果显示,就全样本平均使用率而言,在各个种植环节中,使用农业机械比例最高的环节为耕地/施肥,为59.5%,其次为收获,为 54.6%,之后是播种环节、运输环节、喷洒农药环节。农村样本在各环节中使用农业机械的农业家庭占比均高于农民工样本。各个生产环节中,东北地区耕地/施肥环节、播种环节、运输环节和喷洒农药环节使用农业机械的比例均高于东、中、西部地区。中部地区的收获环节农业机械的使用比例是四个地区中最高的,为 66.7%。西部地区各个环节使用农业机械的比例均最低,除了喷洒农药环节的农业机械比例高于东部和中部地区。

表 5-12 2019 年农业生产种植环节农业机械使用比例 单位:%

		耕地/施肥	播种	收获	运输	喷洒农药
全样本		59.5	38.9	54.6	30.5	17.0
农村		60.9	39.5	55.6	30.9	17.1
农民工		52.4	35.8	49.7	28.4	16.9
分地区	东部	60.7	50.3	58.6	32.8	14.9
	中部	63.6	37.1	66.7	29.3	10.2
	西部	49.9	19.7	34.2	21.6	16.8
	东北	73.2	68.7	66.1	56.5	50.2

5.4.2 牲畜

如表 5-13 所示,2019 年拥有用于农业生产的牲畜的家庭占比在全样本中约为 9.4%,在农村样本中约为 9.8%,农民工样本略低于农村样本,为 7.1%。在西部地区,拥有用于农业生产的牲畜的家庭比例约为 16.9%,而东部地区占比约为 5.3%,中部地区占比约为 6.8%,东北地区拥有比例为 8.6%。从不同分化程度的农户上看,纯农户的牲畜拥有比例最高,为 11.5%,其次为一兼农户,为 10.1%,二兼农户的拥有比例为 8.9%,非农户也有 7.2% 的牲畜拥有比例。

表 5-13　农业经营户牲畜拥有概况

	比例/%			比例/%			比例/%
全样本	9.4		东部	5.3		纯农户	11.5
农村	9.8	地区	中部	6.8	农户类型	一兼农户	10.1
农民工	7.1		西部	16.9		二兼农户	8.9
			东北	8.6		非农户	7.2

5.4.3 机械服务雇用或者机械租赁费用

如表 5-14 所示,全样本农业家庭中,有机械服务雇用或者机械租赁行为的农业家庭所占比例为 51.5%。农民工样本雇用机械服务或租赁机械的比例低于农村样本,分别为 47.4% 和 52.3%。中部地区农业家庭雇用机械服务或租赁机械的比例高于东部和西部地区,为 64.0%,东部地区为 57.1%,西部地区为 33.5%。西部地区比例低的原因可能为西部的牲畜拥有比例较高,可用于农业生产经营耕作。而东北地区较中部和东部地区低的原因可能是东北地区农业机械拥有的比例较高。从不同分化程度的农户上看,一兼农户的拥有比例最低,为 44.8%,可能的原因也是一兼农户的农业机械拥有比例较高。

表 5-14　2019 年农业生产使用机械服务雇用或者机械租赁家庭的比例

	比例/%			比例/%			比例/%
全样本	51.5		东部	57.1		纯农户	50.5
农村	52.3	地区	中部	64.0	农户类型	一兼农户	44.8
农民工	47.4		西部	33.5		二兼农户	52.1
			东北	46.5		非农户	54.0

机械服务雇用或者租赁费用包括因农地整理、播种、收割、施肥、除草、治虫、灌溉、脱粒、运输等产生的雇用和租赁农用机械及运输车辆服务的机械作业费和人工费。如表 5-15 所示,全样本平均费用约为 1950.3 元,费用中位数为 850.0 元;农民工样本约为 2410.5 元,农

村样本约为 1866.6 元。中部地区平均费用约为 1678.6 元,中位数约为 890.0 元,均高于东部与西部地区;而西部地区平均费用约为 1664.3 元,中位数约为 600.0 元,远低于东部和中部地区;东北地区的租赁费用最高,为 3766.1 元。

表 5-15　2019 年农业生产机械服务雇用或者机械租赁费用情况　　　　　单位:元

		平均费用	费用中位数
	全样本	1950.3	850.0
	农村	1866.6	900.0
	农民工	2410.5	700.0
分地区	东部	2208.0	800.0
	中部	1678.6	890.0
	西部	1664.3	600.0
	东北	3766.1	2000.0

5.5　农业用地

农用土地是指用于农业生产的土地,包括耕地、园地、林地、牧草地等。拥有农地是指拥有农用土地的承包权。承包给自家经营的土地包括有偿或无偿让给其他农户或组织耕种的土地,不包括已经被征收、用作绿化、被村委会收回的土地、转入土地和开荒地。如表 5-16 所示,2019 年全样本拥有农用土地的家庭比例为 74.1%,农村样本拥有农用土地的家庭比例为 83.9%。农村样本中的农业家庭有 91.2% 都拥有农用土地,而非农业家庭只有 61.2% 的拥有土地,高于全国的非农生产家庭所拥有的土地 48.7% 的比例。对比农村样本和农民工样本,农村样本家庭拥有的农地比例高于农民工样本家庭。

表 5-16　2019 年拥有农地家庭的比例　　　　　单位:%

	全样本	农村	农民工
所有家庭	74.1	83.9	53.9
农业生产家庭	90.1	91.2	84.3
非农生产家庭	48.7	61.2	60.6

表 5-17 显示了拥有耕地承包权的农业家庭的耕地拥有面积均值及中位数统计结果。从全样本来看,农业家庭承包的平均耕地面积为 8.7 亩,中位数为 5 亩。对比农村样本和农民工样本,2019 年农民工样本家庭承包耕地面积均值小于农村样本,分别为 6.5 亩和 9.1 亩。就地区而言,东北地区农业家庭承包耕地面积最大,为 24.3 亩,西部地区为 7.2 亩,东

部地区为 6.9 亩。

表 5-17　2019 年农户耕地拥有情况　　　　　　　　　　　　　　单位：亩

		均值	中位数
全样本		8.7	5.0
农村		9.1	5.0
农民工		6.5	3.5
分地区	东部	6.9	4.3
	中部	7.3	5.0
	西部	7.2	4.0
	东北	24.3	15.0

　　表 5-18 描述了农业经营耕地细碎化情况，具体而言，全样本农业经营户拥有的耕地平均为 5.4 块，中位数为 4 块，而农村样本每户拥有耕地平均为 5.6 块，农民工样本为 4.5 块。就地区来看，西部地区平均为 7.4 块，中位数为 6.0 块，而东部地区平均为 3.6 块，中位数为 3.0 块。中部地区和东北地区的中位数一样，为 4.0 块，就平均数而言，中部地区的 5.6 块高于东北地区的 5.0 块。

表 5-18　2019 年耕地细碎化情况　　　　　　　　　　　　　　单位：块

		均值	中位数
全样本		5.4	4.0
农村		5.6	4.0
农民工		4.5	3.0
分地区	东部	3.6	3.0
	中部	5.6	4.0
	西部	7.4	6.0
	东北	5.0	4.0

　　表 5-19 描述了农业经营户的耕地撂荒情况。就撂荒比例而言，2019 年在全样本拥有耕地的农业经营户中，平均有 9.5% 的经营户撂荒，其中，农民工样本为 9.0%，低于农村样本的 9.6%。分地区来看，西部撂荒比例最高，为 14.8%，高于中部地区的 9.9% 和东部地区的 6.4%，东北地区最低，仅为 1.3%。就撂荒面积而言，在拥有撂荒行为的农业经营户中，2019 年全样本撂荒面积平均为 2.7 亩，农村样本撂荒面积为 2.9 亩，高于农民工样本的 2.1 亩，分地区来看，东北地区拥有撂荒行为的农户的平均撂荒面积为 7.5 亩，大于东、中、西部地区。

表 5-19 2019 年耕地撂荒比例及面积

		撂荒比例/%	撂荒面积/亩	
			均值	中位数
	全样本	9.5	2.7	2.0
	农村	9.6	2.9	2.0
	农民工	9.0	2.1	1.5
分地区	东部	6.4	1.6	1.2
	中部	9.9	3.3	2.0
	西部	14.8	2.6	1.5
	东北	1.3	7.5	2.5

图 5-2 描述了农业经营户的土地撂荒原因,32.8%的农户认为自家土地无人耕种是因为身体不好或年龄太大,家中无其他劳动力,30.8%的农业经营户的土地撂荒原因是地块太远,不方便耕种。28.0%的农户将原因归结为农地质量不好,产出太低,选择农地太细碎或面积太小,不易耕种的农业经营户占比为 16.4%。

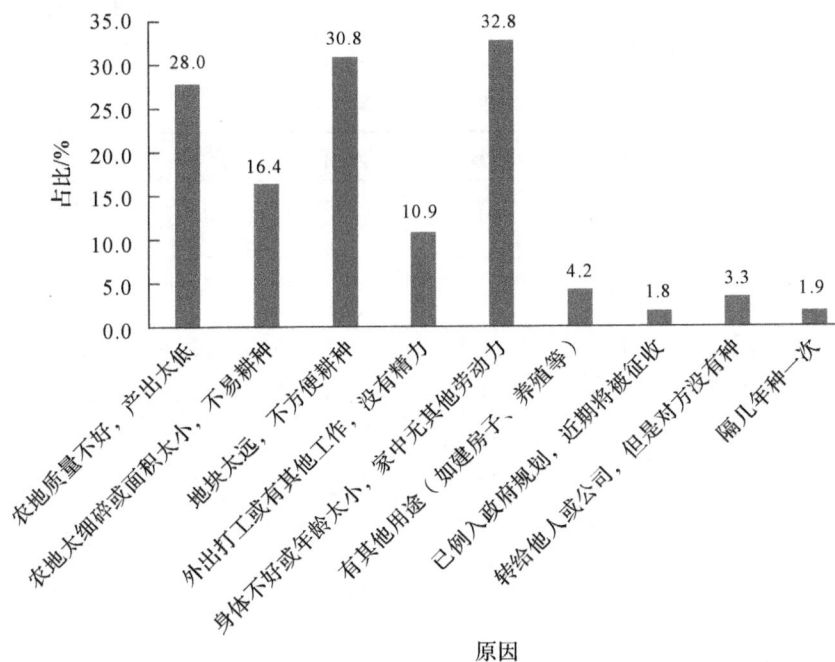

图 5-2 耕地撂荒原因

5.6 农资采购

5.6.1 农资采购种类与价值

农资品包括种子、种苗、幼崽、幼苗、农药、生长剂、鱼药、除草剂、化肥、饵料、农膜、小型农机具（不含大型农业机械）等用于农业的生产资料。从表5-20可以看出，广泛采购的农资为化肥、农药、种子、除草剂等。全样本采购化肥的农业经营户占比为93.1%，而采购农药、种子、除草剂的占比分别为84.6%、83.3%、70.3%。农村样本的大部分农资采购占比略高于农民工家庭，其中，化肥约比农民工样本高5.9%，种子比农民工样本高4.5%，幼崽比农民工样本高2.1%，农药比农民工样本高8.0%，生长剂比农民工样本高1.9%，除草剂比农民工样本高6.4%，农膜比农民工样本高9.2%，小型农机具比农民工样本高3.8%，有机肥比农民工样本高3.5%。就东、中、西、东北地区而言，东北地区的种子、化肥、小型农机具采购比例高于东、中、西部地区；西部地区的种苗、幼崽、幼苗、农膜采购比例高于东、中部和东北地区；中部地区的农药、鱼药、除草剂和饵料高于东西部和东北地区；东部地区的有机肥采购比例高于中、西部和东北地区。

表 5-20 2019 年农资采购种类及占比 单位：%

地区	全样本	农村	农民工	东部	中部	西部	东北
种子	83.3	84.1	79.6	78.9	87.8	79.8	96.0
种苗	8.5	8.4	9.4	8.4	7.7	10.8	4.4
幼崽	11.7	12.1	10.0	4.3	12.4	20.2	8.1
幼苗	4.0	3.8	5.5	4.3	4.0	4.6	1.3
农药	84.6	85.8	78.8	85.8	88.7	81.1	77.3
生长剂	12.7	13.0	11.1	14.6	14.1	8.3	15.4
鱼药	1.3	1.2	1.5	1.4	2.1	0.5	0.4
除草剂	70.3	71.4	65.0	69.7	72.8	68.6	69.6
化肥	93.1	94.1	88.2	92.0	93.7	92.8	96.6
饵料	2.8	2.8	2.7	2.1	3.3	3.2	2.1
农膜	30.8	32.4	23.2	33.4	23.7	40.2	14.4
小型农机具	10.0	10.6	6.8	9.5	10.2	10.0	10.6
有机肥	24.2	24.8	21.3	33.4	20.2	20.1	18.7

如图 5-3 所示,就全样本来看,农业家庭经营户的亩均农资投入为 1277.4 元。按不同分化程度的农户看,一兼农户的亩均农资投入费用最高,为 2699.8 元,其次为纯农户,亩均农资投入费用为 1831.3 元;非农户的亩均农资投入费用最少,为 439.7 元。

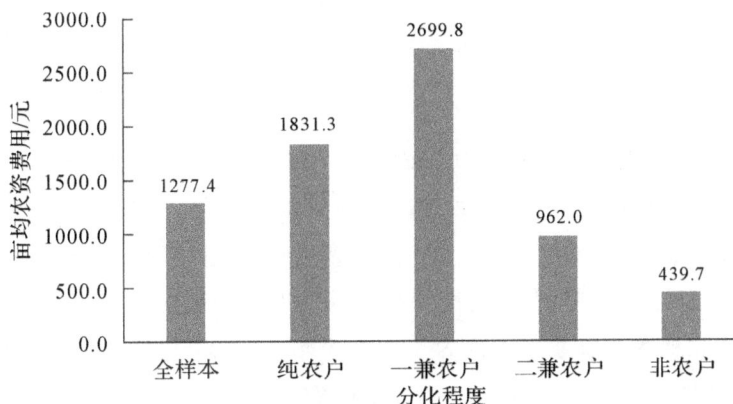

图 5-3　2019 年不同类型农业家庭的农资费用比较

5.6.2　农资采购渠道

如表 5-21 所示,整体来看,农资采购渠道主要为农资店/超市及农资市场,全样本中占比分别为 63.5%、24.9%,农民工样本占比分别为 63.5%、26.1%,农村样本占比分别为 63.5%、24.7%,东部地区占比分别为 65.2%、19.3%,中部地区占比分别为 70.4%、20.3%,西部地区占比分别为 55.2%、34.5%,东部地区占比分别为 61.4%、30.0%。就农资网上采购比例而言,虽然仍然占很小的比例,但相对于 2017 年有较大的提升,从 2017 年的 2.6% 上升到 2019 年的 4.4%。农资网上采购的方式主要是通过村里网点代理进行采购。

表 5-21　2019 年农户农资采购渠道　　　　　　　　　　单位:%

渠道	全样本	农村	农民工	东部	中部	西部	东北
农资市场	24.9	24.7	26.1	19.3	20.3	34.5	30.0
销售人员下乡推销	6.2	6.7	3.7	7.2	4.6	6.6	6.4
农资店/超市	63.5	63.5	63.5	65.2	70.4	55.2	61.4
自己/家人直接网上采购	0.1	0.1	0.1	0.0	0.1	0.1	0.0
邻居/亲朋代为网上采购	0.1	0.0	0.2	0.1	0.0	0.1	0.1
通过村里网点代理进行采购	4.2	3.9	5.7	7.1	3.5	2.7	0.9
其他	1.0	1.1	0.7	1.1	1.1	0.8	1.2

5.7 家庭农业总产值与销售收入

5.7.1 家庭农业总产值

本章中所指的家庭农业总产值指初级农产品产值，即包括相关作物的初级产品产值，如大豆，不包括加工制作后的产品价值，如豆制品等。具体而言，初级农产品是指作物采摘、牲畜出栏、水产品捕捞、林木砍伐后，未经加工（最多做简单处理，如晒干、去枝等）的原产品。如表 5-22 所示，就全样本而言，农业总产值平均为 22806.4 元。就地区而言，各地区农业总产值差异较大，东北地区的农业总产值为 41071.5 元，明显高于中、西、东部地区的农业总产值。对比农村样本和农民工样本，农民工样本的农业总产值 26168.0 元，高于农村样本的22115.7 元。就中位数而言，农村样本的中位数为 6270.0 元，农民工样本低于农村样本，为4000.0 元。从不同分化程度的农户上看，就均值的结果而言，一兼农户的农业产值远远高于纯农户、二兼农户和非农户，为 31730.6 元，同时中位数也是四种农户类型中最高的，为45000.0 元。虽然纯农户的平均产值高于二兼农户，但是其产值的中位数却低于二兼农户。

表 5-22　2019 年家庭农业总产值　　　　　　　　　　单位：元

		均值	中位数
	全样本	22806.4	6000.0
	农村	22115.7	6270.0
	农民工	26168.0	4000.0
地区	东部	28231.3	6000.0
	中部	17441.8	5500.0
	西部	17159.9	4800.0
	东北	41071.5	16000.0
农户类型	纯农户	31730.6	7000.0
	一兼农户	80895.8	45000.0
	二兼农户	19951.7	12900.0
	非农户	5028.6	3500.0

5.7.2 农业销售渠道

表 5-23 显示了有农产品出售行为的农业经营户比例。从全样本来看，各种农产品基本上是直接销售，少部分家庭的农产品是加工后销售；其中，有经济作物农产品出售行为的农

业经营户占比最高,为64.4%,其次为水产品、粮食作物产品、畜禽产品和林产品。就地区来看,西部地区有经济作物出售行为的家庭比例最高,为59.2%;中部地区有粮食作物出售的家庭比例最高,为69.2%;东部地区有水产品出售的家庭比例最高,为86.2%;对比农村样本和农民工样本,农民工样本也是有水产品出售的家庭比例最高,为68.0%;而农村样本中有粮食作物出售的家庭比例最高,为63.3%。由于东北地区的主要作物是粮食作物,所以其他农产品出现比例为0.0%或100.0%的现象。从不同分化程度的农户看,一兼农户的各类农产品出售比例最高,其次为二兼农户,纯农户的农产品出售比例低于二兼农户。

表 5-23　2019 年农户农产品出售比例　　　　　单位:%

		粮食作物农产品	经济作物农产品	林产品	畜禽产品	水产品
全样本	直接销售	62.9	64.4	31.0	42.3	63.1
	加工后销售	0.9	2.3	1.9	0.7	4.6
农村	直接销售	63.3	67.5	29.7	42.7	61.5
	加工后销售	0.7	2.5	2.0	0.6	6.1
农民工	直接销售	60.2	48.9	37.8	39.6	68.0
	加工后销售	1.3	1.2	1.3	1.7	0.0
东部	直接销售	75.0	72.3	40.4	57.8	86.2
	加工后销售	0.9	1.2	1.0	2.1	14.3
中部	直接销售	69.2	59.4	18.0	29.7	54.9
	加工后销售	0.4	2.9	0.3	0.6	0.0
西部	直接销售	35.8	59.2	30.5	46.2	45.9
	加工后销售	0.9	2.6	4.2	0.6	2.8
东北	直接销售	86.6	81.0	34.4	47.6	100.0
	加工后销售	1.2	4.0	0.0	0.0	0.0
纯农户	直接销售	64.1	71.5	33.5	46.5	69.7
	加工后销售	0.6	2.6	1.7	0.4	10.1
一兼农户	直接销售	77.4	77.1	49.0	63.1	69.8
	加工后销售	1.3	5.1	4.6	2.2	0.0
二兼农户	直接销售	73.2	75.3	37.7	49.8	59.4
	加工后销售	1.2	1.8	6.0	1.3	1.8
非农户	直接销售	57.2	46.6	27.0	21.5	36.0
	加工后销售	0.6	1.8	0.0	0.5	0.0

农产品销售渠道情况如表 5-24 所示。对于农业生产经营家庭而言,就全样本来看,农

产品的主要销售渠道是卖给小商贩，通过小商贩销售农产品的农业家庭比例为67.8％。其次为消费者上门购买，通过该销售渠道销售农产品的农业家庭比例为17.7％。通过网络销售农产品的比例最低，为0.8％。农民工样本中通过网络销售和自家摆摊销售农产品的农业家庭比例是农村样本的约2倍。就地区差异而言，东部地区通过小商贩、合作社渠道销售农产品的家庭高于中部、西部和东北地区。西部地区通过企业或公司、消费者上门购买、自家摆摊和其他渠道销售的农业家庭比例高于东部、中部和东北地区。而东北地区通过政府/粮库渠道销售的农业家庭比例高于东、中、西部地区。

表 5-24　2019 年农户农产品销售渠道　　　　　　　　　单位：%

渠道	全样本	农村	农民工	东部	中部	西部	东北
企业或公司	4.7	5.0	2.9	3.0	4.2	8.8	2.0
合作社	2.9	2.8	3.1	3.6	2.5	3.1	1.1
网络销售	0.8	0.7	1.6	1.3	0.5	0.8	0.3
小商贩	67.8	68.3	64.6	74.4	71.1	54.5	66.5
消费者上门购买	17.7	17.5	18.7	14.1	15.9	23.6	21.4
养殖户	2.0	2.0	1.9	2.5	1.3	2.6	1.1
自家摆摊	7.5	6.7	11.6	6.7	5.4	13.7	2.0
政府/粮库	3.3	3.3	2.9	2.9	2.9	2.8	6.4
其他	2.9	2.7	3.8	2.3	2.1	4.3	3.7

5.8　农业生产补贴

　　农业生产补贴指从事农业生产经营获得的补贴，不含退耕还林、还草补贴。表5-25展示了2019年农业生产补贴基本情况，就全样本而言，2019年农业生产补贴比例为69.3％，农村样本为71.6％，约比农民工样本高13.3％。就地区而言，东北地区的补贴比例最高，为90.4％；其次为中部地区，为80.0％；东部地区补贴比例最少，为58.1％。就补贴金额来看，全样本的平均补贴金额为633.5元，农村样本的补贴金额为673.9元，高于农民工样本的补贴金额，为436.9元。就地区差异而言，东北地区的平均补贴金额远高于东、中、西部地区，为2246.9元。就补贴中位数来看，全国的补贴中位数为200.0元，农村样本高于农民工样本。中部和东北地区的补贴中位数高于东部和西部。从不同分化程度的农户看，一兼农户获得补贴的比例略高于纯农户和二兼农户，但一兼农户获得的农业补贴均值是纯农户和二兼农户的2倍多，且补贴的中位数值也是最高的。

表 5-25　2019 年农业生产补贴概况

		补贴比例/%	补贴金额	
			均值/元	中位数/元
	全样本	69.3	633.5	200.0
	农村	71.6	673.9	245.0
	农民工	58.3	436.9	50.0
分地区	东部	58.1	475.3	100.0
	中部	80.0	621.0	320.0
	西部	64.4	356.2	105.0
	东北	90.4	2246.9	320.0
农户类型	纯农户	71.3	796.0	250.0
	一兼农户	75.3	1409.0	380.0
	二兼农户	71.3	582.8	294.0
	非农户	67.8	378.6	180.0

本章对家庭农业生产经营活动概况进行了描述,对于农业生产经营范围,80%以上的农户进行粮食作物生产,45%左右的农户进行经济作物生产,进行畜牧生产的农户在 20%左右,其他农业生产活动的比例在 5%左右。对于生产规模,一兼农户的农业生产规模和农业产值大于二兼农户和纯农户,一兼农户的主要农产品播种面积是二兼农户和纯农户的 2 倍左右,而农产品产值是一兼农户和纯农户的 3 倍左右。对于农产品销售,一兼农户售卖农产品的比例是最高的,粮食作物和经济作物出售比例约为 80%。农产品的销售渠道主要是售卖给小商贩,通过网络销售的比例仍然很低,但相比上一年有所提升。

6 农村家庭土地利用与流转

家庭联产承包是我国一项基本的农业经营制度，它将农地较为平均地分配给各个农村家庭。虽然家庭联产承包在较大程度上保证了农地制度的公平性，但是随着社会经济的发展，农地的平均分配却开始不利于农地使用效率的提高。一个重要因素是农村家庭在就业上的分化。一些农村家庭更加倾向于非农就业，这就会产生闲置土地；然而，那些致力于农业生产经营的农业家庭，却面临耕地不足的问题。因此，农村家庭之间的土地有必要进行再调整以适应经济发展的需要。在确保农村土地所有制和承包制不变的前提下，耕地流转成为一种重要的再调整方式。利用浙江大学中国农村家庭调查数据（CRHPS），本章旨在报告中国农村家庭土地利用与流转，主要由我国耕地基本情况、耕地流转（耕地流转的概况、耕地流转所产生的效果、耕地流转行为的影响因素），以及土地征用等三部分内容组成。与前面章节略有不同，由于城镇和农村家庭都可能参与了土地的确权和流转，本章涉及的样本家庭包括农村家庭样本和农民工家庭样本。农村家庭样本即农村地区家庭的样本。农村家庭和农民工家庭样本形成的全样本主要应用于有关"耕地流转"部分的内容，其余部分如无特殊说明，采用的为农村家庭样本。此外，根据农业收入占家庭总收入的比重大小所形成的三类农户类型，分别为纯农户（大于90%）、一兼农户（50%—90%）、二兼农户（10%—49%）和非农户（小于10%）。

本章统计结果显示，2019年，36.0%的中国农村户籍家庭参与了耕地流转，与2017年基本持平。纯农户、一兼农户、二兼农户和非农户在确权颁证、耕地流转的行为和效果上均有不同程度的差异表现。在耕地流转过程中，村委会的介入在提高流转租金、延长流转期限、调节流转纠纷和提供流转服务方面发挥了重要的作用。2019年农村家庭平均拥有1.03块宅基地，拥有宅基地面积的均值为0.57亩。

6.1 耕地基本情况

6.1.1 样本概况

如表6-1所示，浙江大学中国农村家庭调查数据（CRHPS）调查中有超过1/3的家庭为居住在农村地区的家庭。2013年调查28143户家庭，其中农村家庭占比为40.3%。2015年调查37289户家庭，其中农村家庭占比37.6%。2017年，CRHPS调查了40011户家庭，其中农村家庭占比为37.1%。不同于往年,2019年农村家庭和农民工家庭为CRHPS的主要调查对象,其中农村家庭样本超过14000户,占比达到67.5%。

表6-1 2013年、2015年、2017年城乡家庭样本情况

	2013年		2015年		2017年	
	户数	占比/%	户数	占比/%	户数	占比/%
农村家庭	11328	40.3	14022	37.6	14859	37.1
城镇家庭	16813	59.7	23267	62.4	25152	62.9
合计	28143	100	37289	100	40011	100

按农业收入占家庭总收入的比重划分的不同分化程度农户承包农村耕地比例不一,一兼农户承包比例最高。CRHPS问卷询问所有样本家庭承包农地的情况。2019年的数据表明,全样本范围内,纯农户承包农村耕地的比例为88.2%,一兼农户中有90.9%的家庭承包耕地,二兼农户中有88.88%的家庭承包耕地,非农户家庭承包耕地的比例最小,为61.9%。而在农村家庭中,四类家庭承包耕地的比例都高于全样本平均水平,说明农村家庭仍然是农地的主要承包方。同时,农村地区家庭中,一兼农户承包耕地的比例最高,而非农户承包耕地的比例最低,占比仅为74.8%(见表6-2)。

表6-2 2019年承包耕地的家庭的占比 单位:%

	纯农户	一兼农户	二兼农户	非农户
全样本家庭	88.2	90.9	88.9	61.9
农村家庭	89.3	91.9	89.6	74.8

6.1.2 土地的确权颁证

土地的确权颁证是规范耕地流转的基础,表6-3展示了不同分类下,2019年各类农村家庭拥有耕地经营权证书的比例。总体而言,有79.0%的农村家庭拥有耕地承包经营权证书,可见确权颁证工作在大部分农村地区有了一定程度普及和完善。细分来看,二兼农户拥有耕地经营权证书的家庭比例最高,占到82.5%,纯农户和非农户家庭拥有耕地经营权证书的比例低于一兼农户,为78.5%。从地域差异看,东、中部地区农村家庭拥有耕地承包经营权证书的比例较低,西部地区和东北地区农村家庭的耕地确权颁证工作落实较好,拥有耕地经营权证书的比例高于其他地区,均超过80.0%。

表 6-3　拥有耕地经营权证书的家庭比例　　　　　　　　　　　单位：%

分类		拥有耕地经营权证书的家庭比例
农村家庭		79.0
农户类型	纯农户	78.5
	一兼农户	76.4
	二兼农户	82.5
	非农户	78.5
地区	东部	79.0
	中部	76.9
	西部	81.5
	东北	80.3

农村家庭对土地确权颁证的看法在一定程度上反映了该举措的实施效果。2019 年数据显示，总体而言有 89.4% 的农村家庭认为土地确权颁证给农民带来了实际的好处。其中，二兼农户对该举措的认可比例超过其他三类农户，达到 91.9%。就地区差异来看，西部地区农村家庭认为土地确权颁证带来好处的比例超过 90%，可见西部地区家庭对土地确权颁证工作较为认可；东部地区农村家庭对该举措的认可比例相对较低，为 88.3%（见表 6-4）。

表 6-4　2019 年农村家庭认为土地确权颁证带来好处的比例　　　　单位：%

分类		认可比例
农村家庭		89.4
农户类型	纯农户	89.6
	一兼农户	87.6
	二兼农户	91.9
	非农户	88.7
地区	东部	88.3
	中部	89.7
	西部	90.2
	东北	89.6

尽管大多数农村家庭对于土地确权颁证这一举措表示认可，但不同农户对该项举措带来的具体好处评价不一。具体而言，有 60.4% 的农村家庭认为确权颁证使农地权利更加明确，认为确权颁证可以作为土地、农业补贴的依据的家庭有 54.3%；认为确权颁证可以作为农地纠纷的维权依据和作为征地补偿的依据的家庭占比分别为 46.0% 和 45.7%。认为其有利于申请农地抵押贷款的家庭较少，占比仅为 32.0%（见表 6-5）。

表 6-5　2019 年农村家庭认为土地确权颁证带来具体好处的比例　　　　单位：%

好处	比例
有利于申请农地抵押贷款	32.0
农地的权利更加明确	60.4
作为土地、农业补贴的依据	54.3
作为征地补偿的依据	45.7
作为农地纠纷的维权依据	46.0
其他	2.5

　　近年来，土地确权颁证工作得到了更深程度的完善，但不少农户在土地确权、登记、颁证的过程中仍遇到了不同程度的阻碍。39.9%的农户对规则的公平性提出了质疑，认为"生不增，死不减"规则对部分农户不公平，10.9%的农户认为随着农民土地维权意识增强，耕地流转变得越来越缓慢。10.0%的农户觉得自己没有从确权颁证中获得实际的利益，7.9%的农户认为政策变化快，了解和适应政策有一定难度（见表 6-6）。

表 6-6　认为土地确权、登记、颁证工作中的问题比例　　　　单位：%

	比例
"生不增，死不减"规则对部分农户不公平	39.9
农民土地维权意识增强，耕地流转缓慢	10.9
不利于土地整理	5.6
政策不明确	7.5
政策变化快	7.9
农民没有获得实际利益	10.0
实际执行没有遵守国家政策	3.8
农民没有完整处置土地的权利	4.2
不利于村庄公共事务的开展	1.9
其他	8.4

6.2　耕地流转

6.2.1　耕地流转概况

（1）普通农户是转出耕地和转入耕地的参与主体

表 6-7 展示了近几年农户转出转入耕地的变化情况。在 2013 年，约 24.1%的农户参与

耕地流转；其中，约 12.7％的农户转出耕地，约 11.0％的农户转入耕地，二者兼有的农户只有 0.4％。在 2015 年，约 32.9％的农户参与耕地流转；其中，约 18.9％的农户转出耕地，约 13.7％的农户转入耕地，二者兼有的农户只有 0.3％。而到 2017 年，参与耕地流转的农户上升至 36.0％，比 2015 年增加了 3.1％；其中，约 24.2％的农户转出耕地，约 10.9％的农户转入耕地，二者兼有的农户只有 0.9％。由此可见，在 2013 年到 2017 年间，农户参与土地流转的积极性有所提高，主要体现在转出耕地的比例增加。2019 年，约 36.0％的农户参与耕地流转；其中，约 24.0％的农户转出耕地，约 11.2％的农户转入耕地，二者兼有的农户只有 0.8％。与 2017 年之前的年份相比，2017 年到 2019 年各类型农户占比趋于稳定。总体而言，近年来在参与耕地流转的过程中，农户要么转出耕地，要么转入耕地。二者兼有的情况占比很小。

表 6-7　农户参与流转的情况

农户分类	2013 年		2015 年		2017 年		2019 年	
	样本数	比例/％	样本数	比例/％	样本数	比例/％	样本数	比例/％
参与耕地流转的农户	2759	24.1	5392	32.9	5307	36.0	5323	36.0
仅转出的农户	1457	12.7	3088	18.9	3560	24.2	3558	24.0
仅转入的农户	1257	11.0	2244	13.7	1613	10.9	1657	11.2
二者兼有的农户	45	0.4	60	0.4	134	0.9	108	0.8
未参与耕地流转的农户	8702	75.9	10981	67.1	9434	64.0	9482	64.0

在耕地流转中，虽然转出农户的占比大于转入农户的占比，但是转出农户的平均流转面积明显小于转入农户的平均流转面积。在全样本农户中，转出农户的占比为 25.0％，大于转入农户的占比（11.9％）。但是，转出农户的平均流转面积为 4.1 亩，小于转入农户的平均流转面积（16.5 亩）。不同地区的流转也具有类似的特点，但差距程度各有不同。其中，东部、西部地区的转出农户与转入农户占比之差远超过其他地区；而东北地区农户尽管在转出、转入比例上差距不大，但转出农户的平均流转面积远低于转入农户的平均流转面积（见表 6-8）。

表 6-8　2019 年农户转出、转入耕地的情况

	转出农户的占比/％	转出农户的平均流转面积/亩		转入农户的占比/％	转入农户的平均流转面积/亩	
		均值	中位数		均值	中位数
全样本	25.0	4.1	2.8	11.9	16.5	5.0
东部	25.9	3.0	2.0	8.8	12.8	4.0
中部	27.9	4.1	3.0	12.9	14.6	6.0
西部	22.1	3.8	2.0	1.1	9.4	3.0
东北	20.5	10.7	10.0	20.0	41.3	28.0

　　不论是对于转出耕地还是对于转入耕地,普通农户都是主要的参与者。参与耕地流转的农户家庭分为普通农户(本村和外村)、专业大户、企业、农民合作社等。后几类农户的生产经营特征明显不同于农户,统称为"其他经营主体"。2019年的调查数据显示,在转出耕地的农户中,有60.8%的农户为本村普通农户,而专业大户所占比例也不低,为15.8%。在同年的耕地转入中,各主体间的比例差距更为明显,有89.1%的本村农户转入了土地,相对而言其他经营主体所占有的比例就小得多。

　　(2)耕地流转以农业用途为主

　　耕地流转的用途仍然以农业为主。在2013年,转出耕地用于种植的占比为91.4%,用于养殖的占比为4.0%;转入耕地用于种植的占比为95.9%,用于养殖的占比为3.1%。在2015年,转出和转入耕地用于种植的比例有所提高,分别为94.8%和97.2%;用于养殖的比例有所下降,分别为2.2%和2.0%。在2017年,转入耕地用于种植的比例继续提高,其中用于粮食作物种植的比例为78.3%,用于经济作物种植的比例为20.2%;转出和转入耕地用于畜牧养殖的比例下降,分别为1.3%和0.2%。在非农业用途中,转出和转入耕地用于服务经营的占比较大,分别为0.8%和0.4%。到2019年,转入耕地用于种植的比例稍有回落,主要源自用于粮食作物种植的比例下降为77.2%,用于经济作物种植的比例为20.2%;转出和转入耕地用于畜牧养殖的比例有所回升,分别为3.2%和1.2%。在非农业用途中,转出和转入耕地各项用途的差距显著减小。由此可见,近年来流转耕地的各项用途中,农业用途占比逐渐趋于稳定,而非农业用途的占比波动较大(见表6-9、表6-10)。

表 6-9　流转耕地的用途(2013 年和 2015 年)

		2013 年				2015 年			
		转出		转入		转出		转入	
		样本数	占比/%	样本数	占比/%	样本数	占比/%	样本数	占比/%
农业	种植	1332	91.4	1251	95.9	2884	94.8	2198	97.2
	养殖	58	4.0	41	3.1	66	2.2	45	2.0
非农业	服务经营	13	0.9	5	0.4	23	0.8	6	0.3
	修建厂房	35	2.4	8	0.6	36	1.2	1	0.1
	其他	20	1.3	0	0.0	34	1.0	11	0.4
总计		1458	100	1305	100	3044	100	2261	100

表 6-10　流转耕地的用途（2017 年和 2019 年）

		2017 年				2019 年			
		转出		转入		转出		转入	
		样本数	占比/%	样本数	占比/%	样本数	占比/%	样本数	占比/%
农业	粮食种植	2530	69.8	1368	78.3	2415	62.9	1212	77.2
	经济作物种植	907	25.0	354	20.2	1076	28.0	317	20.2
	畜牧养殖	47	1.3	3	0.2	123	3.2	19	1.2
非农业	服务经营	27	0.8	7	0.4	41	1.1	1	0.1
	修建厂房	16	0.4	0	0.0	16	0.4	1	0.1
	修建住宅	1	0.0	2	0.1	5	0.1	1	0.1
	用于公路、铁路、公园	4	0.1	2	0.1	21	0.5	1	0.1
	防护林	19	0.5	0	0.0	67	1.7	0	0.0
	荒废	19	0.5	0	0.0	28	0.7	0	0.0
	其他	54	1.6	11	0.7	47	1.4	17	1.0
总计		3623	100	1747	100	3839	100	1569	100

（3）耕地有偿流转与流转租金

耕地有偿流转的占比近年来有所上升。在 2013 年，有偿流转的占比为 75%。在 2015 年，有偿流转的占比为 53.4%。到 2017 年，耕地有偿流转的比例有一定上升，在耕地转出中，有 59.3% 为有偿流转，在耕地转入中，有 60.9% 为有偿流转，二者差异不大。到 2019 年，耕地有偿流转比例继续上升，在耕地转出中，有 72.6% 为有偿流转，而在耕地转入中，67.8% 为有偿流转，两者差距相对于 2017 年而言有所拉大（见表 6-11）。

表 6-11　耕地有偿流转的占比

	2013 年		2015 年		2017 年转出		2017 年转入		2019 年转出		2019 年转入	
	样本数	比例/%	样本数	比例/%	样本数	比例/%	样本数	比例/%	样本数	比例/%	样本数	比例/%
有偿流转	2070	75.0	2857	53.4	2164	59.3	1061	60.9	2801	72.6	1060	67.8
无偿流转	689	25.0	2496	46.6	1488	40.7	683	39.1	1057	27.4	504	32.2
总计	2759	100	5353	100	3652	100	1744	100	3858	100	1564	100

耕地流转租金的支付可以采取不同的方式。在土地转出租金的支付上，全样本范围内，选择现金支付土地转出租金的家庭占比最多（66.0%），其次是免费流转，占比 27.4%，通过发放实物、现金/实物＋分红等多种方式结合的支付方式的家庭占比相对较少。在土地转入租金的收取上，全样本范围内，63.3% 选择收取现金，其次是免费流转，占比 32.2%，通过实物方式收取租金的家庭占比 4.3%（见表 6-12）。

表 6-12　2019 年耕地流转租金使用不同支付/收取方式的家庭占比

支付方式	转出		转入	
	样本数	比例/%	样本数	比例/%
支付现金	2547	66.0	990	63.3
发放实物	125	3.2	67	4.3
股份分红	12	0.3	0	0.0
免费流转	1057	27.4	504	32.2
现金/实物＋分红	47	1.2	0	0.0
其他	70	1.9	3	0.2
总计	3858	100	1564	100

耕地流转的租金水平近年来呈现先上升后下降的趋势。在农业用途的耕地流转中，2013 年转出耕地的租金为 383 元/亩，转入耕地的租金为 298 元/亩。2015 年农业用途的耕地流转租金有所上涨，转出耕地的租金为 425 元/亩，转入耕地的租金为 443 元/亩。2017 年农业用途的转出租金上涨为 573 元/亩，转入耕地的租金略有回落，为 441 元/亩。到 2019 年，农业用途的流转租金均有所下降，其中转出耕地的租金为 519 元/亩，转入租金降为 363 元/亩。在非农业用途的流转中，2013—2015 年期间，转出和转入租金呈现上升趋势，而 2015—2019 年，两者均呈现下降趋势，且下降速度很快。

对比农业用途和非农业用途租金发现，非农业用途的耕地流转租金明显高于农业用途的耕地流转租金，2013 年、2015 年前者是后者的 2 倍以上，但在之后几年两者差距逐渐缩小，主要体现在非农业用途流转租金下降上。尽管农业用途的耕地流转租金有所上升，但幅度不大，加之非农业用途的流转租金下降，耕地流转的整体租金水平仍然较低（见表 6-13）。

表 6-13　耕地流转的租金　　　　　　　　　　　　　　　单位:元/亩

年份	流转方式	农业用途	非农业用途
2013	转出	383	1693
	转入	298	997
2015	转出	425	2927
	转入	443	1495
2017	转出	573	978
	转入	441	939
2019	转出	519	797
	转入	363	498

按农业收入占家庭总收入的比重划分的不同分化程度农户分类后发现，不同分化程度的农户转出转入租金也有所不同。

总体而言，农村家庭平均的转出租金为 548 元/亩，转入租金为 363 元/亩。在耕地转出中，纯农户呈现了与其他三类农户不同的状态。纯农户的平均转出租金为 473 元/亩，而兼业农户和非农户的转出租金相对较高，其中一兼农户为 602 元/亩，二兼农户为 548 元/亩，非农户为 561 元/亩。在耕地转入中，一兼农户平均转入租金为 426 元/亩，纯农户的平均转入租金为 394 元/亩，二兼农户和非农户的转入租金相对较低，分别为 281 元/亩和 323 元/亩（见表 6-14）。

表 6-14　2019 年不同分化程度的农户转出转入租金　　　　　　单位：元/亩

	转出		转入	
	均值	中位数	均值	中位数
农村家庭	548	400	363	284
纯农户	473	316	394	300
一兼农户	602	700	426	300
二兼农户	548	462	281	200
非农户	561	400	323	200

有村委会介入的耕地流转的租金，一般比无村委会介入的耕地流转的租金更高。对于耕地转出，有村委会介入的租金平均为 727.5 元/亩，而无村委会介入的租金平均为 479.3 元/亩。对于耕地转入，有村委会介入的租金平均为 806.4 元/亩，而无村委会介入的租金平均为 343.1 元/亩。流转租金和村委会是否介入流转的这种关系，在各个地区都普遍存在。但不同地区有无村委会介入的流转租金差距有所不同。总体而言，在耕地转出中，中部地区有村委会介入和无村委会介入的租金差异最大。转出租金差为 288.0 元/亩，东北地区最小，转出租金差为 52.2 元/亩。在耕地转入中，东部地区有村委会介入和无村委会介入的租金差异最大，转入租金差为 748.4 元/亩，西部地区最小，转入租金差为 33.0 元/亩（见表 6-15）。

表 6-15　2019 年村委会介入与流转租金　　　　　　单位：元/亩

	有村委会介入		无村委会介入		流转租金差	
	转出	转入	转出	转入	转出	转入
全样本	727.5	806.4	479.3	343.1	248.2	463.3
东部	849.0	1236.1	640.3	487.7	208.7	748.4
中部	570.6	430.4	281.7	245.8	288.9	184.6
西部	697.8	278.2	508.4	245.2	189.4	33.0
东北	518.5	700.5	466.3	407.8	52.2	292.7

（4）耕地流转期限变化较大

耕地流转中不定期流转的占比较高。在 2013 年和 2015 年的耕地转出中，不定期转出的占比由 35.3％上升到 51.7％；在这两年的耕地转入中，不定期转入的占比由 36.3％上升到 43.8％。在 2017 年的耕地流转中，不定期转出转入比例持续走高，不定期转出占比为 74.8％，不定期转入占比达到 77.1％。到 2019 年，尽管不定期转出的比例稍有回落，但不定期转入的比例依然上升，总体而言，近年来不定期流转占主导地位（见表 6-16）。

表 6-16　耕地的定期流转与不定期流转

		定期		不定期	
		样本数	比例/％	样本数	比例/％
2013 年	转出	972	64.7	530	35.3
	转入	830	63.7	472	36.3
2015 年	转出	1486	48.3	1587	51.7
	转入	1276	56.2	994	43.8
2017 年	转出	908	25.3	2688	74.8
	转入	397	22.9	1338	77.1
2019 年	转出	1343	35.6	2454	64.6
	转入	325	20.8	1237	79.2

耕地流转的期限变化大。农业用途的耕地流转期限在近年呈现先上升后下降趋势。农业用途的耕地转出平均期限从 2013 年的 5.1 年上升至 2017 年的 10.4 年，但在 2019 年下降到 8.9 年；农业用途的耕地转入平均期限由 4.5 年上升至 7.7 年，在 2019 年下降至 5.6 年。

在非农业用途的耕地流转中，耕地转出转入期限发生了较为明显的波动变化。

在 2013 年，非农业用途的耕地转出平均期限为 13.2 年，2015 年减少为 12.1 年，在 2017 年上升至 16.5 年，2019 年又回落到 15.0 年。在 2013 年，非农业用途的耕地转入平均期限为 18.5 年，在 2015 年有所上升后，于 2017 年下降到 8.3 年，2019 年有所回升到 10.0 年。由此可见，农业用途与非农业用途的耕地流转期限均发生了较为显著的变化，且其中非农业用途的耕地流转期限波动更大（见表 6-17）。

表 6-17　耕地流转的期限　　　　　　　　　　　　　　　　　单位：年

		农业用途		非农业用途	
		均值	中位数	均值	中位数
2013 年	转出	5.1	1.0	13.2	11.0
	转入	4.5	1.0	18.5	15.0
2015 年	转出	6.1	3.0	12.1	10.0
	转入	5.5	2.0	21.9	20.0
2017 年	转出	10.4	5.0	16.5	10.0
	转入	7.7	3.0	8.3	5.0
2019 年	转出	8.9	5.0	15.0	10.0
	转入	5.6	3.0	10.0	10.0

各地耕地流转年限存在较大差异。2019 年东北地区的耕地流转期限最短：耕地转出的平均期限只有 2.3 年，耕地转入的平均期限只有 4.1 年。西部地区转出转入耕地的平均期限最长，分别达到 12.1 年和 6.9 年（见图 6-1）。

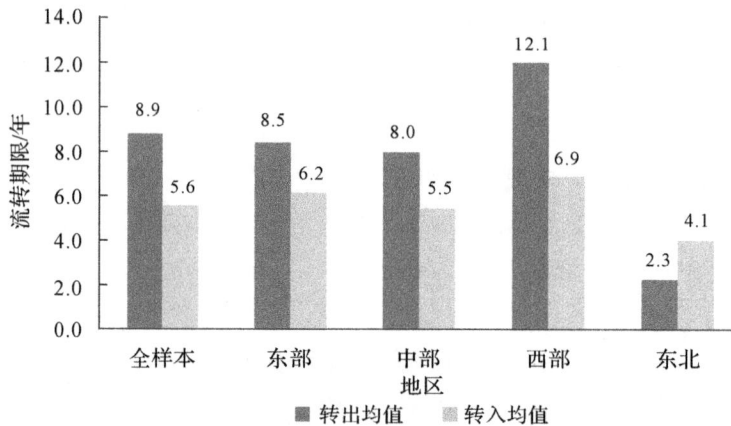

图 6-1　2019 年农业用途的耕地流转期限

有村委会介入的耕地流转期限比无村委会介入的耕地流转期限长。有村委会介入的耕地转出期限平均为 12.4 年，而无村委会介入的耕地转出期限平均只有 8.0 年。有村委会介入的耕地转入期限平均为 9.8 年，而无村委会介入的耕地转入期限平均为 5.0 年。流转期限和村委会是否介入流转的这种关系，在不同地区都普遍存在，在中部地区体现尤为明显（见表 6-18）。

表 6-18 2019 年村委会介入与耕地流转期限   单位:年

	有村委会介入		无村委会介入	
	转出	转入	转出	转入
全样本	12.4	9.8	8.0	5.0
东部	9.8	7.5	8.3	6.0
中部	14.4	15.4	6.7	4.9
西部	14.5	11.2	11.1	5.9
东北	8.1	9.7	2.3	4.0

(5)耕地流转纠纷

耕地流转牵涉到转入转出方的诸多利益,流转纠纷也因此产生。2019 年有 4.4％的家庭遇到过土地纠纷,土地纠纷的发生比例在地域间存在显著差异,西部地区最高(5.8％),其次为东部地区(3.9％),东北地区最低,仅为 2.9％。2019 年农村地区农户中有 4.3％的家庭遇到过土地纠纷,农业收入占家庭总收入比不同的农户遇到纠纷的比例也有所不同,其中有 5.0％的非农户家庭遇到过土地纠纷,比其他三类农户遇到更多的土地纠纷(见表 6-19)。

表 6-19 2019 年遇到过土地纠纷的家庭比例   单位:％

分类	比例	分类	比例
全样本	4.4	农村农户	4.3
东部	3.9	纯农户	3.4
中部	4.1	一兼农户	3.6
西部	5.8	二兼农户	2.8
东北	2.9	非农户	5.0

在产生土地纠纷的原因中,由于土地边界纠纷和面积、质量及配套设施而产生纠纷的比例达到 52.3％,没有按时全额支付租金或一方希望租金调整是第二大纠纷原因,占比为 21.2％,基本没有农户在流转中与村集体产生矛盾。由此可见,村委会在土地纠纷问题解决中的作用十分重要,因此,制定科学合理的补贴标准并严格实施,规范合同以外的流转相关事宜,充分发挥村委会协调、推行的作用,是减少耕地流转纠纷的有效措施(见表 6-20)。

表 6-20　产生土地纠纷的原因　　　　　　　　　　　　　　　　　单位：%

纠纷原因	比例
土地边界纠纷,面积、质量及配套设施纠纷	52.3
没有按时全额支付租金或一方希望租金调整	21.2
改变了土地用途	2.0
过度耗损土地肥力	2.1
转入方将土地转给其他人	1.0
流转中与村集体有矛盾	0.0
其他	15.5

（6）耕地流转中的服务

不同类型的服务为家庭进行耕地流转提供了诸多便利,由各年份耕地流转中需要不同类型服务的家庭占比表可知,从 2015 年到 2019 年,农户家庭需要各种类型的服务需求呈现逐年上升的趋势。在 2019 年,有 64.1% 的家庭认为不需要任何服务。其余需要获取流转服务的家庭所需的服务类型也各有不同,其中迫切需要提供耕地流转政策宣传与解读的家庭最多,占比为 18.6%;其次,有 17.1% 的家庭有耕地流转政策宣传与解读服务和耕地流转租金价格评估服务;15.7% 的家庭需要更多地了解耕地流转信息,另有一定比例的家庭对提供法律咨询、调解土地纠纷以及监督流转行为等服务存在需求（见表 6-21）。

表 6-21　耕地流转中需要不同类型服务的家庭占比　　　　　　　　单位：%

服务类型	2015 年	2017 年	2019 年
提供耕地流转信息	10.6	12.3	15.7
提供耕地流转政策宣传与解读	8.8	12.6	18.6
提供耕地流转租金价格评估	8.5	12.6	17.1
提供法律咨询	6.6	10.7	15.7
协调和规范合同签订	9.1	14.9	16.9
监督流转行为	5.9	9.0	12.3
调解土地纠纷	6.8	10.4	14.2
不需要任何服务	81.4	71.5	64.1

近年来,随着参与流转的农户家庭的增多,不少家庭也在流转过程中获得了相对应的服务。各年份获得过不同类型服务的家庭占比表显示,2015 年到 2019 年期间,没有获得过任何服务的农户家庭比例连续下降,而获得过各种不同类型服务的家庭占比有一定程度的提高。

对比参与流转的家庭对不同类型服务连年上升的需求,在耕地流转过程中获得过各类

服务的比例仍然存在上升空间。2019年,仅有14.1%左右的家庭获得过流转服务。仅有
5.0%的家庭获得过协调和规范合同签订的服务,有4.8%的家庭获得过耕地流转信息的服
务,其余多种类型的服务的获得比例均在4.0%以下(见表6-22)。对比耕地流转中所需服
务的需求和获得过耕地流转相关服务的家庭的占比差距,应继续加强相关服务组织和机构
的建设,从参与流转家庭的实际需求出发,普及和落实各项流转服务,从而促进耕地更为顺
畅地流转,切实保障参与流转家庭的利益。

表 6-22 耕地流转中获得过不同类型服务的家庭占比 单位:%

服务类型	2015 年	2017 年	2019 年
提供耕地流转信息	2.7	4.0	4.8
提供耕地流转政策宣传与解读	1.8	2.7	5.7
提供耕地流转租金价格评估	1.5	2.1	3.5
提供法律咨询	1.0	1.1	2.1
协调和规范合同签订	3.1	5.6	5.0
监督流转行为	1.1	1.8	2.5
调解土地纠纷	1.5	1.5	2.8
没有获得过任何服务	93.0	88.1	85.9

提供服务的各项组织机构在耕地流转过程中发挥了巨大的作用,2019年有66.9%参与
流转的家庭获得过村委会的服务,政府主导的交易服务中心为19.4%的流转家庭提供过服
务,村民间的相互帮忙占比达到14.3%,受到农村合作社和耕地流转中介服务的农村家庭分
别占11.0%和3.4%。从与2017年的对比来看,村委会、政府主导的交易服务中心以及农
村合作社在提供流转服务上发挥了越来越大的作用(见表6-23)。因此,在未来提升耕地流
转服务水平的过程中,一方面需要继续充分发挥村委会、政府主导的交易中心的服务作用,
另一方面可以加大力度发展耕地流转中介以及互联网平台等目前占比较小的组织机构。

表 6-23 耕地流转中获得过各类组织机构服务的家庭占比 单位:%

组织机构	2017 年	2019 年
政府主导的交易服务中心	11.9	19.4
耕地流转中介	3.0	3.4
村委会	55.5	66.9
农村合作社	6.5	11.0
农业企业	1.7	1.6
其他村民	23.3	14.3
互联网平台	0.3	1.7
传统媒体	0.8	2.5
其他	2.9	1.8

6.2.2 耕地流转的效果

与不流转的农户相比,转入耕地的农户具有更大的耕地经营面积。根据农业收入占家庭总收入比例大小划分,不同分化程度的农户在农业生产产值方面差别较大。

（1）耕地流转与农业规模

转入耕地的农户的耕地经营规模明显更大。耕地经营面积,即家庭承包耕地面积减去转出面积,再加上转入面积。根据是否承包耕地和是否流转耕地,可以将农户分为五类。在2013年,"承包耕地但不流转"农户平均经营6.3亩耕地,而"承包耕地并转入"农户平均经营26.5亩耕地,"无承包耕地但转入"家庭平均经营40.7亩耕地。这种差异在2015年、2017年、2019年依然存在但在逐年缩小。2015年"承包耕地但不流转"农户平均经营6.7亩耕地,而"承包耕地并转入"农户平均经营24亩耕地,"无承包耕地但转入"家庭平均经营17亩耕地。2017年"承包耕地但不流转"农户平均经营7.2亩耕地,而"承包耕地并转入"农户平均经营19.8亩耕地,"无承包耕地但转入"家庭平均经营21.5亩耕地。2019年"承包耕地但不流转"农户平均经营6.7亩耕地,而"承包耕地并转入"农户平均经营17.2亩耕地,"无承包耕地但转入"家庭平均经营18.6亩耕地(见表6-24)。

表6-24 户均耕地经营面积 单位:亩

农户类别	2013年		2015年		2017年		2019年	
	均值	中位数	均值	中位数	均值	中位数	均值	中位数
承包耕地但不流转	6.3	3.5	6.7	4.0	7.2	4.0	6.7	4.5
承包耕地并转入	26.5	11.0	24.0	9.0	19.8	10.0	17.2	11.5
承包耕地并转出	1.6	0.0	1.2	0.0	1.4	0.0	1.4	0.0
兼有转入和转出	42.5	10.0	51.1	5.0	11.0	5.0	8.6	5.0
无承包耕地但转入	40.7	5.0	17.0	2.0	21.5	12.0	18.6	12.0
全样本	8.3	3.0	8.1	3.1	8.1	4.0	6.8	4.0

转入耕地的农户的劳动力平均(以下简称劳均)耕地面积也明显更大,不同年份间各类农户的劳均耕地面积变化较大。在2013年,"承包耕地但不流转"农户的劳均耕地面积为2.6亩,而"承包耕地并转入"农户的劳均耕地面积为10.2亩,"无承包耕地但转入"农户的劳均耕地面积为12.1亩。在2015年,"承包耕地但不流转"农户的劳均耕地面积2.8亩,而"承包耕地并转入"农户的劳均耕地面积10.2亩,"无承包耕地但转入"农户的劳均耕地面积为6.7亩。到2017年,"承包耕地但不流转"农户的劳均耕地面积2.4亩,而"承包耕地并转入"以及"兼有转入和转出"的农户的劳均耕地面积明显下降,分别为5.3亩和4.0亩,"无承包耕地但转入"农户的劳均耕地面积为6.1亩。2019年,各类农户的劳均经营面积都有所上升,其中"承包耕地但不流转"农户的劳均耕地面积5.8亩,而"承包耕地并转入"农户劳均耕

地面积为 12.5 亩,"兼有转入和转出"的农户的劳均耕地面积为 8.1 亩,"无承包耕地但转入"农户的劳均耕地面积为 16.1 亩(见表 6-25)。

表 6-25 劳动力平均耕地经营面积　　　　　　　单位:亩

农户类别	2013 年		2015 年		2017 年		2019 年	
	均值	中位数	均值	中位数	均值	中位数	均值	中位数
承包耕地但不流转	2.6	1.3	2.8	1.5	2.4	1.5	5.8	4.0
承包耕地并转入	10.2	4.0	10.2	3.5	5.3	3.3	12.5	10.4
承包耕地并转出	0.6	0.0	0.5	0.0	0.5	0.0	1.3	0.0
兼有转入和转出	15.3	2.6	17.8	2.0	4.0	2.0	8.1	2.0
无承包耕地但转入	12.1	2.0	6.7	1.0	6.1	3.7	16.1	13.5
总样本	3.3	1.3	3.5	1.3	2.6	1.4	5.8	3.2

(2)耕地流转与农业产值

根据农业收入占家庭总收入比例大小划分,不同分化程度的农户在农业生产产值上差别较大。一兼农户每亩农业产值最高,达到 7454.1 元,二兼农户的每亩农业产值次之,为 4664.2 元,非农户的每亩农业产值最小,为 1256.3 元。根据耕地流转和承包程度不同的农户类别来看,纯农户中,"承包耕地但不流转"的农户每亩农业产值最高,达到 4478.8 元,"承包耕地并转入"的农户每亩农业产值最低,为 1762.0 元,这可能与部分转入农户还未完全掌握相关农业技术有关;一兼农户中,每亩农业产值最高的是"兼有转入和转出"的农户,为 53571.4 元,最低的是"无承包耕地但转入"的农户,为 2916.6 元,这可能是一部分兼业农户投入资金和精力有限所致;在二兼农户中,最高的是"承包耕地并转出"的农户,为 14780.4 元,最低的是"无承包耕地并转入"的农户,为 1437.4 元;在非农户中,"承包耕地并转出"的农户每亩农业产值最高,为 1410.3 元,"承包耕地并转入"的农户每亩农业产值相对较低,为 897.3 元,这一现象背后可能与非农户自身的投入、能力有关(见表 6-26)。

总体而言,各类农户在农业产值上差异明显,兼业农户往往能获得更高的农业产值。此外,"承包耕地并转出"和"兼有转入和转出"这两类农户相比于其他几类农户在不同农业收入占比的农户类型中均有明显优势,拥有更高的亩均农业产值。

表 6-26 2019 年不同分化程度的农户的农业产值均值　　　　　単位:元/亩

农户类别	纯农户	一兼农户	二兼农户	非农户
承包耕地但不流转	4478.8	5818.6	4417.5	1256.9
承包耕地并转入	1762.0	5625.7	2423.9	897.3
承包耕地并转出	3369.0	29685.7	14780.4	1410.3
兼有转入和转出	3238.2	53571.4	4008.7	905.2
无承包耕地但转入	2839.3	2916.6	1437.4	1038.2
总样本	3764.7	7454.1	4664.2	1256.3

6.2.3　农户流转行为的影响因素

农户流转耕地的行为受到诸多因素的影响。家庭劳动力的数量、质量和家庭负担结构、家庭经济状况以及土地质量和数量等因素，都跟农户的流转行为紧密相关。

（1）家庭劳动力特征与耕地流转

家庭劳动力特征与农户流转耕地的意愿密切相关。家庭人口规模与耕地转出意愿负相关，而与耕地转入意愿的关系不明显。2019年，对于成员只有1—2人的家庭，28.7%的家庭转出耕地。家庭人数越多，转出耕地家庭的比例越小，对于成员超过5人的家庭，22.4%的家庭转出耕地。在转入耕地意愿上，对于成员只有1—2人的家庭，7.3%的家庭转入耕地。随着家庭成员的增多，转入耕地家庭的比例先增大后减小。对于成员为3人的家庭，转入意愿占比9.7%，对于成员超过5人的家庭，8.9%的家庭转入耕地（见图6-2）。

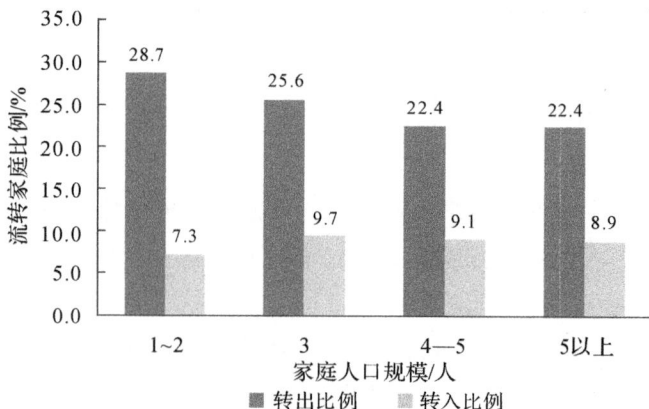

图 6-2　家庭人口规模与耕地流转

家庭劳动力数量与农户流转耕地的意愿也密切相关。一方面，家庭劳动力数量大于0时，家庭劳动力数量与农户转出土地的意愿呈负相关；另一方面，家庭劳动力数量与农户转入土地的意愿呈倒U形关系。对于没有劳动力的家庭，25.1%的家庭转出耕地，而8.3%的家庭转入耕地。当家庭劳动力为1个时，25.5%的家庭转出耕地，9.4%的家庭转入耕地。随着家庭劳动力数量增加，转出耕地家庭的比例逐渐下降，而转入耕地家庭的比例呈现先上升后下降的趋势。对于拥有2个劳动力的家庭，21.8%的家庭转出耕地，而9.6%的家庭转入耕地。对于拥有4个及以上劳动力的家庭，7.4%的家庭转出耕地，而1.6%的家庭转入耕地（见图6-3）。

家庭劳动力的质量与农户流转耕地的意愿关系密切。2019年男性劳动力的占比跟转出耕地、转入耕地均呈现W形关系，这一关系在转出耕地上体现更为明显。一方面，随着男性劳动力占比的增加，农户的转出意愿呈现出两次先下降再提升的过程，对于男性劳动力占比不到0.2的家庭，转出耕地家庭的比例高达25.0%，对于男性劳动力占比在0.3左右的家庭，转出耕地家庭的比例下降到14.5%，而占比0.5左右的家庭，转出耕地的意愿回升至

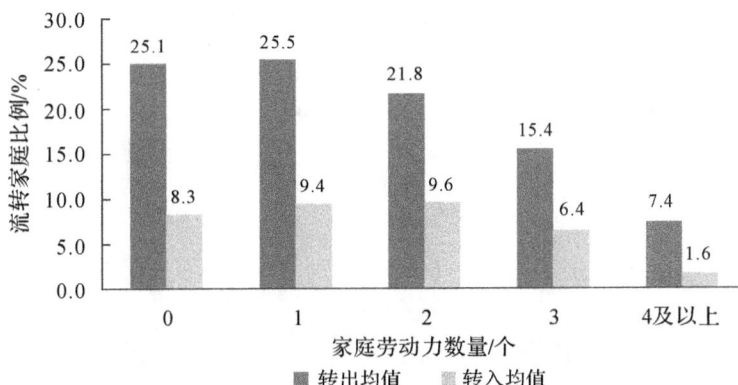

图 6-3 家庭劳动力数量与耕地流转

23.8%;当男性劳动力占比达到 0.7 左右时,转出耕地意愿下降到 16.4%,而当男性劳动力占比超过 0.8 时,转出耕地的意愿提升至 24.9%。另一方面,男性劳动力占比与农户的转入意愿呈现出较小幅度的 W 形关系,男性劳动力占比不到 0.2 的家庭,转入耕地家庭比例为 7.6%,对于男性劳动力占比在 0.3 左右的家庭,转入耕地家庭的比例下降到 3.2%。该比例在男性劳动力占比 0.5 左右的家庭中有所上升后,在男性劳动力占比 0.7 左右的家庭中占比略有下降,而对于男性劳动力占比超过 0.8 的家庭,转入耕地家庭的比例又回升到 11.6%(见图 6-4)。

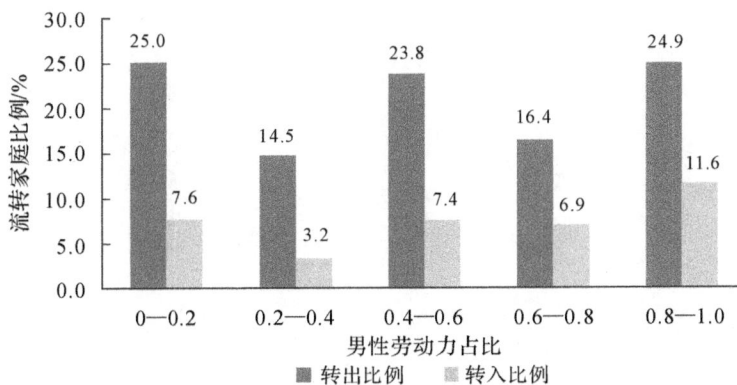

图 6-4 家庭男性劳动力占比与耕地流转

其次,2019 年数据显示,家庭劳动力的平均受教育年限则与农户转出耕地的意愿呈现较为明显的正相关关系。农户转出土地的意愿随劳动力平均受教育年限递增,家庭劳动力受教育水平越高,农户转出耕地的比例越大,对于劳动力平均教育年限少于 6 年的家庭,17.4% 的家庭转出耕地,对于劳动力平均教育年限超过 12 年的家庭,高达 27.1% 的家庭转出耕地。而 2019 年农户转入土地的意愿与劳动力平均受教育年限基本呈现倒 U 形关系,在劳动力平均教育年限少于 12 年的家庭中,随着劳动力平均受教育年限增加,转入耕地的占比随之增加,对于劳动力平均教育年限小于 6 年的家庭,仅 7.8% 的家庭转入耕地。对于劳动力平均教育年限在 9—12 年的家庭,有 10.7％的家庭转入耕地。劳动力平均教育年限超过 12 年的家庭的转入耕地占比反而下降,比例为 8.3％(见图 6-5)。

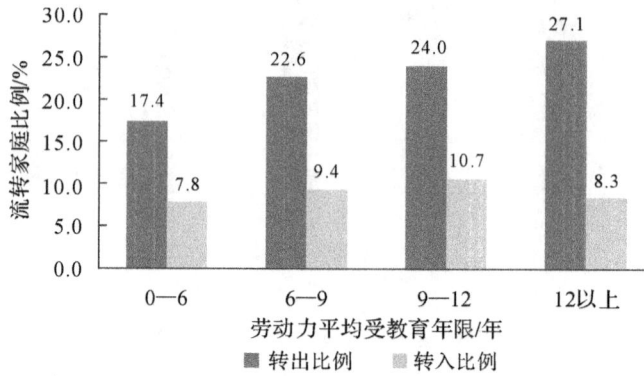

图 6-5　劳动力平均受教育年限与耕地流转

7　农村家庭人口迁移与市民化

本章主要分析农村居民人口迁移和农民工市民化问题。通过数据分析发现,农村居民中非农户和兼业农户类型的家庭人口迁移率较纯农户类型高,而曾有外出经历的农村居民在外务工的工作层次仍然较低,以临时性工作为主,这一情况在西部地区尤为明显。同时,在农村居民中兼业农户获得城镇户口意愿要低于纯农户和非农户两类家庭。与之对应的是农民工愿意获得城镇户口的比例较往年有较大幅度的提升,本地农民工愿意获得城镇户口的比例要高于外地农民工。农民工的迁移情况和往年保持一致:就地就近迁移的趋势愈发明显(本地农民工占农民工总体的比例逐年提升),举家迁移的农民工家庭比例较高。在教育方面,农民工群体的学历情况具有明的代际和家庭分化程度差异,表现为"80后""90后"农民工的受教育程度要明显高于"老一代"农民工,纯农户类型的农民工家庭平均受教育年限低,非农户类型的农民工家庭平均受教育年限高。在子女教育、家庭成员继续教育的支出方面,农民工家庭要普遍高于农村家庭。农民工家庭的收入和消费也有变化,总的家庭收入和消费呈现增长趋势,但农业纯收入占总收入的比例较低,非农收入逐年有上升趋势,工资性收入占比均有所提高。在农业生产经营方面,有超过半数的农民工家庭去年仍从事过农业生产经营,其中本地农民工家庭从事农业生产经营的比例要大于外地农民工家庭,一兼农户家庭的农忙持续天数更长、劳动力投入更多。在土地方面,无论地区还是家庭分化程度如何,不希望调整土地的占比都是最高的,但农民工家庭土地撂荒的比例要普遍高于农村家庭,其中外地农民工家庭的农地撂荒比例要高于本地农民工家庭。农民工家庭土地流转的最主要途径依旧是与有流转意愿的普通农户私下协商,很少通过中间组织完成流转。在农产品销售方面,无论是农民工家庭还是农村家庭生产出的农产品仍主要通过"小商贩"进行销售。住房方面,本地农民工家庭的住房拥有率要高于外地农民工,并且本地农民工居住在家庭成员自有房屋中的比例也要高于外地农民工,外地农民工主要居住在租赁房屋中。农民工家庭的购房意愿都比较低,本地农民工更多是为子女购房,而有一部分外地农民工选择购房的原因是在当地没有住房。农民工的社会养老保险覆盖率比农村居民低,但社会医疗保险费覆盖情况要好于农村居民,新型农村合作医疗保险是目前农民工最主要的医疗保险类型,在参保的代际差异上,新生代农民工的参保比例要更高,且参保水平更接近城镇居民。

7.1　农村居民人口迁移

本节以"居住在农村的农村家庭"为对象，对人口迁移情况进行简单的描述性统计分析。

7.1.1　人口迁移情况

图 7-1 表明我国农村居民有离开户籍所在地并前往其他地方务工经历的比率。从与全样本层面的对比看，中部地区农村居民外出务工的比率最高，达到了 16.3％，西部地区次之，达到了 14.8％，均高于全国平均水平（13.3％），东部地区农村居民外出务工的比率则比全样本展示的迁移水平低 3.1 个百分点，为 10.2％，东北地区最低，为 8.4％。

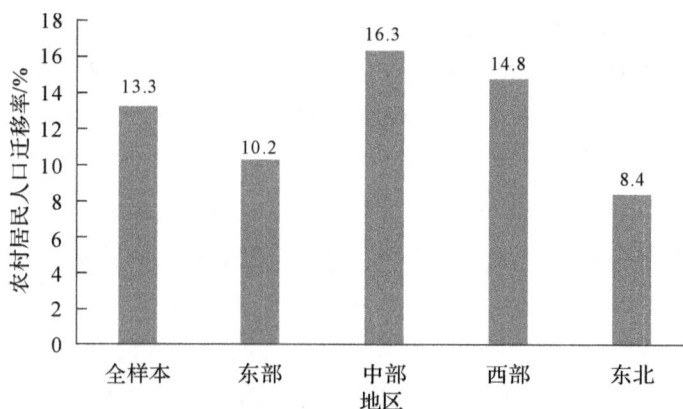

图 7-1　2019 年农村居民人口迁移率

图 7-2 则给出了按不同家庭收入类型划分的农村居民人口迁移率。从农户类型上看，纯农户的人口迁移率最低，且是三类家庭中唯一低于平均水平的，为 8.2％，而一兼、二兼农户和非农户的迁移率高于全样本的平均值，分别为 13.4％、14.3％ 和 15.7％。

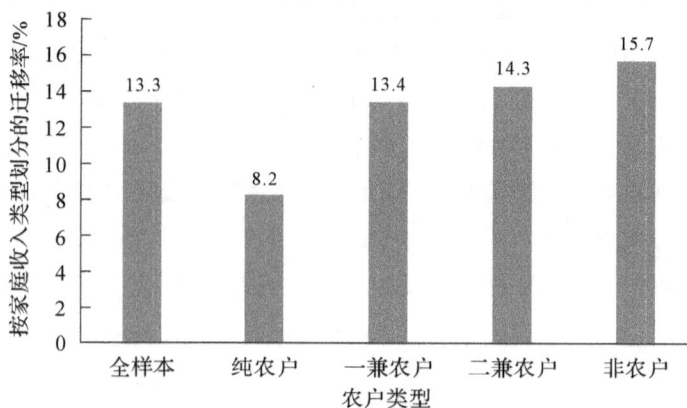

图 7-2　2019 年按家庭收入类型划分的农村居民人口迁移率

7.1.2　外出务工工作性质

表 7-1 为农村居民外出务工的工作性质占比。可以发现,在农村居民外出务工的工作性质中,临时性工作的比例仍然较高,全样本的平均水平达到了 55.4%,只有东部地区的占比小于 50.0%,为 47.1%,西部地区的占比最高,达到了 60.7%,中部次高,为 56.1%,东北地区则为 54.9%,说明这些曾经外出的农村居民在外务工的工作层次仍然较低,这一情况在西部地区尤为明显。而受雇于他人或单位的比例则是中部地区最高,达到了 23.7%,东部地区次之,为 22.2%,东北地区则最少,只有 17.9%,这可能与近年来东北地区经济状况不景气有一定的关系。

表 7-1　2019 年农村居民外出务工工作性质　　　　　　　单位:%

工作性质	全样本	东部	中部	西部	东北
受雇于他人或单位	22.2	22.2	23.7	21.1	17.9
临时性工作	55.4	47.1	56.1	60.7	54.9
雇主	0.8	1.3	0.8	0.5	0.0
自营劳动者	4.0	6.1	4.9	1.8	1.5
家庭帮工	1.1	1.4	1.3	0.7	0.9
自由职业者	1.6	1.5	1.6	1.7	0.9
务农	0.7	1.2	0.6	0.4	0.9
照顾家人	2.7	2.7	3.4	1.7	3.8
其他	11.5	16.5	7.6	11.4	18.2

从表 7-2 可以看出,纯农户与非农户的临时性工作占比都要低于全样本的平均水平,分别为 50.7% 和 55.3%。在兼业农户内部,一兼农户与二兼农户同样存在较大差异。在临时性工作方面,一兼农户则比二兼农户高 7.9 个百分点,但都高于全样本平均值,说明,外出务工的兼业农户,其非农工作可能是不稳定的,其中,一兼农户的工作不稳定性要更高一些。同时,一兼农户在外务工期间被他人雇用的比例仅有 14.3%,而二兼农户的这一比例是四类农户中最高的,为 24.4%。

表 7-2　2019 年按家庭收入类型划分的农村居民外出务工工作性质　　　　　　　单位:%

工作性质	全样本	纯农户	一兼农户	二兼农户	非农户
受雇于他人或单位	22.2	18.6	14.3	24.4	22.9
临时性工作	55.4	50.7	65.5	57.6	55.3
雇主	0.8	1.2	0.2	0.3	1.0
自营劳动者	4.0	5.4	1.8	2.4	4.0
家庭帮工	1.1	2.5	0.3	1.8	0.5
自由职业者	1.6	1.0	2.6	1.7	1.9
务农	0.7	2.1	0.0	1.1	0.3
照顾家人	2.7	5.4	3.0	0.8	2.5
其他	11.5	13.1	12.3	9.9	11.6

7.1.3 获得城镇户口意愿

图 7-3 展示了 2019 年农村居民对获得城镇户口的主观意愿情况。从全样本的层面看，有 31.0% 的农村居民愿意获得城镇户口。分地区看，只有西部地区的农村居民对获得城镇户口的意愿低于平均值，为 27.3%，而生活在东北地区的农村居民获得城镇户口的意愿最高，达到了 33.5%，东部地区次之，为 32.7%，中部地区第三，为 31.7%。

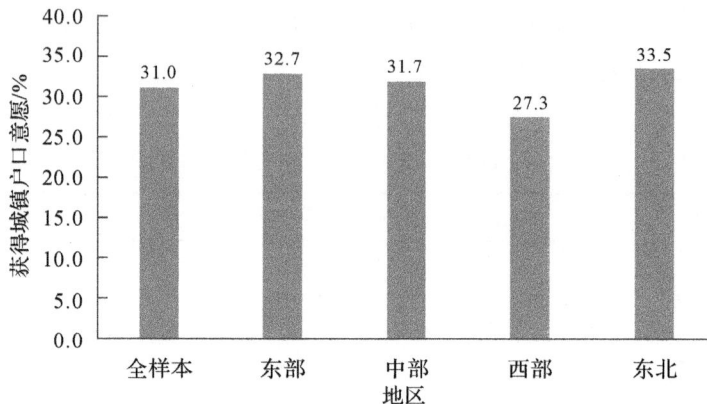

图 7-3　2019 年农村居民获得城镇户口意愿

如图 7-4 所示，以农业收入占家庭总收入的比重划分的不同分化程度农户中，非农户获得城镇户口的意愿占比最高，达到了 32.1%，纯农户为 30.4%，而两类兼业农户的意愿最低，一兼和二兼的比例分别只有 23.4% 和 28.2%，说明在中国农村地区，兼业农户放弃农村户口的意愿更低，这可能是因为较之于完全脱离农业生产经营的非农户，兼业农户获得城镇户口所要放弃的农村资产等成本更高，而相对于更少从事非农经营的纯农户，兼业农户因其获得的信息优势，能更具象地理解获得城镇户口所要付出的成本。

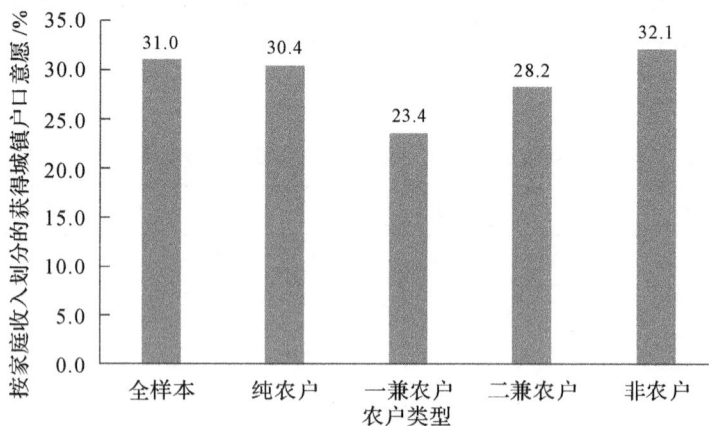

图 7-4　2019 年按家庭收入类型划分的农村居民获得城镇户口意愿

7.2 农民工市民化

7.2.1 样本特点

本节所用的样本与本书其他章节不同,所以对样本特点做一个简要说明。本节利用CRHPS中的"居住在城市的农村家庭(即农民工家庭)"样本进行统计分析。与国内其他农民工相关数据库相比,该样本具有以下特点。

(1)从农民工居住的城镇抽样

对农民工的调查可以以农村住户为对象,通过访问农村住户中的户主或了解情况的家庭成员获得农民工的有关情况,比如在本书8.1节中的调查和分析资料就属于这一类,也能较准确地反映农民工的总量、迁移率及相关情况。但这类调查存在两个问题:一是访问对象不是农民工本人,对于外出农民工在外工作及生活的各种情况的反映,可能会存在一定程度的误差;二是举家外迁的农民工难被包含在样本中,难以获得准确的信息。CRHPS中的"农民工家庭"样本,是在城镇按照分层抽样的办法获得,对农民工的定义是:居住在城镇且为农业户口的人,或者是居住在城市、为统一居民户口且获得统一居民户口前是农业户口的人。

(2)只调查居住在城镇的居民住宅中的农民工

CRHPS的整体抽样方案总体而言采用的是分层、三阶段、与人口规模成比例(PPS)的抽样设计方法(详见第1章)。在末端抽样时,采用地图地址进行实地抽样。在绘制住宅分布图以及制作住户清单列表的基础上,借助"住宅分布地理信息"作为抽样框来进行末端抽样。而在入户调查时,首先用下面的题目进行过滤:"该住宅属于居民住宅吗?(包括商住两用住宅)",回答"是"的,继续问卷调查,回答"否"的,则退出问卷,更换受访家庭。

(3)只调查在该城镇居住6个月以上的"常住居民"

在实际调查中,我们还利用下面的题项进行了过滤:"去年,您家是否有人在本市/县居住6个月以上?"回答"是"的,继续问卷调查,回答"否"的,则退出问卷,更换受访家庭。这样,保证了样本中的农民工是该城镇的常住居民,而不包括流动人口。

(4)只调查主要活动(消费)在该城镇的农民工家庭

在实际调查中,我们继续用下面的题项进行过滤:"您家的主要经济活动(消费)是在这里吗?"回答"是"的,继续问卷调查,回答"否"的,则退出问卷,更换受访家庭。

通过上述抽样和过滤,可以认为CRHPS的"农民工家庭样本"是一个在城镇工作、生活相对稳定的农民工群体,甚至可以说他们在一定程度上已经是"城市居民",只是户口还不是城镇户口。

另外,要说明的是,本节中的区域是按照农民工居住城镇的所在地来划分,而不是按照农民工来源地划分的。

与前面各章的分析一样,我们的研究也特别关注了农民工的分化。样本中的农民工居住在城镇,且基本的生产经营活动和消费行为也主要发生在城镇,与居住在农村的居民相比其分化程度可能更加明显,在经济收入、社会认同等方面也面临着比农村居民更大的挑战。因此,关注农民工群体内部的分化具有十分重要的意义。

本章对农民工分化的判断标准及方法与前文保持了一致,详见第 1 章导论部分。

7.2.2　农民工的主要构成

（1）来源结构

这里主要区分本地农民工和外地农民工。本地农民工是指在户籍所在乡镇地域以内从业的农民工,外地农民工是指在户籍所在乡镇地域外从业的农民工。农民工来源结构情况如表 7-3 所示。

表 7-3　2019 年农民工来源结构

农民工类型	指标	全样本	东部	中部	西部	东北
本地农民工	数量/个	18986	7803	4007	6080	1096
	百分比/%	72.6	75.9	69.4	71.2	70.5
外地农民工	数量/个	7165	2479	1764	2464	458
	百分比/%	27.4	24.1	30.6	28.8	29.5
合计	数量/个	26151	10282	5771	8544	1554
	百分比/%	100	100	100	100	100

从表 7-3 可知,从整体来看,农民工样本中本地农民工占比较高,这与 CRHPS 的样本特点有关,即本地农民工大多符合 7.2.1 中所述的(2)、(3)、(4)三个条件,而外地农民工有较高比例不符合上述条件而被排除在 CRHPS 的样本以外。进一步比较 2015—2019 年农民工来源结构(见图 7-5),我们发现农民工就地就近迁移已成为趋势,本地农民工占总体的比例逐年提升,从 2015 年本地农民工占总体的 56.1%,再到 2017 年的 63.2%,而 2019 年的

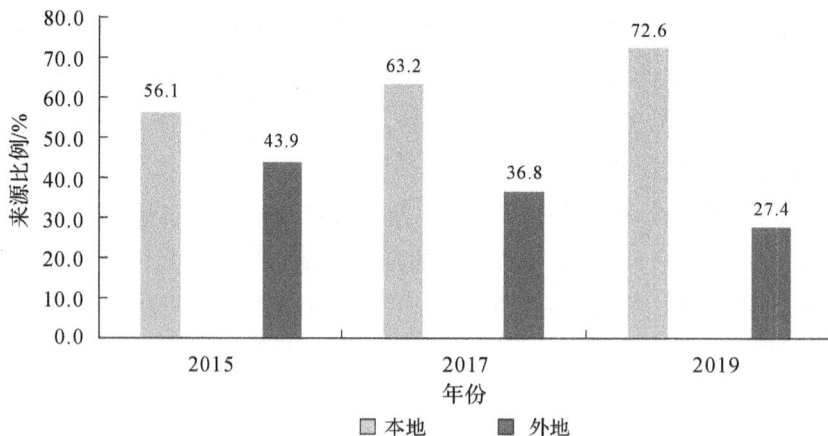

图 7-5　2015 年、2017 年、2019 年农民工来源结构比较

占比上升为72.6%,与之相对应,外地农民工占比则呈现下降的趋势。

(2)年龄与性别结构

农民工的年龄及性别基本结构如表7-4所示,农民工群体的平均年龄为40.5岁,年龄中位数为42岁,其中男性农民工的平均年龄比女性农民工低1.6岁。农民工的男女性别比基本相当,农民工群体中男性占比略高于女性,全样本平均的男女比例为1.045:1。性别比例地区分布差异不大,其中东北地区男女比例最为均衡。

表 7-4 2019 年农民工的年龄及性别结构

	平均年龄/岁	年龄中位数/岁	比例/%				
			全样本	东部	中部	西部	东北
全样本	40.5	42.0					
男	39.7	41.0	51.1	51.2	51.0	51.3	50.4
女	41.3	44.0	48.9	48.8	49.0	48.7	49.6
男女性别比(女性为100)			104.5	104.9	104.1	105.3	101.6

(3)受教育年限与学历结构

图7-6显示,从2019年农民工的平均教育年限来看,农民工的平均受教育年限均较低,男性平均受教育年限为9.1年,女性平均受教育年限略低于男性,为7.9年。从地域分布上看,东部农民工的受教育年限略高于中西部和东北,男性平均受教育年限各地区均高于女性。从时间变化上看,农民工群体受教育年限有增长的趋势。

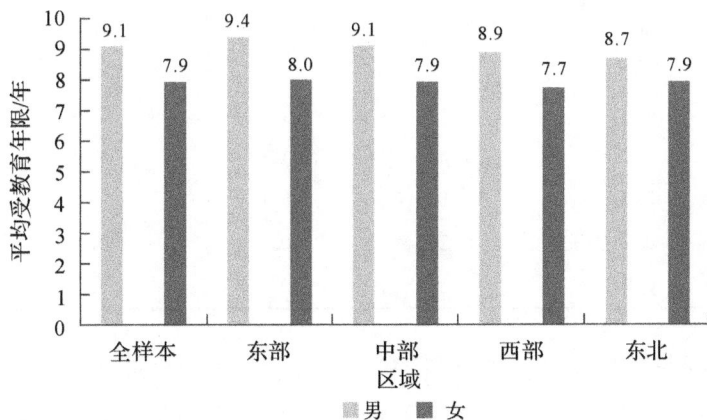

图 7-6 2019 年农民工性别与受教育年限

我们比较了2013—2019年农民工性别与受教育年限的情况(见图7-7),农民工群体的受教育年限随年份有提高的趋势,男女差距变化不大,男性与女性农民工的受教育年限从2013年的8.6年和7.2年增长至2017年的9.4年和8.2年,2019年调查样本的受教育年限有所下降。

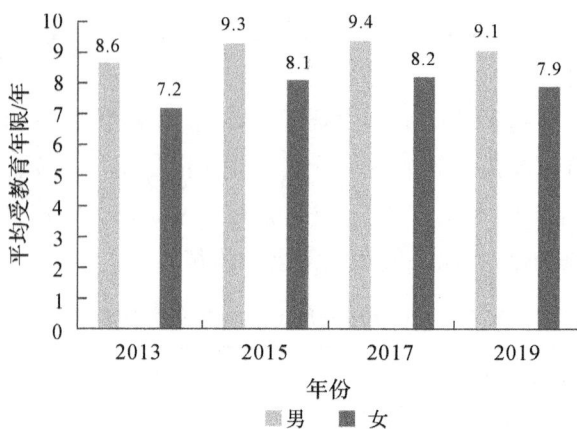

图 7-7　2013—2019 年农民工性别与受教育年限比较

表 7-5 显示了农民工的学历结构。从该表可知,在调查样本中具有初中学历的人数比例最高,所占比例为 36.1%,其次是具有小学学历的样本,所占比例为 25.5%,高中学历人数占比为 13.1%,文盲人数占比为 10.5%,中专或职高学历人数占比为 4.0%,大专或高职学历人数占比为 5.0%,本科及以上学历人数占比较小,为 5.7%。

表 7-5　2019 年农民工的学历结构　　　　　　　　　　　　　　单位:%

学历	全样本	东部	中部	西部	东北
文盲	10.5	9.5	11.0	12.0	6.9
小学	25.5	24.0	24.7	26.7	32.3
初中	36.1	36.7	35.8	34.7	40.1
高中	13.1	13.8	13.7	12.3	10.5
中专或职高	4.0	4.4	4.2	3.8	2.0
大专或高职	5.0	5.6	4.6	4.9	3.6
本科	5.5	5.8	5.6	5.4	4.4
硕士	0.2	0.2	0.4	0.2	0.2
博士	0.0	0.0	0.0	0.0	—

下面我们进一步分析"80 后""90 后"与"老一代"[①]农民工相比的学历变化情况。从图 7-8 可知,从"老一代"到"80 后"再到"90 后"的农民工,获得初中学历占比最高,分别是"老一代"的 36.5%、"80 后"的 47.4% 和"90 后"的 25.1%,但是农民工群体学历情况具有明显的随代际变化的趋势。小学及以下学历的人数比例明显下降,从"老一代"的 50.5% 下降到"80 后"的 13.6% 再下降到"90 后"的 6.8%;高中及以上学历的比例则明显提高,从"老一代"的

---

　　①　"80 后"农民工指的是 1980—1989 年出生的农民工,"90 后"农民工指的是 1990—1999 年出生的农民工,"老一代"农民工指的是在 1980 年前出生的农民工。

13.5％,到"80后"的 38.9％,再到"90后"的 68.1％,且拥有高中及以上学历的人数比例都呈增长趋势,其中"90后"中约有 21.2％的农民工具有本科学历。

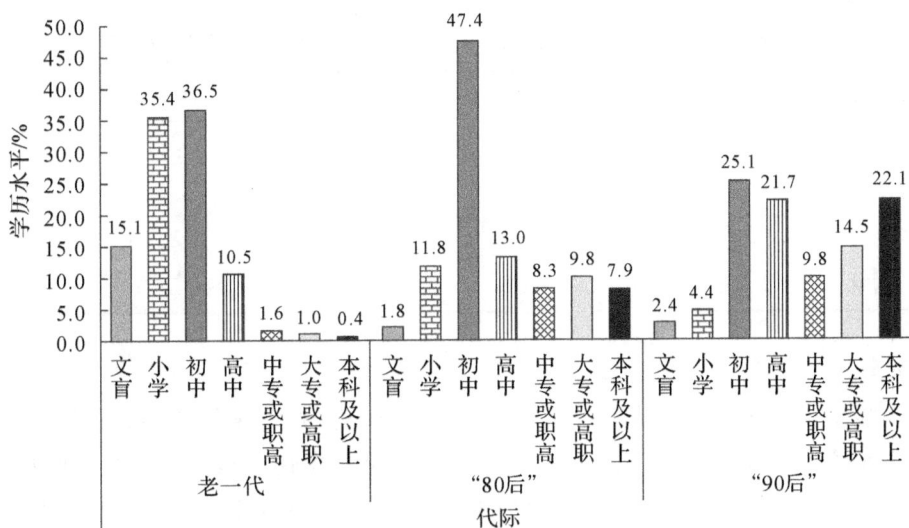

图 7-8　2019 年农民工学历结构与代际差异

从地域分布上看,我们比较了新生代与老一代农民工的学历结构和地区差异(见表7-6)。首先是学历分布的地域差异,无论是新生代还是老一代农民工,东部和中部的农民工学历水平均高于西部与东北的平均水平,这可能是地区经济社会发展水平不一致与劳动力迁移导致的;其次是学历分布的代际差异,东部地区的"老一代"农民工拥有高中及以上学历的人数比例仅为 15.1％,而该地区"90后"的农民工拥有高中及以上学历的人数比例达到 70.0％。

表 7-6　2019 年新生代与老一代农民工的学历结构和地区比较　　　　单位:％

学历	东部			中部			西部			东北		
	老一代	"80后"	"90后"	老一代	"80后"	"90后"	老一代	"80后"	"90后"	老一代	"80后"	"90后"
文盲	13.8	0.9	1.8	15.8	1.8	2.3	17.7	2.8	3.2	8.9	2.7	1.8
小学	33.2	9.6	4.0	34.9	9.7	2.6	37.4	14.5	6.0	41.0	20.7	4.0
初中	37.9	45.8	24.2	36.6	47.6	23.4	34.2	47.4	26.4	38.8	59.8	29.6
高中	11.9	14.1	20.6	10.8	14.0	23.4	9.0	12.2	21.7	8.6	5.4	22.9
中专或职高	1.4	8.6	11.3	1.0	10.1	9.9	0.9	7.7	9.1	1.5	2.2	4.5
大专或高职	1.3	12.4	15.0	0.7	7.8	15.1	0.7	8.4	13.9	0.8	7.1	12.6
本科	0.5	8.1	22.8	0.1	8.6	21.5	0.2	6.6	19.0	0.4	2.1	23.8
硕士	—	0.5	0.3	—	0.3	1.7	—	0.2	0.6	—	—	0.8
博士	—	0.0	—	—	0.1	0.1	—	0.2	0.1	—	—	—

从表 7-7 的学历比较来看,按农业收入占家庭总收入的比重划分的不同分化程度的农民工家庭具有不同水平的受教育程度,其中纯农户类型农民工家庭的平均受教育年限较低,

仅为 7.1 年,非农户类型农民工家庭的平均受教育年限最高,达到 9.7 年,而一兼农户类型的农民工家庭平均受教育年限略低于非农户类型的农民工家庭,达到 9.1 年。

表 7-7　2019 年不同类型农民工家庭的平均受教育年限比较　　　　　　单位:年

家庭类型	全样本	东部	中部	西部	东北
纯农户	7.1	7.7	6.2	6.7	8.4
一兼农户	9.1	9.5	9.3	8.9	8.3
二兼农户	8.3	8.2	7.8	9.0	8.7
非农户	9.7	9.5	10.1	9.8	9.4

（4）家庭迁移率

表 7-8 显示了农民工的家庭迁移情况。这里的家庭迁移率是指迁移后居住在一起的家庭人员占家庭总人口的百分比。"居住在一起"指的是在家住了至少 6 个月,并且现在仍住在这里,如果上班、上学在外,但周末回家的也计算在内,不满 6 个月的婴儿以及最近结婚还不到 6 个月的都计算在内。

表 7-8　2019 年居住在一起的农民工家庭成员数量①　　　　　　单位:%

除受访者外居住在一起的家庭成员/人	全样本			东部			中部		
	平均	本地	外地	平均	本地	外地	平均	本地	外地
0	10.4	7.7	15.2	10.1	7.7	16.4	9.7	7.6	12.4
1	26.4	29.1	21.5	28.2	30.8	21.2	25.1	29.2	20.0
2	24.4	21.1	30.1	22.9	21.0	28.1	23.9	18.5	30.7
3	20.6	19.9	21.8	20.2	19.1	23.1	22.2	21.4	23.2
4	9.8	12.0	5.8	10.3	12.2	5.2	9.0	11.3	6.2
5	6.3	7.1	4.9	6.1	6.5	5.1	7.8	8.8	6.5
6	1.6	2.2	0.6	1.8	2.2	0.5	1.4	1.9	0.9
7	0.4	0.5	0.2	0.3	0.3	0.3	0.5	0.8	0.2
8	0.1	0.2	0.1	0.1	0.1	0.1	0.2	0.4	—
9	0.0	0.2	0.0	0.1	0.1	0.0	0.1	0.2	—
10	0.0	0.0	0.0	0.0	0.0	—	0.0	0.0	—
11	0.0	0.0	—	0.0	0.0	—	—	—	—
12	0.0	0.0	—	0.0	0.0	—	—	—	—
14	0.0	—	—	—	—	—	—	—	—
样本数量	8260	5888	2372	3322	2476	846	1777	1228	549

---

①　数据中的"0.0"表示占比小于 0.005,而"—"表示没有该部分样本。

除受访者外居住在一起的家庭成员/人	西部			东北		
	平均	本地	外地	平均	本地	外地
0	10.6	7.8	14.1	14.7	7.9	23.4
1	22.4	22.1	22.9	30.0	34.1	24.7
2	26.7	23.3	30.9	29.7	26.2	34.3
3	21.0	21.3	20.7	15.7	17.8	13.0
4	10.3	13.0	7.0	7.4	10.4	3.4
5	6.4	8.6	3.8	1.8	2.6	0.8
6	1.7	2.6	0.6	0.8	1.0	0.5
7	0.6	1.1	—	—	—	—
8	0.0	0.0	—	0.1	0.1	—
9	0.1	0.3	—	—	—	—
10	—	—	—	—	—	—
11	—	—	—	—	—	—
12	—	—	—	—	—	—
14	0.0	—	0.0	—	—	—
样本数量	2586	1780	806	575	404	171

从表 7-8 可知,家庭成员单个外出打工的总体比较少见,大多数家庭成员随农民工迁移,个体迁移的比例平均只有 10.4%,其中本地农民工只有 7.7%。

下面我们再来看一下不住在一起的农民工家庭人员数量情况。从表 7-9 可以发现,举家迁移的农民工比例较高,达到了 83.0%,仅有少数家庭成员留守在农村,本地与外地农民工举家迁移情况差别不大。

表 7-9　2019 年不与受访者居住在一起的农民工家庭成员数量(东部、中部)　　单位:%

不与受访者居住在一起的家庭成员/人	全样本			东部			中部		
	平均	本地	外地	平均	本地	外地	平均	本地	外地
0	83.0	82.2	84.4	83.6	83.1	85.0	82.4	81.8	83.0
1	9.7	10.1	9.0	8.6	9.1	7.3	10.7	10.1	11.3
2	4.1	4.2	4.0	4.3	4.3	4.4	4.3	4.6	4.0
3	1.5	1.6	1.4	1.5	1.4	1.7	1.4	1.7	1.0
4	1.0	1.2	0.8	1.2	1.3	1.1	0.9	1.2	0.5

续表

不与受访者居住在一起的家庭成员/人	全样本			东部			中部		
	平均	本地	外地	平均	本地	外地	平均	本地	外地
5	0.4	0.5	0.3	0.6	0.6	0.5	0.1	0.1	0.1
6	0.2	0.2	0.1	0.1	0.2	0.0	0.1	0.2	0.0
7	0.1	0.1	—	0.0	0.0	—	0.1	0.2	—
8	0.0	0.1	—	0.0	0.1	—	0.0	0.0	—
9	0.0	0.0	—	—	—	—	—	—	—
样本数量	8260	5888	2372	3322	2476	846	1777	1228	549

不与受访者居住在一起的家庭成员/人	西部			东北		
	平均	本地	外地	平均	本地	外地
0	82.3	79.7	85.4	83.2	82.5	84.2
1	11.2	12.9	9.1	9.8	10.8	8.4
2	3.5	3.5	3.5	4.0	4.2	3.7
3	1.4	1.7	0.9	2.6	1.8	3.7
4	1.0	1.1	0.8	0.3	0.5	—
5	0.3	0.5	0.1	0.1	0.2	—
6	0.3	0.5	0.2	—	—	—
7	0.1	0.1	—	—	—	—
8	0.0	0.1	—	—	—	—
9	0.0	0.1	—	—	—	—
样本数量	2586	1780	806	575	404	171

（5）获得城镇户口意愿

表 7-10 显示的是 2017 年和 2019 年农民工获得城镇户口意愿的变化情况，从中可以发现，农民工愿意获得城镇户口的比例均有较大幅度的提升，其中东部地区农民工愿意获得城镇户口的比例最高，达到 32.9%，东北地区农民工愿意获得城镇户口的比例最低，仅为 25.8%。

表 7-10 农民工获得城镇户口意愿的结构比较　　　单位：%

愿意获得城镇户口的比例	全样本	东部	中部	西部	东北
2017 年	22.1	24.2	22.8	19.6	20.7
2019 年	29.6	32.9	27.2	27.8	25.8

图 7-9 分析了本地与外地农民工获得城镇户口意愿的情况,我们可以发现本地农民工样本愿意获得城镇户口的比例高出外地农民工样本约 5.3 个百分点,其中东部地区外地农民工比本地农民工更愿意获得城镇户口。对比 2017 年调查结果,本地与外地农民工样本愿意获得城镇户口的比例都有所提高,说明无论是本地还是外地农民工,获得城镇户口的意愿都不断提高,本地农民工表现出更强获得城镇户口的意愿。

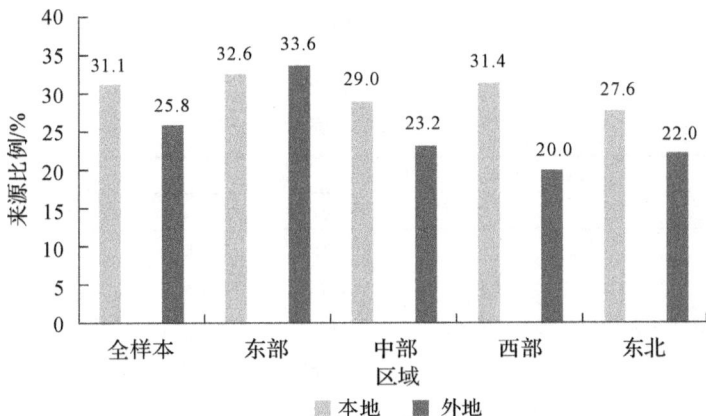

图 7-9 2019 年分地区农民工获得城镇户口意愿的结构比较

图 7-10 进一步对比了按农业收入占家庭总收入的比重划分的不同分化程度农民工家庭的获得城镇户口意愿,发现二兼农户获得城镇户口的意愿最高,同时各类型的农民工家庭对于获得城镇户口的意愿差别不大,纯农户、一兼农户、二兼农户和非农户的农民工家庭分别为 28.4%、25.7%、29.7%、29.4%。

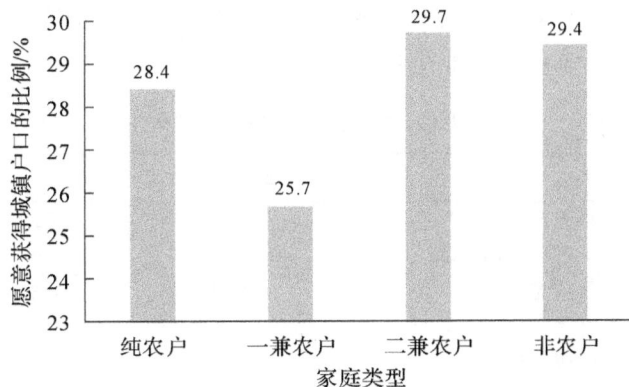

图 7-10 2019 年不同类型农民工家庭的获得城镇户口意愿的结构比较

通过上述统计分析,我们可以得到如下结论:第一,农民工就地就近迁移已成为趋势,本地农民工占总体的比例逐年提升,农民工群体中男性占比略高于女性,总体受教育水平较低,但受教育年限有着逐年增长的趋势。第二,大部分农民工仍拥有农业户口,本地农民工获得统一居民户口的比例均高于外地农民工,尽管农民市民化进程较为缓慢,但是农民工获得城镇户口的意愿有较大幅度的提升。第三,家庭成员单个外出打工的情况比较少见,举家迁移的农民工家庭比例较高。第四,不同类型的农民工家庭在受教育水平等方面存在一定差异,但是对于获得城镇户口的意愿差别不大。

7.2.3 农民工家庭收入与支出

从表 7-11 中可以看到,农民工家庭总收入呈现增长趋势,从 2014 年的 54312 元到 2016 年的 56892 元,再增长到 2018 年的 59104 元。在农民工家庭中,农业纯收入占总收入的比例较低,非农收入有逐年上升趋势,工资性收入占比均有所提高。

表 7-11 农民工家庭的收入结构

收入结构	2014 年		2016 年		2018 年	
	户均/元	占比/%	户均/元	占比/%	户均/元	占比/%
总收入	54312	100	56892	100	59104	100
农业纯收入	2360	4.3	1405	2.5	1797	3.0
农业收入	3230	5.9	2638	4.6	3088	5.2
非农业收入	51952	95.7	55487	97.5	57307	97.0
工资性收入	33760	62.2	39529	69.5	44220	74.8
工商业收入	10941	20.1	9079	16.0	6345	10.7
财产性收入	1294	2.4	265	0.5	832	1.4
转移性收入	5957	11.0	6593	11.6	5910	10.0

表 7-12 给出了农民工家庭的支出及消费性支出结构。总体来看,农民工家庭的消费有所增长。在消费性支出中,食品支出占比由 2014 年的 39.8% 降到 2016 年的 35.6%,再降到 2018 年的 34.8%,生活居住、医疗保健支出占比都有一定幅度的降低,日用品与耐用品支出占比相对提高,同时转移性和农业生产支出增加。

表 7-12 农民工家庭的支出结构

支出结构		2014 年	2016 年	2018 年
	总支出/元	51183	52740	55153
	消费性支出/元	47239	47925	45531
消费性支出及 各项占比/%	食品支出	39.8	35.6	34.8
	衣着支出	5.4	4.9	4.1
	生活居住支出	17.7	15.4	9.7
	日用品与耐用品支出	6.5	4.9	10.6
	医疗保健支出	13.5	14.4	4.5
	交通通信支出	7.0	11.8	7.2
	教育娱乐支出	9.8	11.5	10.6
	其他支出	0.3	1.5	1.9
	转移性支出/元	3196	3229	6999
	农业生产支出/元	748	1329	1597

从表 7-13 可以按农业收入占家庭总收入的比重分别分析不同类型农民工家庭的支出

结构。总体上,一兼农户类型的农民工家庭总支出最多,纯农户类型家庭支出最少。对于食品支出,非农户类型的农民工家庭在此项消费上占比最高,达到36.2%,较高的生活成本导致其食品支出高于其他类型的农民工家庭,同时生活居住、日用品与耐用品和交通通信支出占比也比较高。兼业与非农户类型的家庭在转移性支出上的占比高于纯农户类型的家庭。

表 7-13　不同类型农民工家庭的支出结构比较

支出结构		家庭类型			
		纯农户	一兼农户	二兼农户	非农户
	总支出/元	43144	70422	56361	56500
	消费性支出/元	30894	47262	42042	47880
消费性支出及各项占比/%	食品支出	27.9	25.8	27.5	36.2
	衣着支出	2.8	2.8	3.8	4.3
	生活居住支出	8.7	7.1	8.8	10.0
	日用品与耐用品支出	8.3	7.4	9.6	11.0
	医疗保健支出	6.3	1.3	3.9	4.4
	交通通信支出	5.4	5.6	6.6	7.5
	教育娱乐支出	8.3	11.4	10.5	10.9
	其他支出	1.8	1.5	1.4	1.9
	转移性支出/元	5163	8188	6790	7271
	农业生产支出/元	6313	13906	6741	272

7.2.4　农民工与农业的联系

(1)农民工与农业的联系程度

从表 7-14 中可以看到,全样本中有 61.5% 的农民工家庭在去年从事过农业生产经营,其中东部地区有 51.2%,分别比中部地区、西部地区和东北地区低 15.3、18.4、16.1 个百分点。进一步区分本地农民工家庭和外地农民工家庭后,可以发现本地农民工家庭从事农业生产经营的比例均大于外地农民工家庭,例如在西部地区,本地农民工家庭从事过农业生产经营的比例为 76.6%,比外地农民工家庭高出 45.6 个百分点。

总体来看,与 2017 年的数据相比,2019 年的调查中参与过农业生产经营的农民工家庭比例明显偏高,其原因可能在于自 2013 年开始在全国范围内推开的农地确权政策。因为在农地确权过程中,个体对农地产权的感知是不稳定的,尤其是在面临地方政府和村集体介入的情况下,基于历史的经验,农民工为了维持地权的稳定性,很有可能将原本已经流转出去的农地重新要回或在早已抛荒的农地上重新耕作,从而造成了 2019 年参与农业经营的农民工家庭比例整体偏高。

表 7-14　2019 年参与农业生产经营的农民工家庭比例　　　　　　　单位：%

农民工来源结构	全样本	东部	中部	西部	东北
全部农民工家庭	61.5	51.2	66.5	69.6	67.3
本地农民工家庭	68.5	57.1	75.3	76.6	74.5
外地农民工家庭	21.0	13.4	21.1	31.0	20.9

　　表 7-15 反映的是农民工家庭在农业生产经营活动中的劳动投入。从时间角度来看，全样本农忙平均持续 55.5 天；从劳动数量角度来看，农忙期间务农的家庭成员人数平均为 1.8 人，而在此期间帮助干农活的亲戚、邻居为 0.7 人。从不同地区来看，东北地区在农忙季节的劳动投入比东部地区、中部地区和西部地区均高出 0.1 人。

表 7-15　按地区划分的农民工家庭的农业生产经营活动的劳动投入

劳动投入情况	全样本	东部	中部	西部	东北
农忙持续天数/天	55.5	60.4	49.2	52.6	59.9
农忙期间帮助干农活的亲戚、邻居人数/人	0.7	0.7	0.4	0.9	0.9
非农忙季节务农的家庭成员人数/人	1.3	1.3	1.4	1.4	0.9
农忙季节务农的家庭成员人数/人	1.8	1.8	1.8	1.8	1.9

　　表 7-16 对纯农户家庭与兼业农户家庭农业生产经营活动劳动投入进行比较。从全样本范围来看，一兼农户家庭的农忙持续天数为 105.7 天，比纯农户和二兼农户分别高出 18.6 天和 34.8 天，同时一兼农户家庭在非农忙季节和农忙季节务农的家庭成员人数均多于纯农户和二兼农户。从区域内部来看，一兼农户在农忙天数和务农的家庭成员人数方面也普遍高于纯农户和二兼农户，例如在中部地区，一兼农户家庭的农忙持续天数为 90.4 天，比纯农户、二兼农户分别高出 19.3 天和 27.5 天。综合来看，可以认为一兼农户是农业生产的主要从事者，也是现代农业发展的重要驱动者，是中国的"中坚农民"。

表 7-16　2019 年纯农户家庭与兼业农户家庭农业生产经营活动劳动投入

区位	家庭类型	农忙持续天数/天	农忙期间帮助干农活的亲戚、邻居人数/人	非农忙季节务农的家庭成员人数/人	农忙季节务农的家庭成员人数/人
全样本	纯农户	87.1	0.8	1.5	1.9
	一兼农户	105.7	0.9	1.6	2.2
	二兼农户	70.9	0.7	1.5	2.0
东部	纯农户	109.7	0.8	1.5	1.8
	一兼农户	144.7	0.8	1.4	2.1
	二兼农户	80.9	0.5	1.4	2.0

区位	家庭类型	农忙持续天数/天	农忙期间帮助干农活的亲戚、邻居人数/人	非农忙季节务农的家庭成员人数/人	农忙季节务农的家庭成员人数/人
中部	纯农户	71.1	0.6	1.5	1.8
	一兼农户	90.4	0.2	1.6	2.2
	二兼农户	62.9	0.6	1.5	1.9
西部	纯农户	82.0	0.9	1.6	2.0
	一兼农户	99.9	1.4	1.9	2.3
	二兼农户	74.0	0.9	1.7	2.1
东北	纯农户	78.3	1.1	1.3	2.0
	一兼农户	90.4	1.0	1.2	2.0
	二兼农户	57.0	1.0	1.2	2.0

(2)农地拥有情况

这里说的农地是指用于农业生产的土地,包括耕地、园地、林地、草地、鱼塘等。拥有是指拥有农用土地的承包权,包括:承包给自家经营的土地、有偿或无偿让给其他农户或组织耕种的土地。以下土地不属于拥有:已经被征收的土地、用作绿化的土地、被村委会收回的土地、转入土地和开荒地。

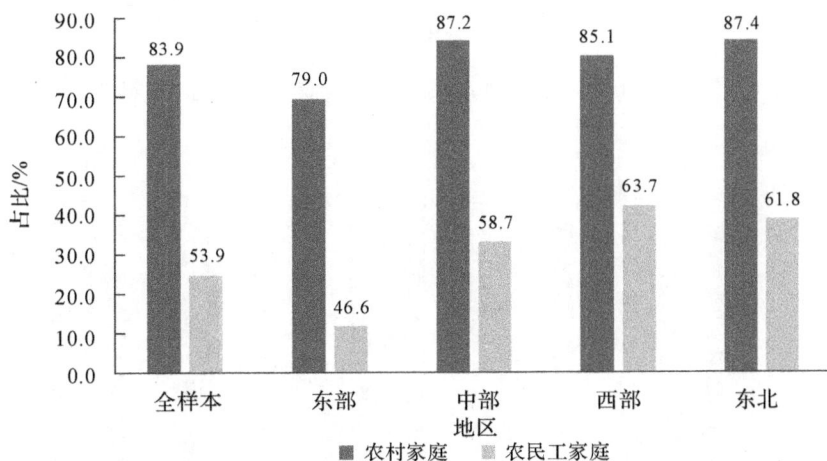

图 7-11　2019 年农民工家庭与农村家庭拥有农地承包权的比例

由图 7-11 可知,2019 年农民工家庭拥有农地的比例为 53.9%,其中东部地区农民工家庭拥有比例 46.6%,中部地区为 58.7%,西部地区为 63.7%,东北地区为 61.8%。从农村家庭与农民工家庭的对比来看,农民工家庭拥有土地承包权的比例显著低于农村家庭,例如在东北地区,农民工家庭拥有土地承包权的比例为 61.8%,比农村家庭低了 25.6 个百分点,这反映了农民工家庭更多地属于失地农民,他们脱离农业的行动在一定程度上可能是无奈之举，比如经历了征地、被收回等。与2017年的调查数据相比，农村家庭拥有土地承包权的比例基本没有大的变动，而农民工家庭拥有土地承包权的比例显著提高，就全样本而言，农民工家庭拥有土地承包权的比例在2017年到2019年上升了6.5个百分点，这可能是因为新一轮农地确权在切切实实稳定产权的基础上提升了农民工对于地权的感知。

如图7-12所示，区分本地农民工家庭和外地农民工家庭之后，发现本地农民工家庭拥有农地承包权的比例同样均高于外地农民工家庭，例如在东部地区，本地农民工家庭拥有农地承包权的比例为68.1%，比外地农民工家庭高出18.8个百分点。无论是本地农民工还是外地农民工，与2017年相比，其2019年拥有农地承包权的比例都有明显提高，这在一定程度上说明了农地确权的政策取得了良好的效果。

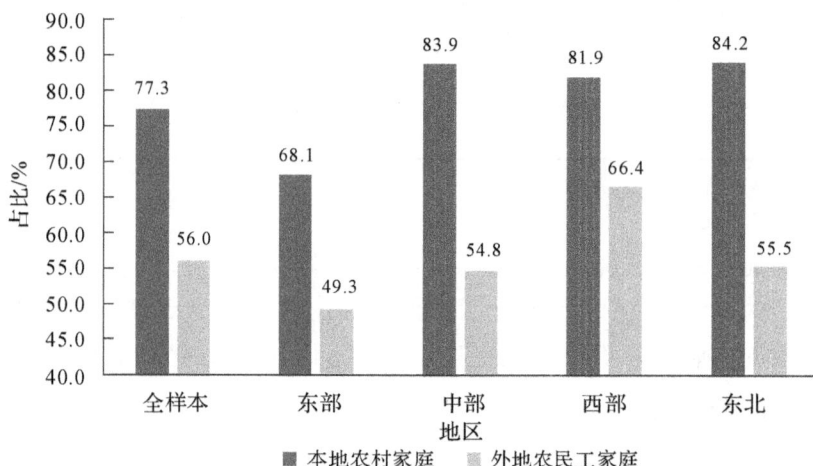

图7-12　2019年本地与外地农民工家庭拥有农地承包权的比例

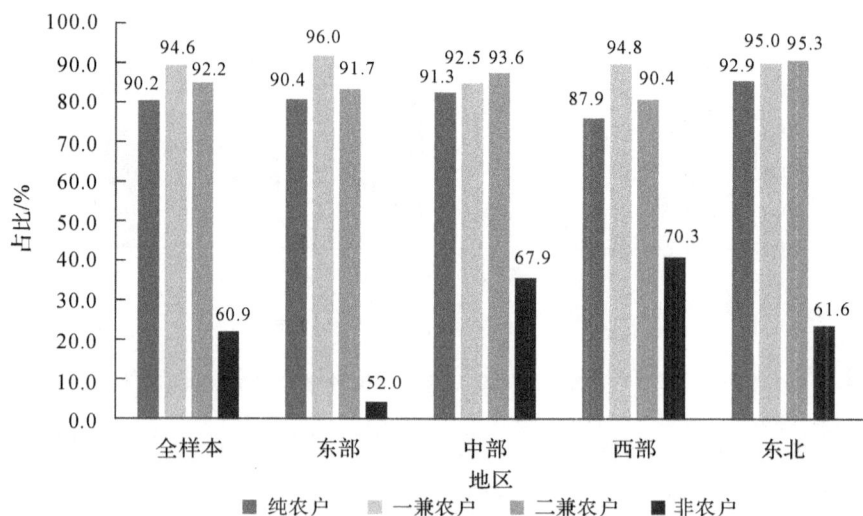

图7-13　2019年纯农户家庭与兼业农户家庭拥有农地承包权的比例

进一步按兼业农户标准进行划分（见图7-13）。从全样本来看，兼业农户家庭比纯农户家庭拥有农地承包权的比例更高,且一兼农户拥有农地承包权的比例最高,为94.6%。分地区来看,同样可以发现兼业农户家庭拥有农地承包权的比例高于纯农户家庭。这在一定程度上反映了兼业农户从事农业生产的积极优势。

表7-17反映的是农民工家庭与农村家庭对于土地调整时间间隔的期望。从全样本来看,有38.1%的农村家庭和35.6%的农民工家庭不希望进行土地调整。从区域层面来看,无论哪个地区,不希望调整土地的家庭占比都最高。就农村家庭和农民工家庭的比较而言,期望土地调整的时间间隔在30年以下的比例,农民工家庭大于农村家庭;而对于间隔大于30年和不要调整的比例,农民工家庭则小于农村家庭;这种现象在一定程度上反映了土地流出者对地权的不稳定预期与土地流入者追求长期稳定地权间的矛盾。

表7-17 2019年农民工家庭与农村家庭期望土地调整的时间间隔 单位:%

调整土地时间间隔	农村家庭					农民工家庭				
	全样本	东部	中部	西部	东北	全样本	东部	中部	西部	东北
1—5 年	20.1	20.0	25.3	15.9	16.4	17.5	15.6	23.2	13.3	22.9
6—10 年	12.9	14.4	12.8	10.9	15.0	14.4	15.8	14.2	13.4	10.1
11—20 年	5.5	6.5	5.9	4.3	4.3	7.5	9.9	5.9	5.1	6.2
21—30 年	5.1	5.4	3.6	5.2	8.7	5.6	6.1	3.9	4.5	12.3
大于 30 年	4.5	4.9	3.2	4.9	6.7	5.5	5.4	3.7	7.3	7.3
不要调整	38.1	35.7	34.7	44.4	37.9	35.6	34.2	34.6	41.1	29.4
不定期	6.2	5.9	6.6	6.0	7.2	7.5	7.3	8.6	7.3	6.0
其他	7.5	7.3	7.9	8.5	3.8	6.4	5.8	5.9	8.1	5.8

表7-18反映的是农民工家庭与农村家庭农地耕种与摞荒的比例。农民工家庭所承包耕地全部有人耕种的比例为82.8%,略低于农村家庭的87.5%。从全样本来看,农民工家庭所承包耕地全部有人耕种的比例低于农村家庭、部分摞荒的比例高于农村家庭、全部摞荒的比例显著高于农村家庭。从地区间的比较来看,西部地区耕地摞荒的比例最高,例如西部地区农民工家庭部分摞荒的比例为16.2%,比东部地区、中部地区和西部地区分别高出9.6个、7.2个、15.9个百分点。就地区内部而言,农民工家庭土地摞荒的比例普遍高于农村家庭,说明农民工家庭经营农业生产的积极性已明显下降。

表7-18 2019年农民工家庭与农村家庭农地耕种与摞荒比例 单位:%

区位	农地全部耕种比例		农地部分摞荒比例		农地全部摞荒比例	
	农村家庭	农民工家庭	农村家庭	农民工家庭	农村家庭	农民工家庭
全样本	87.5	82.8	8.6	9.1	3.8	8.1
东部	89.5	84.8	5.4	6.6	5.1	8.6
中部	87.6	82.6	9.8	9.0	2.6	8.4
西部	82.1	74.9	13.3	16.2	4.7	9.0
东北	98.2	98.4	1.1	0.3	0.7	1.4

图 7-14 对本地农民工家庭与外地农民工家庭承包耕地的撂荒情况进行比较。从全样本来看,外地农民工家庭的撂荒比例为 11.6％,本地农民工家庭的撂荒比例为 6.4％,虽较之 2017 年,两类农民工家庭的撂荒比例均有所下降,但全样本范围内外地农民工家庭的农地撂荒比例仍旧高于本地农民工家庭。分地区来看,一方面外地农民工家庭农地撂荒比例显著高于本地农民工家庭,例如在中部地区,外地农民工家庭撂荒比例为 11.2％,比本地农民工家庭高出 4.4 个百分点;另一方面东北地区农民工的撂荒比例最低,说明农业生产在农民工家庭收入中的重要性更高。需要说明的是,这里的"农民工家庭撂荒比例"不是指在全部的农民工家庭中有多少比例的家庭存在撂荒行为,而是全部的农民工家庭撂荒土地的平均比例。

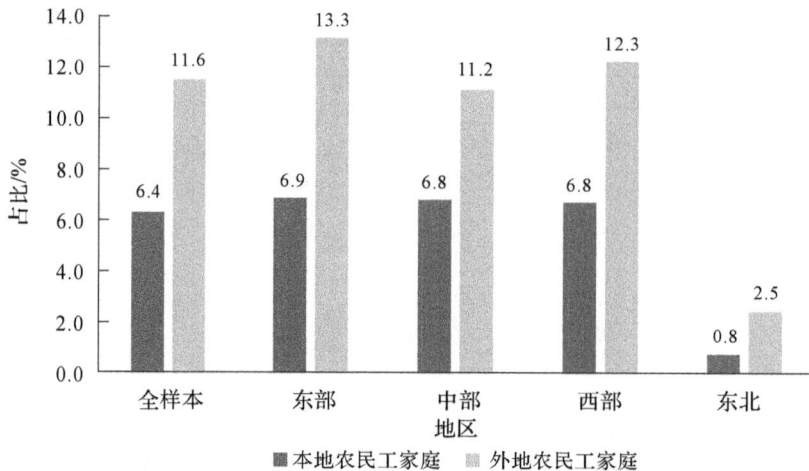

图 7-14　2019 年本地农民工家庭与外地农民工家庭撂荒情况

图 7-15 反映的是 2019 年纯农户家庭和兼业农户家庭的农地耕种与撂荒比例。

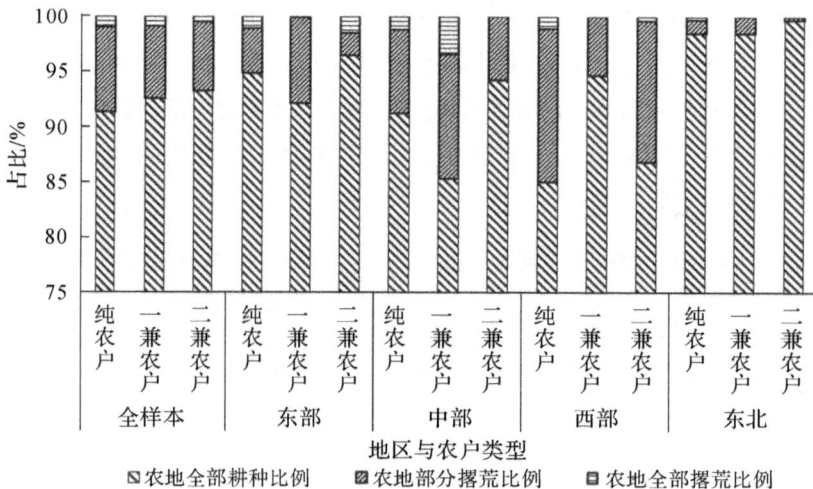

图 7-15　2019 年纯农户家庭和兼业农户家庭的农地耕种与撂荒比例

从全样本来看,纯农户的农地全部耕种比例为91.3%,比一兼农户家庭低了1.3个百分点,比二兼农户家庭低了1.9个百分点。分地区来看,东北地区农地全部耕种的比例最高,例如东北地区纯农户家庭农地全部耕种的比例为98.5%,分别比东部地区、中部地区、西部地区高出3.7个、7.3个、13.5个百分点。

(3)农地转出情况

农地转出是指把拥有承包权的农地转给别人经营,包括转包、土地入股、互换、合作、托管和免费给别人种。转出比例为转出农地农民工家庭占农民工家庭的比重或转出农地农村家庭占农村家庭的比重。转出面积则是按照有土地转出的家庭来计算。

表7-19给出了2011—2019年农民工家庭与农村家庭农地转出的比例。首先,从全样本来看,农村家庭和农民工家庭农地转出的比例随着时间的变化不断升高,2019年全样本农民工家庭和农村家庭农地转出比例已经分别达到35.4%和21.9%。其次,从区域层面来看,2011年以来,各个区域农村居民和农民工家庭转出农地的比例都在迅速增加,比如西部地区的农村家庭转出农地的比例从2011年的3.9%提升到2019年的19.9%。再次,对比农民工家庭和农村家庭转出农地的比例可知,农民工家庭转出土地的比例显著高于农村家庭,例如在东北地区,2019年农民工家庭农地转出比例达到41.9%,比农村家庭转出农地的比例高出26.4个百分点。综合上述分析,可以推断出自2011年以来,中国农业经营的平均土地规模在不断扩大,且农民工从乡到城的迁移对于农业规模化具有重要意义。

表7-19 2011—2019年农民工家庭与农村家庭农地转出比例 单位:%

		2011年	2013年	2015年	2017年	2019年
全样本	农村家庭	6.0	10.0	11.3	16.5	21.9
	农民工家庭	12.9	16.4	30.9	34.4	35.4
东部	农村家庭	8.6	10.4	14.1	21.9	22.9
	农民工家庭	13.7	16.5	29.0	36.7	33.4
中部	农村家庭	5.1	9.9	10.4	15.5	24.6
	农民工家庭	12.4	19.1	37.2	35.5	40.8
西部	农村家庭	3.9	9.7	9.6	13.2	19.9
	农民工家庭	9.4	14.1	28.0	30.8	31.2
东北	农村家庭	7.6	9.9	8.4	11.8	15.5
	农民工家庭	28.7	37.7	45.2	39.0	41.9

如表7-20所示,与往年相比,2019年农村家庭和农民工家庭转出农地的面积和中位数变动不大。对于农村家庭而言,2011—2019年全样本平均农地转出面积由5.1亩减少到4.4亩,总体上来看平均转出面积略有下降;对于农民工家庭而言,2011—2019年全样本平均农地转出面积从4.8亩减少到4.2亩,转出中位数从3.0亩变为2.8亩,同样略有下降。

农村家庭和农民工家庭转出农地的面积不仅和家庭收入结构有关，而且受到初始承包农地面积的限制，所以整体上农地转出面积应该起伏不大。

表 7-20　2011—2019 年农民工家庭与农村家庭农地转出面积　　　　　　　　单位：亩

家庭类型		2011 年		2013 年		2015 年		2017 年		2019 年	
		均值	中位数	均值	中位数	均值	中位数	均值	中位数	均值	中位数
农村家庭	全样本	5.1	1.8	5.3	3.0	4.4	3.0	4.3	3.0	4.4	2.8
	东部	1.8	1.4	2.5	2.0	3.6	2.0	3.7	2.6	3.1	2.0
	中部	10.3	4.0	6.5	4.0	5.4	3.5	5.2	3.0	4.3	3.0
	西部	1.7	1.2	6.4	3.0	4.4	2.0	3.9	2.0	4.0	2.0
	东北	19.2	9.0	10.3	7.0	11.7	10.0	10.8	10.0	14.1	12.0
农民工家庭	全样本	4.8	3.0	5.7	3.0	5.1	3.0	5.3	3.0	4.2	2.8
	东部	5.5	4.0	3.4	2.3	5.0	3.0	3.6	2.0	2.9	2.0
	中部	4.0	3.0	8.7	4.0	5.7	3.3	8.3	4.5	4.0	3.0
	西部	2.3	1.0	5.9	2.5	4.6	2.5	4.2	2.0	4.3	2.5
	东北	11.8	6.0	12.7	9.0	10.9	8.0	11.0	9.0	11.3	10.0

表 7-21 列出了纯农户家庭和兼业农户家庭的农地转出情况。可以看出，全样本范围内纯农户家庭转出农地的比例为 11.2%，略高于一兼农户家庭的 8.9% 和二兼农户家庭的 11.0%。并且其转出农地面积的均值为 4 亩，也略高于一兼农户家庭的 3.6 亩和二兼农户家庭的 3.4 亩。

表 7-21　2019 年纯农户家庭和兼业农户家庭的农地转出情况

区位	家庭类型	转出比例/%	转出面积/亩	
			均值	中位数
全样本	纯农户	11.2	4.0	2.5
	一兼农户	8.9	3.6	2.0
	二兼农户	11.0	3.4	3.0
东部	纯农户	9.9	2.5	2.0
	一兼农户	10.2	2.4	2.0
	二兼农户	11.0	3.2	3.0
中部	纯农户	14.0	4.1	3.0
	一兼农户	12.2	1.8	0.8
	二兼农户	13.4	3.0	2.5

区位	家庭类型	转出比例/%	转出面积/亩	
			均值	中位数
西部	纯农户	12.3	4.6	2.0
	一兼农户	10.2	2.9	2.0
	二兼农户	10.3	3.4	3.0
东北	纯农户	4.2	8.5	7.0
	一兼农户	1.5	35.0	35.0
	二兼农户	4.9	9.6	9.0

从表 7-22 中可以看出,无论是农民工家庭还是农村家庭,转出土地的最主要途径依旧是有流转意愿的普通农户私下协商,并且占据了绝大比例,农村家庭为 67.6%,农民工家庭为 69.2%。但该比例较 2017 年的 77.0% 和 84.3% 相比分别降低了 9.4 个百分点和 15.1 个百分点。排第二位的土地转出途径是"村委会集中流转",再次是"通过中介",然后是"大户、家庭农场、合作社或者公司等直接与农户协商"。

表 7-22　2019 年农民工家庭和农村家庭农地转出的途径　　　　　　单位:%

转出途径	农村家庭					农民工家庭				
	全样本	东部	中部	西部	东北	全样本	东部	中部	西部	东北
村委会集中流转	16.6	19.6	13.3	19.7	7.0	16.9	20.7	12.0	22.2	2.9
村委会整理土地后划片分包给农户	2.3	3.6	1.4	2.2	0.5	3.2	6.6	1.2	1.0	0.5
有流转意愿的普通农户私下协商	67.6	61.2	72.7	64.8	83.2	69.2	62.7	73.4	66.1	92.7
通过中介	10.2	13.6	8.2	9.2	8.5	7.1	7.4	7.8	7.6	2.2
大户、家庭农场、合作社或者公司等直接与农户协商	5.2	4.9	6.5	4.7	1.7	4.9	6.3	5.4	3.1	1.0
其他	0.8	0.8	0.3	1.4	0.1	1.0	0.9	0.7	1.7	0.3

(4)农地转入情况

若农民工家庭转入了农地,且用途为从事农业生产或是养殖业,则界定该家庭为转入家庭,转入比例为转入农地农民工家庭占农民工家庭的比重或转入农地农村家庭占农村家庭的比重。转入面积则是按照有土地转入的家庭来计算。由表 7-23 可知全样本农民工家庭转入比例为 3.4%。分地区看,东北转入比例最高,为 6.7%,东部、中部和西部则分别为 1.9%、5.0% 和 3.8%。进一步分析转入农地家庭的农地转入面积,农民工家庭平均转入面积为 25.9 亩,中位数为 4.0 亩。分地区看,东部转入面积为 15.5 亩,中位数为 2.0 亩;中部转入面积为 32.9 亩,中位数为 6.0 亩;西部转入面积为 15.0 亩,中位数为 2.0 亩;东北地区转入面积为 47.7 亩,中位数为 32.0 亩。不难发现,东北地区农地转入家庭的转入面积明显大于其他地区。对比农民工家庭和农村家庭来看,我们还可以发现,农村家庭中转入土地的比例比农民工家庭高 8.5 个百分点,而农民工家庭的平均转入面积比农村家庭高 3.3 亩;这反映出农民工家庭如果离农则脱离得彻底,如果返回农业则其更可能成为农业生产的主要力量。

表 7-23　2019 年农民工家庭与农村家庭农地转入情况比较

区位	家庭类型	转入比例/%	转入面积/亩	
			均值	中位数
全样本	农村家庭	11.9	22.6	5.0
	农民工家庭	3.4	25.9	4.0
东部	农村家庭	9.1	13.9	5.0
	农民工家庭	1.9	15.5	2.0
中部	农村家庭	12.8	31.3	6.0
	农民工家庭	5.0	32.9	6.0
西部	农村家庭	12.0	10.0	3.0
	农民工家庭	3.8	15.0	2.0
东北	农村家庭	19.6	43.7	28.0
	农民工家庭	6.7	47.7	32.0

表 7-24 列出了纯农户家庭和兼业农户家庭的农地转入情况。可以看出,纯农户家庭转入农地的比例高于兼业农户家庭,全样本范围内,纯农户家庭转入农地的比例为 28.4%,而一兼农户家庭转入农地的比例为 18.6%,二兼农户家庭转入农地的比例为 3.1%。从转入面积来看,全样本中纯农户家庭平均转入 29.9 亩,一兼农户家庭则为 34.9 亩,二兼农户家庭为 12.7 亩。全样本范围内纯农户家庭虽然转入农地的比例更高,但转入面积相对较少。按区域划分后,中部纯农户家庭转入面积高于兼业农户家庭转入面积,而转入比例却低于兼业农户家庭。

表 7-24　2019 年纯农户家庭和兼业农户家庭的农地转入情况

区位	家庭类型	转入比例/%	转入面积/亩	
			均值	中位数
全样本	纯农户	28.4	29.9	6.5
	一兼农户	18.6	34.9	15.0
	二兼农户	3.1	12.7	5.0

续表

区位	家庭类型	转入比例/%	转入面积/亩	
			均值	中位数
东部	纯农户	14.1	16.1	5.0
	一兼农户	19.2	48.9	44.0
	二兼农户	14.9	4.8	4.0
中部	纯农户	15.8	50.3	6.0
	一兼农户	36.8	20.0	7.0
	二兼农户	22.7	14.7	7.2
西部	纯农户	14.6	11.9	3.0
	一兼农户	22.5	13.8	6.0
	二兼农户	17.0	7.1	3.0
东北	纯农户	25.2	46.3	30.0
	一兼农户	37.4	62.8	50.0
	二兼农户	21.6	36.6	20.0

表 7-25 进一步显示了农民工家庭和农村家庭农地转入的来源分布,从表中可知,87.5%的农民工家庭从本村普通农户转入土地,5.5%的家庭从非本村普通农户转入土地,转入来源为普通农户的共计93.0%,表明当前农民工家庭中的农地转入主要来源于普通农户。

表 7-25 2019 年农民工家庭和农村家庭农地转入来源　　　　　　单位:%

转入来源	农村家庭					农民工家庭				
	全样本	东部	中部	西部	东北	全样本	东部	中部	西部	东北
本村普通农户	93.0	90.9	94.5	93.0	93.2	87.5	83.0	89.3	87.4	92.3
非本村普通农户	5.1	7.6	3.2	4.8	5.7	5.5	5.8	7.1	4.2	2.2
专业大户	0.6	0.0	1.4	0.2	0.6	0.3	0.3	0.0	0.0	1.7
家庭农场	0.1	0.0	0.3	0.0	0.0	0.2	0.0	0.0	1.0	0.0
农业/农民合作社	0.3	0.0	0.1	1.0	0.0	0.1	0.4	0.0	0.0	0.0
村集体	3.7	5.8	3.5	1.4	4.9	4.6	6.8	1.5	7.1	4.5
公司或企业	0.2	0.2	0.4	0.0	0.0	0.0	0.0	0.0	0.0	0.0
中介机构	0.0	0.0	0.0	0.0	0.0	0.0	0.0	0.0	0.0	0.0
其他	1.0	0.3	2.0	0.7	0.7	2.6	4.2	2.5	2.3	0.0

（5）农产品销售情况

2019 年的调查进一步深化了对农产品销售渠道的探讨。表 7-26 列出了农民工家庭和农村家庭农产品销售渠道的情况。可以发现,在全样本范围内无论是农民工家庭还是农村家庭生产出的农产品都主要通过"小商贩"进行销售,占比分别为 65.2％和 68.3％。其次是"消费者上门购买""自家摆摊"等方式。而通过合作社销售农产品的占比分别为 3.2％和 2.8％。虽然近年来随着互联网的发展,网上贸易成为人们生活中不可或缺的一部分,但农民工家庭和农村家庭通过网络销售农产品的比例仅为 1.5％和 0.7％,在东北地区的调查样本中更是没有农民工家庭通过网络销售农产品。

表 7-26　2019 年农民工家庭和农村家庭农产品销售渠道　　　　单位：%

销售途径	农村家庭					农民工家庭				
	全样本	东部	中部	西部	东北	全样本	东部	中部	西部	东北
企业或公司	5.0	3.2	4.3	9.3	2.1	3.0	2.3	2.8	5.6	1.5
合作社	2.8	3.6	2.5	2.9	1.0	3.2	3.8	2.1	4.0	1.8
网络销售	0.7	1.0	0.5	0.8	0.2	1.5	2.6	0.9	0.8	0.0
小商贩	68.3	76.3	71.2	55.0	66.8	65.2	67.5	71.3	50.7	63.9
消费者上门购买	17.5	13.4	15.9	23.2	21.4	18.6	16.2	16.1	26.0	22.8
自家摆摊	6.7	5.2	5.1	12.9	1.8	11.4	12.9	6.9	19.0	3.3
政府/粮库	3.3	3.3	2.9	2.7	6.3	2.7	1.4	3.0	3.8	5.6
其他	4.7	4.4	3.4	6.7	4.8	5.1	5.2	3.3	8.0	4.5

7.2.5　子女教育情况

表 7-27 展示了农村家庭与农民工家庭在教育培训上的费用支出,包括常规教育支出和教育培训支出,反映出有支付意愿的家庭对子女教育、家庭成员继续教育的重视程度。从全样本层面看,超过一半的农村家庭、农民工家庭全年支付了 5000 元及以上的教育培训经费,而且农民工家庭支付 5000 元及以上教育培训经费的比例高出农业家庭 8.2％。分地区来看,超过一半的农民工家庭在子女教育、家庭成员继续教育上的支出超过 5000 元(含 5000元),比例最高的出现在中部地区,达到了 66.5％,比例最低的是西部地区,为 57.2％;除西部地区外,超过一半的农村家庭在子女教育、家庭成员继续教育上的支出超过 5000 元(含5000 元),比例最高的出现在东北地区,达到了 67.0％,而西部地区仅为 47.8％,不足一半。无论是全样本层面,还是分地区层面,在子女教育、家庭成员继续教育的支出方面,农民工家庭都要普遍高于农村家庭;只在东北地区出现不一致情况,即东北地区教育培训支出达到5000 元及以上的数据中,农民工家庭比例低于农村家庭。

从农业收入占家庭总收入的比重划分的不同分化程度来看,纯农户、一兼农户和非农户的农村家庭支付 5000 元及以上教育培训经费的比例低于农民工家庭,分别低 1.9 个百分点、32.1 个百分点、9.9 个百分点;二兼农户的农村家庭支付 5000 元及以上教育培训经费的比例高于农民工家庭 2.6 个百分点。

表 7-27　2019 年家庭教育培训费用支出情况(按地区)　　　单位:%

教育培训支出/元	全样本		东部		中部		西部		东北	
	农村家庭	农民工家庭	农村家庭	农民工家庭	农村家庭	农民工家庭	农村家庭	农民工家庭	农村家庭	农民工家庭
低于 100	3.3	1.9	3.0	1.2	2.4	1.5	4.2	3.2	3.8	4.5
100—999	11.1	8.6	11.2	9.2	9.1	7.4	14.5	9.6	5.2	5.8
1000—1999	9.5	6.3	11.6	6.1	6.7	5.2	10.9	7.6	5.9	7.8
2000—2999	9.4	9.1	9.6	10.2	9.4	9.2	9.9	8.2	6.7	4.4
3000—3999	7.6	7.5	7.8	7.6	7.1	6.4	7.7	8.5	8.1	7.0
4000—4999	5.0	4.3	5.0	3.9	5.7	3.8	5.0	5.7	3.3	4.4
5000—9999	19.7	21.6	16.9	21.1	21.5	22.2	19.5	22.6	24.7	18.9
10000—49999	33.2	37.7	34.4	37.7	36.8	40.8	26.8	32.5	40.3	44.8
50000 及以上	1.2	3.0	0.5	3.0	1.3	3.5	1.5	2.1	2.0	2.4
其中:支出 5000 以上	54.1	62.3	51.8	61.8	59.6	66.5	47.8	57.2	67.0	66.1

教育培训支出/元	全样本		纯农户		一兼农户		二兼农户		非农户	
	农村家庭	农民工家庭	农村家庭	农民工家庭	农村家庭	农民工家庭	农村家庭	农民工家庭	农村家庭	农民工家庭
低于 100	3.3	1.9	4.1	2.0	1.6	0.0	1.5	0.6	3.5	2.0
100—999	11.1	8.6	9.3	10.5	15.0	8.9	10.8	11.4	12.1	7.9
1000—1999	9.5	6.3	11.0	10.9	5.1	1.2	8.6	4.8	9.4	6.1
2000—2999	9.4	9.1	10.0	10.9	8.1	3.0	9.6	11.2	9.6	9.0
3000—3999	7.6	7.5	6.8	4.0	10.1	3.7	9.5	9.7	7.1	7.7
4000—4999	5.0	4.3	5.0	6.0	9.0	0.0	4.8	9.7	4.8	3.9
5000—9999	19.7	21.6	18.0	16.7	20.3	23.3	19.8	18.0	20.3	22.4
10000—49999	33.2	37.7	34.4	36.5	30.1	59.3	34.0	33.8	32.2	38.1
50000 及以上	1.2	3.0	1.4	2.5	0.7	0.6	1.4	0.8	1.0	2.9
其中:支出 5000 以上	54.1	62.3	53.8	55.7	51.1	83.2	55.2	52.6	53.5	63.4

表 7-28 则展示了高等、职业教育及成人进修培训费用（简称进修培训费用）在农民工家庭与农村家庭教育培训费用上的占比，很明显可以看出，全样本中大部分农村家庭和农民工家庭将超过五成的教育培训费用花在了进修方面。全样本中 81.1% 的家庭进修培训费用支出占全年教育培训费用的 50% 及以上，更有 63.7% 的家庭将九成以上的教育培训经费都花在了进修培训方面；有 83.8% 的农村家庭进修培训费用支出占全年教育培训费用的 50% 及以上，将九成以上的教育培训经费都花在了进修培训方面的农村家庭就有 67.1%；76.8% 的农民工家庭的进修培训费用支出占全年教育培训费用的 50% 及以上，费用占比超过 90% 的农民工家庭有 59.9%。以上数据反映出，在有支付意愿的家庭中，农村家庭、农民工家庭都非常重视高等和职业教育及成人进修。

表 7-28　2019 年进修培训费用占家庭总教育培训费用的比例　　　　单位：%

进修培训费用占比	全样本	农村家庭	农民工家庭
大于等于 90%	63.7	67.1	59.9
50%—90%	17.4	16.7	16.9
10%—50%	17.5	15.5	21.0
0%—10%	1.4	0.7	2.2

从与 2017 年的数据对比来看（见表 7-29、表 7-30），全样本层面在教育培训费用上，农村家庭教育培训支出大于等于 5000 元的比重增加了 6.6 个百分点，农民工家庭教育培训支出大于等于 5000 元的比重仅增加了 2.2 个百分点。分地区来看，农村家庭教育培训支出大于等于 5000 元的比重增幅最大的是东北地区，上升了 13.9 个百分点，下降比例最大的是东部地区，达 8.2 个百分点；农民工家庭教育培训支出大于等于 5000 元的比重上升最大的是东北地区，上升了 6.2 个百分点，下降比例最大的是西部地区，下降了 5.1 个百分点；东北地区农村家庭和农民工家庭在教育培训方面的支付意愿，即支付金额 5000 元及以上的比例均大幅度提高；而东部地区农村家庭和农民工家庭在教育培训方面的支付意愿，即支付金额 5000 元及以上的比例均大幅度降低。

从按农业收入占家庭总收入的比重划分的不同分化程度来看，农村家庭教育培训支出大于等于 5000 元的比重增幅最大的是非农户的农村家庭，上升了 7.5 个百分点，下降比例最大的是一兼农户的农村家庭，达 2.0 个百分点；农民工家庭教育培训支出大于等于 5000 元的比重上升最大的是纯农户的农民工家庭，上升了 9.1 个百分点。纯农户、二兼农户、非农户的农村家庭，在教育培训方面的支付意愿，即支付金额 5000 元及以上的比例有所提高，但为一兼农户的农村家庭，在教育培训方面的支付意愿，即支付金额 5000 元及以上的比例却有所下降；而无论纯农户、一兼农户还是二兼农户、非农户的农民工家庭，在教育培训方面的支付意愿，即支付金额 5000 元及以上的比例均大幅度提高。

表 7-29 2017 年与 2019 年农村家庭教育培训费用支出(5000 元及以上) 单位:%

年份	全样本	按地区				按分化程度			
		东部	中部	西部	东北	纯农户	一兼农户	二兼农户	非农户
2017	47.5	60.0	63.3	42.8	53.1	46.7	53.1	50.0	46.0
2019	54.1	51.8	59.6	47.8	67.0	53.8	51.1	55.2	53.5
增减变化	6.6	−8.2	−3.7	5.0	13.9	7.1	−2.0	5.2	7.5

表 7-30 2017 年与 2019 年农民工家庭教育培训费用支出(5000 元及以上) 单位:%

年份	全样本	按地区				按分化程度			
		东部	中部	西部	东北	纯农户	一兼农户	二兼农户	非农户
2017	60.1	65.9	66.0	62.3	59.9	46.6	75.8	50.7	61.4
2019	62.3	61.8	66.5	57.2	66.1	55.7	83.2	52.6	63.4
增减变化	2.2	−4.1	0.5	−5.1	6.2	9.1	7.4	1.9	2.0

如表 7-31、图 7-16 所示,2011 年、2013 年、2015 年、2017 年、2019 年 5 年数据统计显示,全样本层面家庭教育培训支出 5000 元及以上的家庭占比从 2011 年的 36.2% 逐年上升,2015 年全样本中 50.0% 的家庭在教育培训方面的支出超过 5000 元(含 5000 元),2017 年、2019 年比例继续上升,2019 年比例高达 57.4%。农村家庭中,在教育培训方面支出超过 5000 元(含 5000 元)的家庭比重逐渐上升,但始终低于全样本的平均水平,差距逐年扩大,2017 年更是低于全样本平均水平 8.3 个百分点,2019 年差距缩小至 3.3 个百分点。农民工家庭中,2011 年 33.6% 的家庭在教育培训方面的支出超过 5000 元(含 5000 元),始终高于全样本的平均水平,2015 年超过 50%、2017 年超过 60% 的农民工家庭教育培训支出在 5000元及以上;2019 年 62.3% 的农民工家庭教育培训支出在 5000 元及以上,高出全样本平均水平 5.9 个百分点。

就整体趋势而言,不论从全样本层面,还是从农业家庭、农民工家庭角度看,家庭教育培训支出在 5000 元及以上的比例均逐年增加,一定程度上说明,无论是农业家庭还是农民工家庭,对教育的重视程度均越来越高,支付意愿越来越强烈。

表 7-31 2011—2019 教育培训年支出 5000 元以上占比变化趋势 单位:%

年份	全样本	农村家庭	农民工家庭
2011	36.2	31.7	33.6
2013	48.0	42.9	48.7
2015	50.0	42.5	50.3
2017	55.8	47.5	60.1
2019	57.4	54.1	62.3

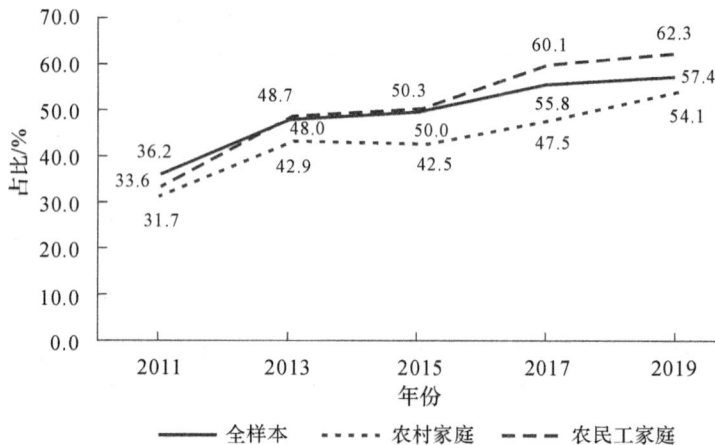

图 7-16　2011—2019 年教育培训年支出 5000 元以上占比变化趋势

　　表 7-32 展示了农村家庭与农民工家庭对政府提供的基本公共教育服务满意程度，能反映出基本公共教育服务落地情况。无论是全样本层面、分地区层面还是分农户类型层面来看，农村家庭、农民工家庭对政府提供的基本公共教育服务认可均是高满意度、低不满意度（满意度占比为"非常满意""比较满意"两项之和，不满意度占比为"不太满意""很不满意"两项之和）。从全样本层面看，对政府提供的基本公共教育服务，农村家庭、农民工家庭满意度都超过 70.0%，前者高出后者 5.4 个百分点；农村家庭、农民工家庭不满意度都低于 10.0%，前者低于后者 2.7 个百分点；农村家庭、农民工家庭对政府提供的基本公共教育服务不了解/不清楚程度都在 6.0% 左右，前者比后者略高。

　　分地区来看，对政府提供的基本公共教育服务，农村家庭、农民工家庭满意度都超过 60.0%，农村家庭满意度普遍高于农民工家庭、不满意度低于农民工家庭。在东部地区，农村家庭满意度为 75.6%，比农民工家庭满意度 71.7% 高出 3.9 个百分点；在中部地区，农村家庭满意度为 75.3%，比农民工家庭满意度 69.4% 高出 5.9 个百分点；在西部地区，农村家庭满意度为 79.6%，比农民工家庭满意度 71.5% 高出 8.1 个百分点；在东部地区，农村家庭满意度为 66.4%，比农民工家庭满意度 61.1% 高出 5.3 个百分点。农村家庭中，满意度最高的分布在西部地区，满意度最低的分布在东北地区。农民工家庭中，满意度最高的分布在东部地区，满意度最低的分布在东北地区。对政府提供的基本公共教育服务满意度最高的地区是西部地区，东部次之，中部第三，东北最低。东、中、西、东北四地区的农村家庭，东、中、西三地区的农民工家庭，对政府提供的基本公共教育服务不满意度均在 10% 以下，东北地区农民工家庭不满意程度最高，达 11.7%。

　　从按农业收入占家庭总收入的比重划分的不同分化程度来看，对政府提供的基本公共教育服务，农村家庭、农民工家庭满意度都达到了 70.0% 及以上。纯农户的满意度为 79.2%，比农民工家庭满意度 73.3% 高出 5.9 个百分点；一兼农户的满意度为 75.3%，比农民工家庭满意度 79.9% 低了 4.6 个百分点；二兼农户的满意度为 76.7%，比农民工家庭满意度 74.7％高出 2.0 个百分点；非农户的满意度为 73.8％，比农民工家庭满意度 70.0％高出 3.8 个百分点。农村家庭中，纯农户的满意度最高，非农户的满意度最低。农民工家庭中，一兼农户的满意度最高，非农户的满意度最低。对政府提供的基本公共教育服务满意度最高农户类型是纯农户，一兼农户次之，二兼农户第三，非农户最低。

表 7-32　2019 年农民工家庭与农村家庭对政府提供的基本公共教育服务满意程度　　单位：％

满意程度	全样本		东部		中部		西部		东北	
	农村家庭	农民工家庭	农村家庭	农民工家庭	农村家庭	农民工家庭	农村家庭	农民工家庭	农村家庭	农民工家庭
非常满意	42.5	28.6	42.1	28.8	42.8	27.2	46.0	30.5	31.0	26.9
比较满意	33.4	41.9	33.5	42.9	32.5	42.2	33.6	41.0	35.4	34.2
一般	12.4	16.2	12.7	16.2	12.3	15.6	11.2	15.9	16.2	19.8
不太满意	3.6	5.1	3.7	4.8	4.0	5.4	2.1	4.9	6.5	6.4
很不满意	1.3	2.5	1.1	1.7	1.4	3.4	1.0	2.6	2.5	5.3
不了解/不清楚	6.8	5.7	6.9	5.6	7.0	6.2	6.1	5.1	8.4	7.4
小计	100	100	100	100	100	100	100	100	100	100

满意程度	纯农户		一兼农户		二兼农户		非农户	
	农村家庭	农民工家庭	农村家庭	农民工家庭	农村家庭	农民工家庭	农村家庭	农民工家庭
非常满意	46.4	38.6	47.2	42.9	43.6	39.0	38.8	26.3
比较满意	32.8	34.7	28.1	37.1	33.0	35.7	35.0	43.7
一般	9.6	12.1	13.7	10.0	14.0	14.2	13.6	16.8
不太满意	2.8	5.1	3.1	3.1	3.0	2.8	4.4	5.2
很不满意	1.4	2.7	2.7	0.9	0.7	3.0	1.3	2.5
不了解/不清楚	7.0	6.8	5.2	6.0	5.7	5.3	6.9	5.5
小计	100	100	100	100	100	100	100	100

　　与 2017 年数据相比（见表 7-33），全样本层面上，农村家庭与农民工家庭对政府提供的基本公共教育服务满意度上升，不满意度下降，不了解/不清楚政策的情况有所改善。2019 年与 2017 年进一步对比发现，全样本层面上，农村家庭对政府提供的基本公共教育服务满意度上升 4.7 个百分点，农民工家庭满意度上升 10.0 个百分点，后者是前者的 2 倍多；农村家庭对政府提供的基本公共教育服务不满意度下降了 2.8 个百分点，农民工家庭不满意度下降了 5.4 个百分点，后者是前者的近 2 倍。

　　分地区来看，2019 年东、中、西三地区的农村家庭，东、中、西、东北四地区的农民工家庭对政府提供的基本公共教育服务均为满意度上升、不满意度下降、不了解/不清楚政策的情况有所改善；但东北地区农村家庭对政府提供的基本公共教育服务满意度呈下滑趋势，下滑幅度达 5.4 个百分点，不满意度呈上升趋势，上升幅度为 1.3 个百分点。

从按农业收入占家庭总收入的比重划分的不同分化程度来看，纯农户、一兼农户、二兼农户、非农户的农村家庭，和纯农户、非农户的农民工家庭，对政府提供的基本公共教育服务均为满意度上升、不满意度下降、不了解/不清楚政策的情况有所改善；但一兼农户的农民工家庭满意度下降了 0.5 个百分点，二兼农户的农民工家庭不了解/不清楚政策的比例增加了 0.1 个百分点，不了解/不清楚政策的情况略有加剧。

表 7-33 　 2017、2019 年不同家庭对政府基本公共教育服务满意度变化　　　　单位：%

2019 年较 2017 年变化	全样本		东部		中部		西部		东北	
	农村家庭	农民工家庭	农村家庭	农民工家庭	农村家庭	农民工家庭	农村家庭	农民工家庭	农村家庭	农民工家庭
非常满意	9.5	9.3	14.7	11.7	14.2	2.7	13.4	15.9	−0.2	6.0
比较满意	−4.8	0.7	−3.2	0.9	1.9	12.6	−5.6	−5.5	−5.2	−5.4
一般	0.8	−1.7	1.1	0.0	−7.1	−5.4	−0.8	0.4	6.0	0.2
不太满意	−1.5	−2.9	−3.3	−4.4	−1.3	0.7	−1.3	−3.8	1.6	−1.6
很不满意	−1.3	−2.5	−3.5	−3.9	−5.9	−8.5	−0.6	−2.1	−0.3	1.5
不了解/不清楚	−2.7	−2.9	−5.8	−4.3	−1.8	−2.1	−5.1	−4.9	−1.9	−0.7

2019 年较 2017 年变化	全样本		纯农户		一兼农户		二兼农户		非农户	
	农村家庭	农民工家庭	农村家庭	农民工家庭	农村家庭	农民工家庭	农村家庭	农民工家庭	农村家庭	农民工家庭
非常满意	9.5	9.3	9.5	5.8	12.2	18.0	11.1	10.4	8.2	8.9
比较满意	−4.8	0.7	−3.3	−1.3	−10.1	−18.4	−7.0	−2.1	−4.2	1.7
一般	0.8	−1.7	−0.3	0.4	0.7	6.0	2.2	−3.1	1.1	−2.2
不太满意	−1.5	−2.9	−1.4	−0.8	−1.0	−5.4	−2.4	−2.3	−1.3	−3.1
很不满意	−1.3	−2.5	−0.6	−1.0	−1.0	−0.8	−1.9	−3.0	−1.4	−2.4
不了解/不清楚	−2.7	−2.9	−3.9	−3.1	−0.8	0.6	−2.1	0.1	−2.4	−2.9

7.2.6　房产情况

（1）当前住房情况

表 7-34 展示了农民工住房拥有率的调查情况。从全样本角度来看，住房拥有率高达 94.5%；本地农民工住房拥有率达 96.5%，高于全样本住房拥有率 2.0 个百分点；外地农民工住房拥有率为 84.4%，低于全样本住房拥有率达 10.1 个百分点。从不同地区来看，东部、中部、西部、东北四地区住房拥有率均高于 93.0%，四地区本地农民工住房拥有率均高于 96.0%，四地区外地农民工住房拥有率均高于 80.0%。其中，在东部地区，本地农民工住房拥有率高出外地农民工住房拥有率 16.3 个百分点；在中部地区，本地农民工住房拥有率高出外地农民工住房拥有率 10.2 个百分点；在西部地区，本地农民工住房拥有率高于外地农

民工住房拥有率9.3个百分点；在东北地区，本地农民工住房拥有率高于外地农民工住房拥有率16.7个百分点。房屋拥有数量方面，全样本中77.4%的农民工家庭拥有1套住房，本地农民工家庭拥有1套住房的比率略高于全样本住房拥有率，外地农民工1套住房拥有率低于全样本住房拥有率12.0个百分点。

表 7-34　2019 年农民工自有住房情况　　　单位:%

		全样本	东部	中部	西部	东北
住房拥有率		94.5	93.3	94.7	95.0	94.9
1套住房拥有率		77.4	73.0	78.1	81.2	83.3
2套住房拥有率		15.3	18.3	14.8	12.7	10.7
3套及以上住房拥有率		1.8	2.0	1.8	1.1	0.9
本地农民工	住房拥有率	96.5	96.1	96.4	96.9	96.8
	1套住房拥有率	79.8	75.4	80.6	83.4	86.1
	2套住房拥有率	15.0	18.4	14.4	12.2	10.4
	3套及以上住房拥有率	1.7	2.3	1.4	1.3	0.3
外地农民工	住房拥有率	84.4	80.8	86.2	87.6	80.1
	1套住房拥有率	65.3	59.2	67.0	70.3	66.4
	2套住房拥有率	16.4	17.7	16.7	15.1	12.7
	3套及以上住房拥有率	2.7	3.9	2.5	2.2	1.0

表 7-35 展示了农民工家庭当前居住房屋的属性。从全样本层面来看，89.6%的农民工家庭所居住的房子为家庭成员自有，93.8%的本地农民工居住在家庭成员自有的房屋中，67.8%的外地农民工居住在家庭成员自有的房屋中。从不同地区来看，东部地区农民工居住在家庭成员自有住房中的比例为88.4%，略低于中部(90.1%)、西部(90.3%)、东北地区(90.8%)，东部、中部、西部、东北四地区本地农民工居住在家庭成员自有住房中的比例均在94.0%左右，四地区外地农民工多以居住在家庭成员自有的住房、租赁的住房中为主。其中，在东部地区，57.3%的外地农民工居住在家庭成员自有住房中，这一比例仅为东部本地农民工居住在家庭成员自有住房中的比例的一半左右，而39.0%的外地农民工则居住在租赁房中；在中部地区，74.3%的外地农民工居住在家庭成员自有住房中，而21.6%的外地农民工则居住在租赁房中；在西部地区，72.3%的外地农民工居住在家庭成员自有住房中，而23.4%的外地农民工则居住在租赁房中；在东北地区，70.4%的外地农民工居住在家庭成员自有住房中，而25.9%的外地农民工则居住在租赁房中。由此可见，外地农民工居住在家庭成员自有住房中的比例普遍低于同地区本地农民工的比例，外地农民工居住在租赁住房中的比例普遍高于同地区本地农民工的比例。这与农民工就业半径有关，本地农民工基本都在家附近就业，通勤距离与时间不长，外地农民工就业半径比本地农民工长，通勤距离与时

间较长，部分外地农民工倾向于在就业地点附近租赁房屋居住。

表 7-35　2019 年农民工当前居住住房属性　　　　单位：%

住房属性		全样本	东部	中部	西部	东北
家庭成员自有的89.6		88.4	90.1	90.3	90.8	
租赁的	6.8	8.0	5.9	6.4	6.2	
免费居住的	3.6	3.6	4.0	3.3	3.0	
小计	100	100	100	100	100	
本地农民工	家庭成员自有的	93.8	93.8	93.8	93.9	94.2
	租赁的	2.6	2.6	2.3	3.0	2.9
	免费居住的	3.6	3.6	3.9	3.1	2.9
	小计	100	100	100	100	100
外地农民工	家庭成员自有的	67.8	57.3	74.3	72.3	70.4
	租赁的	28.2	39.0	21.6	23.4	25.9
	免费居住的	4.0	3.7	4.1	4.3	3.7
	小计	100	100	100	100	100

　　从全样本来看，农民工家庭当前居住的住房归属中，占比前二的分别是归属非亲属（59.4%）、亲属（29.6%）；本地农民工居住住房归属中，占比第一的是归属亲属（51.1%）、第二的是归属非亲属（36.2%），与全样本排名不一致；外地农民工居住住房归属中，占比前二与全样本排名一致，分别为归属非亲属（82.0%）、亲属（8.6%）。由此可见，本地农民工因就业半径较短，倾向于居住在亲属所有的房屋内，外地农民工因就业半径较长，更多地选择居住在非亲属所有的住房内（见表 7-36）。

表 7-36　2019 年农民工家庭当前居住房屋归属情况　　　　单位：%

房屋归属情况	全样本	本地农民工	外地农民工
国家	2.9	4.4	1.6
单位	4.5	3.4	5.6
亲属	29.6	51.1	8.6
其他亲属	3.6	5.0	2.2
非亲属	59.4	36.1	82.0

　　注：主要体现房屋产权归属，根据问卷"C1002 该房屋由谁所有（房屋权）"进行整理计算。根据我国民法典相关规定，房屋属于不动产。房屋产权包括土地使用权和房屋所有权，土地使用权归国家和集体所有，房屋产权可能归国家、单位或个人所有。本表中"国家"主要指国家所有的住房，由政府接管、经营租赁、新建等的房产；"单位"，指单位是房屋产权所有人；"亲属"，包括父母、岳父母、儿子儿媳、女儿女婿、孙子孙媳、兄弟姐妹等。

问及当前居住房屋装修情况时,全样本的74.0%房屋装修为简装,17.6%的农民工当前住房是毛坯/清水装修,8.4%认为是精装,本地农民工中房屋装修是简装的占比71.7%、毛坯/清水装修占比19.2%、精装占比9.1%,外地农民工中房屋装修是简装的占比76.1%、毛坯/清水装修占比16.0%、精装占比7.9%(见表7-37)。

表 7-37　2019 年农民工家庭当前居住房屋装修情况　　　　　单位:%

房屋装修情况	全样本	本地农民工	外地农民工
毛坯/清水	17.6	19.2	16.0
简装	74.0	71.7	76.1
精装	8.4	9.1	7.9

当前居住在租赁房屋中的所有农民工家庭样本中,89.8%选择整租,同时本地农民工(88.4%)、外地农民工(90.4%)大多也选择整租,极少数选择多户合租。在本章伊始,我们阐释了CRHPS的"农民工家庭样本":是一个在城镇工作、生活相对稳定的农民工群体,甚至可以说他们在一定程度上已经是"城市居民",只是户口还不是城镇户口。长期稳定生活在城镇,从就业、家庭、生活等多方面考虑,农民工家庭选择整租而非合租,在情理之中。

合租房使用面积方面,总样本合租房使用面积平均为88.0平方米、月租金支出平均值为1298.4元,本地农民工合租房使用面积平均为109.6平方米,高出总样本平均值达21.6平方米,但月租金略低于总样本均值,为1067.0;外地农民工合租房使用面积平均为67.1平方米,低于总样本平均值达10.9平方米,但月租金略高于总样本平均值,为1408.1元。本地农民工租房面积均值高于外地农民工、月租金平均值低于外地农民工月租金平均值,有可能是因为本地农民工在租房时可以寻求关系网络中的熟人,承租的价格可能低于外地农民工租赁相似房屋的价格(见表7-38)。

表 7-38　2019 年农民工家庭房屋租赁情况

样本分类	房屋租赁形式/%					合租房使用面积平均值/平方米	每月租金支出平均值/元
	整租	两户合租	三户合租	四户及以上合租	小计		
全样本	89.8	4.9	2.0	3.3	100.0	88.0	1298.4
本地农民工	88.4	5.9	1.7	4.0	100.0	109.6	1067.0
外地农民工	90.4	4.4	2.1	3.1	100.0	67.1	1408.1

在问及当前居住房屋的产权形式时,全样本中的68.8%表示当前居住的房屋是集体土地宅基地住房,76.1%的本地农民工、32.0%的外地农民工居住的房屋产权是集体土地宅基地住房,本地农民工居住在集体土地宅基地住房中的比例是外地农民工的2倍多,这与本地农民工、外地农民工的就业半径长短有关(见表7-39)。

表 7-39　2019 年农民工家庭当前居住房屋产权情况　　　　单位：%

房屋产权情况	全样本	本地农民工	外地农民工
商品房	0.8	0.8	0.8
集体土地宅基地住房	68.8	76.1	32.0
政策性住房	0.5	0.5	0.5
已购公房	0.2	0.2	0.4
使用权住房	0.6	0.7	0.4
小产权房	3.1	3.3	1.8
商住两用	0.3	0.3	0.2
其他	1.5	1.5	1.2
非当前住房占比	24.2	16.6	62.7

注：当前住房产权形式，根据问卷中"房屋产权形式""这套房子是否为您正在居住的住房"两个问题进行确定，因此出现当前住房产权形式占比不足 100%，不足部分为非当前住房的产权形式，在此表格中不单独统计非当前住房产权形式，统一以"非当前住房占比"表示。

在问及农民工因房（购买、装修、维修、改建、扩建）产生欠款时，发现欠款多集中在银行贷款、其他渠道欠款，极少产生信用卡欠款、网络欠款（见表 7-40）。在欠款总额、银行未还款、其他渠道欠款未还、每月还贷方面，本地农民工平均值均低于总样本平均值，外地农民工平均值高于总样本平均值（见表 7-41），反映出在偿还欠款方面，外地农民工经济压力大于本地农民工。农民工因房产生欠款的渠道不唯一，且不一定选择银行贷款，因此银行未还款样本数量低于总样本数量，出现了银行未还欠款平均值高于总额平均值的情况。

表 7-40　2019 年农民工家庭因房产生欠款的样本分布　　　　单位：个

样本分类	有住房欠款的样本数	有银行未还款的样本数	需每月还贷的样本数	有信用卡欠款的样本数	有网络借款未还的样本数	有其他欠款未还的样本数
全样本	12294	5075	3897	164	30	8922
本地农民工	9235	3170	2190	103	16	7213
外地农民工	3057	1904	1706	61	14	1707

表 7-41　2019 年农民工家庭因房产生欠款金额　　　　单位：元

欠款金额均值	总额	银行未还款	每月还贷	信用卡欠款	网络借款未还	其他欠款未还
全样本平均值	200145.8	245558.0	2673.7	82587.5	47800.8	128574.2
本地农民工平均值	173982.2	214833.0	2555.6	77771.3	34108.7	123233.9
外地农民工平均值	275630.1	293292.2	2795.6	88582.9	69694.3	152434.5

表 7-42 展示了农民工家庭偿还住房欠款的能力。在全样本中,63.7％的农民工家庭表示在偿还住房欠款方面没有问题,59.3％的本地农民工、76.4％的外地农民工表示在偿还住房欠款方面没有问题。尽管全样本中 36.3％、本地农民工的 40.7％、外地农民工的 23.6％表示"很难偿还"或者"完全没有能力偿还"住房欠款,但当问及是否拖欠、违约或停滞偿还住房借款时,全样本中仅有 4.6％的人表示有此类行为(见表 7-43)。说明即使农民工家庭存在偿还欠款压力大的困难,仍能坚持按时还款。

表 7-42　2019 年农民工家庭偿还住房欠款能力情况　　　　单位:％

欠款偿还能力	全样本	本地农民工	外地农民工
完全没有问题	16.4	14.4	22.2
基本没有问题	47.3	44.9	54.2
很难偿还	31.7	35.4	20.8
完全没有能力偿还	4.6	5.3	2.8

表 7-43　2019 年农民工家庭是否拖欠、违约或停滞偿还住房借款　　　　单位:％

是否拖欠	全样本	本地农民工	外地农民工
是	4.6	5.0	3.9
否	95.4	95.0	96.1
小计	100	100	100

(2)新购新建住房情况

在问及未来新购住房打算时,绝大部分农民工家庭没有购房计划。全样本中计划未来新购住房的比例仅为 16.1％,多集中在未来 2—5 年内购房(6.3％)和 5—10 年内购房(4.2％);本地农民工的 14.5％、外地农民工的 24.5％计划未来新购住房,大部分集中在未来 2—10 年购房,超过 10％的外地农民工计划 2—5 年内购房,几乎是本地农民工数据的 2倍(见表 7-44)。

表 7-44　2019 年农民工家庭未来新购住房计划　　　　单位:％

购房计划	全样本	本地农民工	外地农民工
计划 1 年内购房	1.1	1.0	1.6
计划 1—2 年内购房	2.5	2.2	4.1
计划 2—5 年内购房	6.3	5.6	10.2
计划 5—10 年内购房	4.2	3.7	6.7
计划 10 年以后购房	2.0	2.0	2.0
不清楚	4.1	3.7	6.1
没有计划购房	79.8	81.8	69.3

表 7-45 总结了农民工家庭新购住房的目的。在全样本中，新购住房目的排名前三的分别是：结婚/分家/为子女购房，占比 48.2%；子女教育/购买学区房换房，占比 23.5%；换房（改善当前居住环境），占比 13.0%。对于本地农民工来说，新购住房目的排名前三的与全样本一致，且超过一半的本地农民工因为结婚/分家/为子女购房才计划新购住房。对于外地农民工来说，情况有些不一样，新购住房目的排名第一的仍旧是结婚/分家/为子女购房，占比 32.3%，排名第二的却是因之前无房而买来居住，占比为 22.8%，排名第三的则是因子女教育购买学区房，占比为 22.6%。产生这样的差异，原因之一是：部分本地农民工因就业地点就在当地城镇，原来就有自己的住房，城镇就业后积累一定资金会选择购买新房改善居住环境；而部分外地农民工离开家乡，迁移到当前居住城镇就业之前，在当地没有属于自己的住房，因此新购住房"落地生根"。

表 7-45　2019 年农民工家庭计划新购住房目的　　　　单位：%

购房目的	全样本	本地农民工	外地农民工
以前没有房子，用于居住	8.6	3.9	22.8
结婚/分家/为子女购房	48.2	53.5	32.3
换房（改善当前居住环境）	13.0	11.6	17.0
子女教育，购买学区房	23.5	23.9	22.6
自有住房离工作地太远	1.4	1.4	1.4
拆迁征收	0.5	0.7	0.2
用于投资，比如出租或出售	0.5	0.6	0.4
用于养老/度假	1.9	2.0	1.6
其他	2.4	2.4	1.7

对于未来新购住房的位置选择，全样本中有 85.8% 选择在地级市购买住房，89.5% 的本地农民工、74.9% 的外地农民工计划在地级市购买住房。具体位置来看，全样本中选择在县城购房的占比 42.3%，在市区购房的占比 40.4%。对于本地农民工来说，县城购房是首选，占比 45.4%，其次是在市区购房，占比 35.6%。但对于外地农民工来说，市区购房是首选，占比高达 54.9%，其次是在县城购房，占比 33.0%。农民工更倾向于在市区、县城购房，目的之一可能是为了能享受更好的就业、医疗卫生、教育、休闲等方面的资源（见表 7-46）。

表 7-46　2019 年农民工家庭计划新购住房地点　　　　单位：%

购房地点	全样本	本地农民工	外地农民工
市区	40.4	35.6	54.9
县城	42.3	45.4	33.0
镇区或街道	8.5	8.6	8.3
村庄或社区	8.8	10.4	3.8

表 7-47、表 7-48 统计了农民工家庭未来新购住房的资金计划。本地农民工预计购房总金额均值为 637999.8 元,略低于总体均值,外地农民工预计购房总金额均值为 902561.9元,高出总体均值近 20 万元,可能与半数外地农民工计划在市区购房有关。此外,预计为购房储蓄的总金额、年度储蓄金额、年度专项储蓄金额,都呈现出本地农民工均值略低于总体均值,外地农民工均值高于总体均值的情况,这都可能与半数外地农民工计划在市区购房需要储蓄更多的购房资金有关。

表 7-47   2019 年农民工家庭计划新购住房资金平均值   单位:元

购房资金平均值	购房资金总额	购房储蓄金额	每年储蓄金额	每年专项储蓄金额
总样本平均值	703750.7	354983.8	57030.5	52640.9
本地农民工平均值	637999.8	314829.3	50922.0	42529.0
外地农民工平均值	902561.9	442601.4	76220.6	83075.8

表 7-48   2019 年计划为新购住房积累资金的农民工家庭   单位:个

样本分类	为购房积累资金的样本	为购房进行储蓄的样本	为购房每年储蓄的样本	为购房每年专项储蓄的样本
总样本	9585	7087	2409	4310
本地农民工	7061	5186	1715	3149
外地农民工	2524	1899	694	1160

未来新购住房的资金来源,无论是对全样本来说,还是对本地农民工、外地农民工来说,排名前三的资金来源均是自有储蓄、银行贷款和亲友无息借款(见表 7-49)。

表 7-49   2019 年农民工家庭计划新购住房资金来源   单位:%

购房资金来源	全样本	本地农民工	外地农民工
自有储蓄	77.8	78.0	77.1
卖房资金	6.7	6.4	7.4
亲友赠与	2.3	2.2	2.5
亲友无息借款	33.8	36.0	27.4
银行贷款	48.4	46.2	55.3
拆迁补偿	2.6	2.9	1.4
民间借款	1.9	2.0	1.9
首付贷	10.7	11.3	8.9
其他	1.3	1.3	1.2

注:购房资金来源渠道可多选。

7.2.7 农民工健康与社会保障

(1)农民工的自评健康情况

表7-50给出了农民工自评健康的情况。从全样本来看,共有58.3％的农民工认为自身健康状况为"好"或"非常好",而自评健康为"不好"或"非常不好"的农民工比例仅为10.4％,这说明从整体上而言,农民工的健康状况是比较乐观的。分地区来看,东部地区农民工的自评健康状况最好,其评价为"好"或"非常好"的比例共计60.9％;中部和西部地区农民工的健康状况相近,略次于东部地区;东北地区的农民工健康状况相对特殊,自我评价为"非常好"与"非常不好"的比例皆为最高。

表7-50　2019年农民工自评健康情况　　　　　　　　　单位:％

自评健康	全样本	东部	中部	西部	东北
非常好	20.0	21.4	19.4	16.2	24.8
好	38.3	39.5	36.0	40.2	29.8
一般	31.1	30.5	32.5	30.9	31.6
不好	8.4	6.8	9.6	10.3	9.7
非常不好	2.0	1.8	2.5	2.4	4.1

如表7-51所示,可以发现不同分化程度的农民工自评健康有着显著差异,非农户家庭农民工的自评健康状况最好,兼业农户农民工次之,纯农户家庭农民工的自评健康状况最差。这反映了农民工自身状况与其脱离农业生产的程度有关,一方面可能说明离农的农民工更加关注自身的健康状况,另一方面也可能体现出人力资本更高的农民从农业产业流向非农产业。

表7-51　2019年不同分化程度农民工自评健康情况　　　　　单位:％

自评健康	纯农户	一兼农户	二兼农户	非农户
非常好	16.1	27.9	21.5	20.4
好	29.1	27.2	35.8	39.5
一般	35.0	38.2	32.0	30.8
不好	15.0	4.7	8.4	7.4
非常不好	4.8	2.0	2.3	1.9

接下来进一步分区域来看(见图7-17)。从区域内部比较来看,非农户和一兼农户、二兼农户的农民工的自评健康状况普遍好于纯农户家庭的农民工,例如在中部地区非农户家庭、一兼农户家庭和二兼农户家庭的农民工自评健康状况为"好"或"非常好"的占比分别比纯农户家庭农民工的自评健康高出14.7、9.9和12.1个百分点。从区域之间比较来看,同一分

化程度的农民工,其自评健康在区域之间同样存在显著差异,例如非农户家庭农民工的自评健康状况为"一般"及以上的比例在东部地区最高,达到 92.1%,分别比中部地区、西部地区和东北地区高出 2.8、2.8 和 4.3 个百分点。

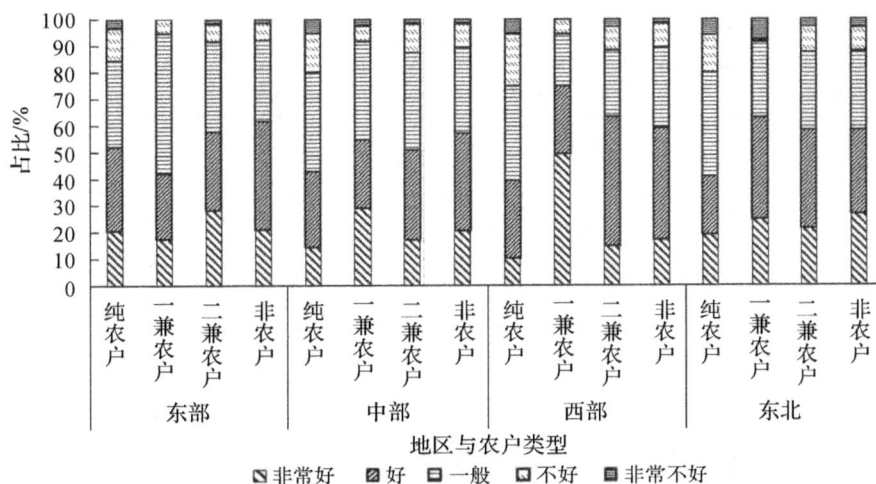

图 7-17　2019 年分区域不同分化程度农民工自评健康情况

图 7-18 显示了农民工自评健康的性别差异。首先,从区域内部性别之间的比较来看,男性的自评健康状况普遍优于女性,其原因可能在于两方面:一是男性农民工更有可能从事高危工作,对身体健康的需求标准较高;二是女性农民工的身体健康状况在家庭决策中存在一定程度的忽视,需要社会力量的进一步关怀。其次,从地区分布来看,无论男性农民工还是女性农民工,东部地区农民工自评健康最为乐观,例如女性农民工的自评健康状况为"好"或"非常好"的比例在东部地区为 59.0%,分别比中部地区、西部地区和东北地区高出 6.5、4.8 和 6.0 个百分点。

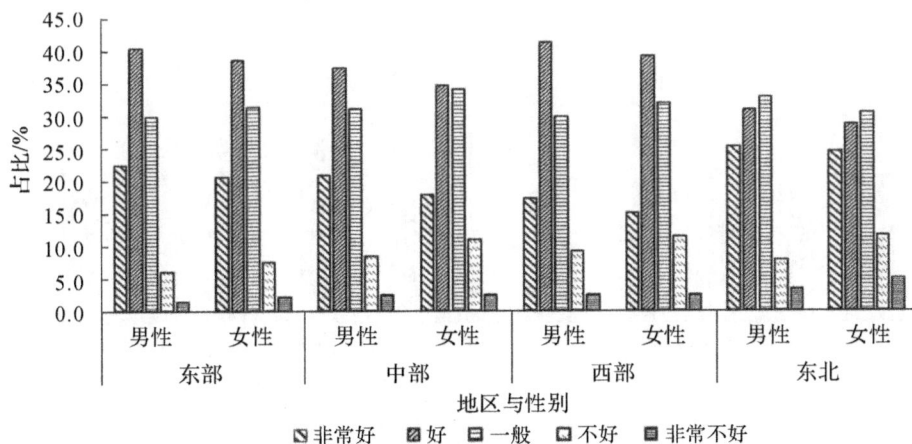

图 7-18　2019 年分区域不同性别农民工自评健康情况

如表 7-52 所示,不同年龄阶段的农民工自评健康状况存在差异。从自评健康在全样本中依年龄的分布来看，30周岁及以下的农民工群体自评健康状况最好，其健康状况自我评价为"好"或"非常好"的比例共计为79.3％，分别比31—50周岁、50周岁以上的农民工群体高出24.0和45.6个百分点。总体上，农民工的自评健康状况随着年龄的增加而不断下降。

表7-52　2019年农民工自评健康的年龄差异　　　　　单位：％

健康状况	30周岁及以下	31—50周岁	50周岁以上
非常好	29.0	18.1	10.3
好	50.3	37.2	23.4
一般	18.6	36.9	41.4
不好	1.8	6.6	19.0
非常不好	0.3	1.2	5.9

接下来进一步分区域来看（见图7-19）。从区域内部的自评健康分布来看，无论是哪个区域，农民工的自评健康状况均随着年龄阶段的增加而下降，例如在西部地区，30周岁及以下、31—50周岁、50周岁以上的农民工自评健康为"好"或"非常好"的比例分别为77.2％、50.3％和31.6％。从区域之间的对比来看，东部地区的农民工自评健康状况最好，例如30周岁及以下的农民工群体，其自评健康为"好"或"非常好"的比例在东部地区为81.4％，分别比中部地区、西部地区、东北地区高出4.3、4.2、1.3个百分点。

值得额外关注的是，50周岁以上农民工的身体健康状况较差，在东部地区、中部地区、西部地区和东北地区50周岁以上农民工的自评健康为"不好"或"非常不好"的比例分别为20.6％、29.8％、29.0％、31.9％，远远高于其他年龄组，这深刻地反映了老一代农民为经济发展付出了极大的健康成本，也进一步提醒我们要严格落实劳动者权益保护政策，切实保障农民工的合法权益。

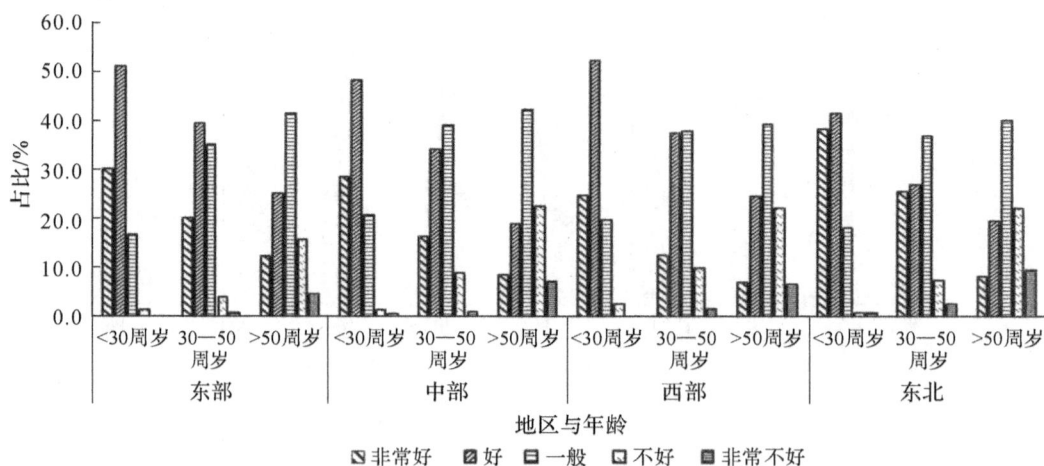

图7-19　2019年分区域农民工自评健康的年龄差异

（2）农民工的养老保险覆盖情况

表 7-53 给出了农民工与农村居民参与养老保险的情况。首先来看农民工的养老保险覆盖情况。就全样本而言，有 67.9% 的农民工参与了养老保险，具体来说农民工的主要养老保险参与方式为社会养老保险，离退休金及其他养老方式占比仅为 3.2%；就地区分布而言，东部地区农民工的养老保险覆盖率最高，为 71.8%，分别比中部地区、西部地区和东北地区高出 1.9、9.7、26.6 个百分点。

表 7-53 2019 年农民工与农村居民养老保险覆盖情况（按地区） 单位：%

样本区域		养老保险覆盖率	社会保险覆盖率	离退休金覆盖率	其他
全样本	农村居民	71.8	69.3	1.0	1.5
	农民工	67.9	64.7	1.7	1.5
东部	农村居民	74.2	71.3	1.3	1.6
	农民工	71.8	68.3	1.9	1.6
中部	农村居民	74.3	72.5	0.9	0.9
	农民工	69.9	67.6	1.1	1.2
西部	农村居民	71.2	68.6	0.9	1.7
	农民工	62.1	58.0	1.9	2.2
东北	农村居民	54.5	52.4	1.1	1.0
	农民工	45.2	42.3	2.0	0.9

其次来看农民工养老保险与农村居民养老保险的对比情况。从全样本来看，农民工的养老保险覆盖率比农村居民低 3.9 个百分点，主要原因在于农民工的社会养老保险覆盖率低于农村居民，而农民工的离退休金的覆盖率要比农村居民高出 0.7 个百分点；从区域分布来看，所有地区的农民工养老保险参与率均低于农村居民，例如东北地区有 54.8% 的农民工没有参与养老保险，比农村居民的未参保率高出 9.3 个百分点。综合上述分析可以看出，农民工的养老保险覆盖情况要比农村居民更差，其原因为社会养老保险覆盖率较低，这充分说明我国农民工的养老保险状况很不乐观，进一步也反映出对于农民工而言以社会保障替代土地保障的路还很长。

从表 7-54 可以看出，不同分化程度的农民工养老保险覆盖情况有所差异。非农户家庭的农民工中没有参与养老保险的比例为 32.0%，远高于纯农户家庭和二兼农户家庭的农民工没有参保的比例。无论是何种分化程度，社会养老保险仍然是最为主要的养老保险参与方式，而非农户家庭农民工与其他农民工相比，在社会养老保险覆盖率上偏低，在离退休金覆盖率上较为乐观。

表 7-54　　2019 年不同分化程度农民工养老保险覆盖情况　　　　　单位：%

分化程度	养老保险覆盖率	社会保险覆盖率	离退休金覆盖率	其他
纯农户	71.1	68.4	0.9	1.8
一兼农户	62.3	62.2	0.0	0.1
二兼农户	74.4	69.7	1.7	3.0
非农户	68.0	64.5	1.8	1.7

　　进一步分区域来看不同分化程度的农民工养老保险覆盖情况（见表 7-55）。首先，就区域内部而言，非农户家庭农民工参与养老保险的比例普遍低于其他家庭的农民工，例如西部地区非农户家庭农民工的养老保险覆盖率为 60.8%，比纯农户、一兼农户、二兼农户分别低6.5、22.6、2.9 个百分点。其次，就不同区域间比较而言，东北地区农民工的养老保险覆盖率最低，其纯农户、一兼农户、二兼农户和非农户家庭农民工的养老保险覆盖率分别为52.2%、29.0%、55.8% 和 43.8%。

表 7-55　　2019 年分地区不同分化程度农民工养老保险覆盖情况　　　　　单位：%

样本区域		养老保险覆盖率	社会保险覆盖率	离退休金覆盖率	其他
东部	纯农户	70.8	68.0	1.1	1.7
	一兼农户	73.2	73.2	0.0	0.0
	二兼农户	79.9	72.3	2.1	5.5
	非农户	72.3	68.9	2.0	1.4
中部	纯农户	81.9	80.0	0.8	1.1
	一兼农户	54.6	54.6	0.0	0.0
	二兼农户	80.5	78.8	0.1	1.6
	非农户	68.9	66.4	1.3	1.2
西部	纯农户	67.3	64.4	0.8	2.1
	一兼农户	83.4	82.9	0.0	0.5
	二兼农户	63.7	60.5	2.2	1.0
	非农户	60.8	56.5	2.0	2.3
东北	纯农户	52.2	49.0	1.0	2.2
	一兼农户	29.0	29.0	0.0	0.0
	二兼农户	55.8	51.8	4.0	0.0
	非农户	43.8	40.6	2.3	0.9

　　图 7-20 显示了农民工与农村居民参与社会养老保险的时间分布。首先从时间维度来看，无论是农民工，还是农村居民，新型农村社会养老保险的比例都在逐渐下降，城镇职工基

164

本养老保险和城乡统一居民社会养老保险的比例都在逐年增加。其次从农民工与农村居民的对比来看,农民工参与城镇养老保险的比例更高,例如 2019 年农民工参与城镇职工基本养老保险和城镇居民社会养老保险的比例分别为 23.0％和 6.5％,分别比农村居民高出16.2、4.6 个百分点。

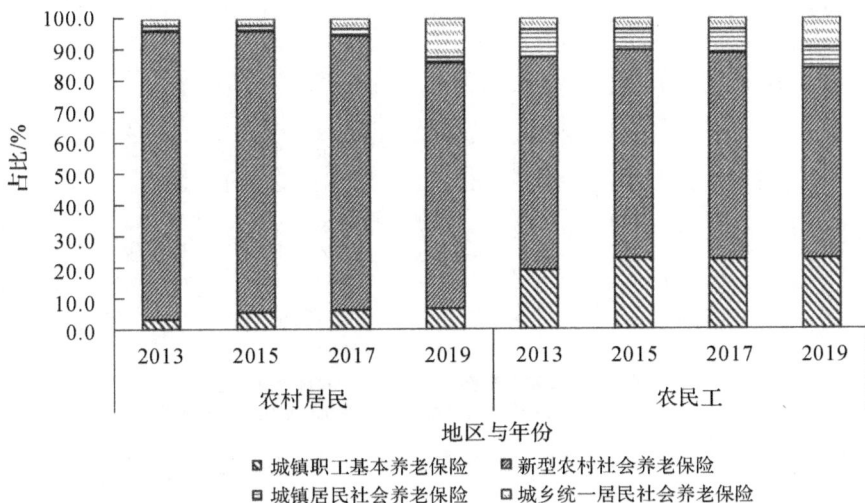

图 7-20　2013—2019 年农民工与农村居民社会养老保险的构成情况

　　如表 7-56 所示,不同分化程度的农民工参与社会养老保险的种类分布类似。可以发现,无论是何种分化程度,新型农村社会养老保险均为农民工最主要的社会养老保险参与方式。就城镇职工基本养老保险和城镇居民社会养老保险而言,非农户家庭农民工的参与比例最高,其参与城镇职工基本养老保险和城镇居民社会养老保险的比例分别为 27.6％和6.8％,这两项之和要高于其他三类家庭的农民工参与比例。综合来看可以发现,不从事农业生产的农民工在社会养老保险方面已经逐步向城镇居民靠近,但是仍然保留着较大的农村社会养老保险比重,他们融入城市的程度有待进一步加强。

表 7-56　2019 年不同分化程度农民工的社会养老保险构成情况　　　　　　单位:％

社会养老保险类别	全样本	纯农户	一兼农户	二兼农户	非农户
城镇职工基本养老保险	23.7	5.0	10.9	6.3	27.6
新型农村社会养老保险	60.3	74.0	52.2	76.4	57.3
城镇居民社会养老保险	6.6	3.3	20.4	6.8	6.8
城乡统一居民社会养老保险	9.4	17.7	16.5	10.5	8.3

　　从区域内部来看(见图 7-21),非农户家庭农民工参与城镇职工基本养老保险的比例远高于纯农户与兼业农户家庭农民工的参与比例,例如在东部地区,非农户家庭农民工参与城镇职工基本养老保险的比例为 33.6％,比纯农户、一兼农户和二兼农户分别高出 25.9、

30.3、25.2 个百分点。从区域之间的对比来看,东部地区农民工参与新型农村社会养老保险的比例较低,而东北地区农民工参与城乡统一居民社会养老保险的比例较高。

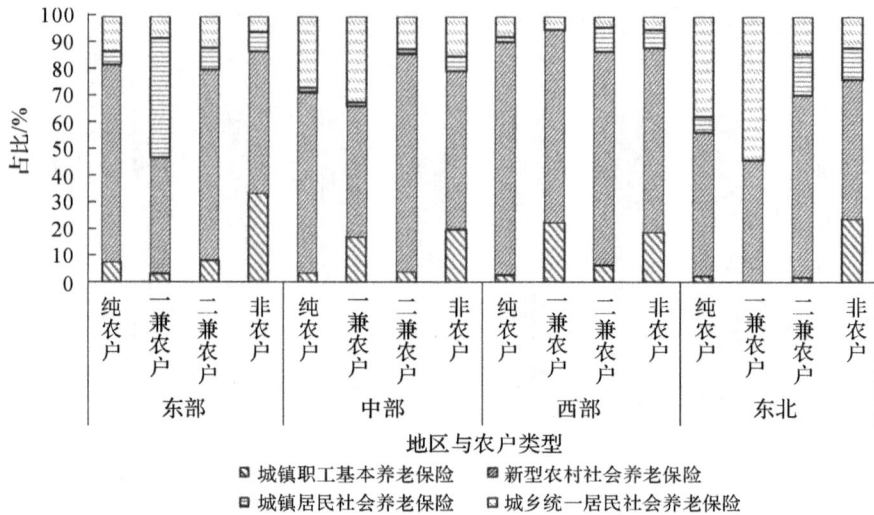

图 7-21　2019 年分地区不同分化程度农民工的社会养老保险构成情况

从表 7-57 可以发现,就城镇职工基本养老保险而言,"90 后"农民工参与城镇职工基本养老保险的比例最高,为 54.4%,"80 后"次之,为 37.2%,老一代农民工参与比例最低,为 15.1%。就新型农村社会养老保险而言,老一代农民工的参与比例最高,为 67.7%,"80 后"农民工次之,为 47.7%,"90 后"农民工参与比例最低,为 36.1%,这反映出新生代农民工融入城市的程度更高,尤其是"90 后"农民工,其参与城镇职工基本养老保险的比例已经比参与新型农村社会养老保险的比例高出 16.6 个百分点。就城镇居民社会养老保险而言,老一代、"80 后"和"90 后"农民工参与城镇居民社会养老保险的比例分别为 6.6%、7.7% 和 3.8%,"90 后"农民工参与城镇居民社会养老保险的比例最低,这可能是由于"90 后"农民工进入城镇工作不久,还没有来得及更加广泛地参与到城镇居民的养老保险当中。

表 7-57　2019 年农民工社会养老保险构成情况的代际差异　　　　　　　　　单位:%

养老方式	全样本	老一代	"80 后"	"90 后"
城镇职工基本养老保险	23.1	15.1	37.2	54.4
新型农村社会养老保险	60.9	67.7	47.7	36.1
城镇居民社会养老保险	6.5	6.6	7.7	3.8
城乡统一居民社会养老保险	9.5	10.6	7.4	5.7

由图 7-22 可知,在区域内部,"80 后""90 后"农民工参与城镇职工基本养老保险的比例同样高于老一代农民工的参与比例,例如在东部地区和东北地区,城镇职工基本养老保险已经成为"90 后"最主要的养老保险类型。在区域之间,东部地区和东北地区的农民工离农趋

势更明显,例如东北地区老一代农民工参与新型农村社会养老保险的比例为 62.9%,比中部
地区和西部地区分别低 6.3、14.6 个百分点,而与东部地区的 63.9% 的参与率相差不大。

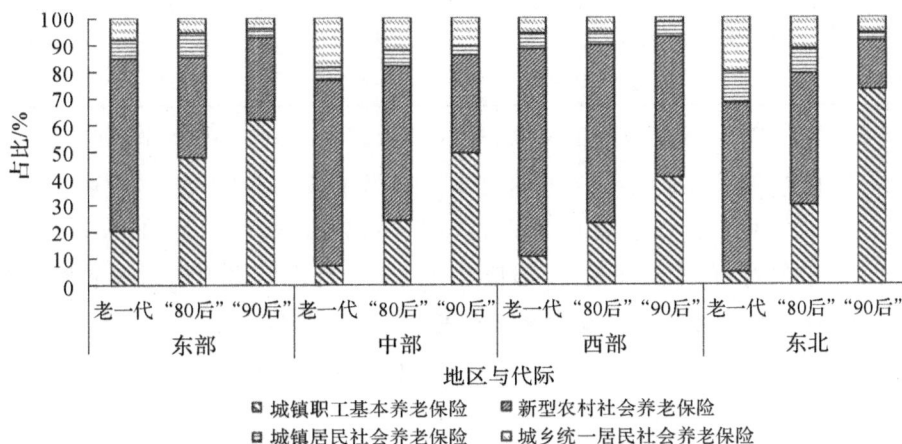

图 7-22　2019 年分地区农民工社会养老保险构成情况的代际差异

(3)农民工社会养老保险的缴费和领取金额

表 7-58 给出了农民工社会养老保险个人缴费和领取情况的样本平均值。从全样本来
看,农民工平均每年缴费为 1062.3 元,每年领取 6768.1 元。从不同地区来看,东部地区缴
费最多,达到了 1297.6 元/年,其次是西部地区 1163.7 元/年和东北地区 1038.5 元/年,中
部地区缴费最少,为 646.4 元/年。除东北地区外,养老保险缴费与领取金额有着相同的趋
势,即缴费越多领取金额越多,东部地区的农民工每年领取金额为 7869.2 元,西部地区次
之,每年领取 5484.1 元,中部地区养老保险领取额最低,每年仅为 4532.8 元。东北地区较
为特殊,其领取金额达到了 8134.61 元/年。

表 7-58　2019 年农民工社会养老保险个人缴费和领取金额比较　　　　单位:元/年

养老保险	全样本	东部	中部	西部	东北
缴费	1062.3	1297.6	646.4	1163.7	1038.5
领取	6768.1	7869.2	4532.8	5484.1	8134.6

如表 7-59 所示,纯农户家庭农民工每年缴费 510.4 元、领取 4936.5 元,非农户家庭农民
工每年缴费 1152.1 元、领取 7664.9 元。由于一兼农户家庭农民工样本量较少,故此处仅以
二兼农户作为兼业家庭农民工的分析对象,对于二兼农户而言,其缴费高于纯农户家庭农民
工、低于非农户家庭农民工,但其领取金额比两者都少,这可能反映了兼业农户家庭农民工
的社会养老保险水平较低且社会养老的成本较高。

表 7-59　　2019 年不同分化程度农民工社会养老保险个人缴费和领取金额　　　　单位：元/年

养老保险	全样本	纯农户	一兼农户	二兼农户	非农户
缴费	1062.3	510.4	3247.4	782.2	1152.1
领取	6768.1	4936.5	1247.9	3263.2	7664.9

从图 7-23 可以发现，从区域内部来看，非农户家庭的农民工社会养老保险的缴费和领取金额都较高，例如在西部地区，非农户家庭农民工每年缴费 1403.6 元、领取 6780.1 元，分别比纯农户家庭农民工和二兼农户家庭农民工高出 1036.9 元、3352.3 元和 599.1 元、4425.1 元。从区域之间的对比来看，东部地区农民工的社会养老保险缴费和领取金额普遍高于其他地区，例如东部地区的纯农户家庭农民工平均每年领取 5943.3 元，比中部地区、西部地区和东北地区分别高出 1047.4 元、2515.5 元和 11423.0 元。

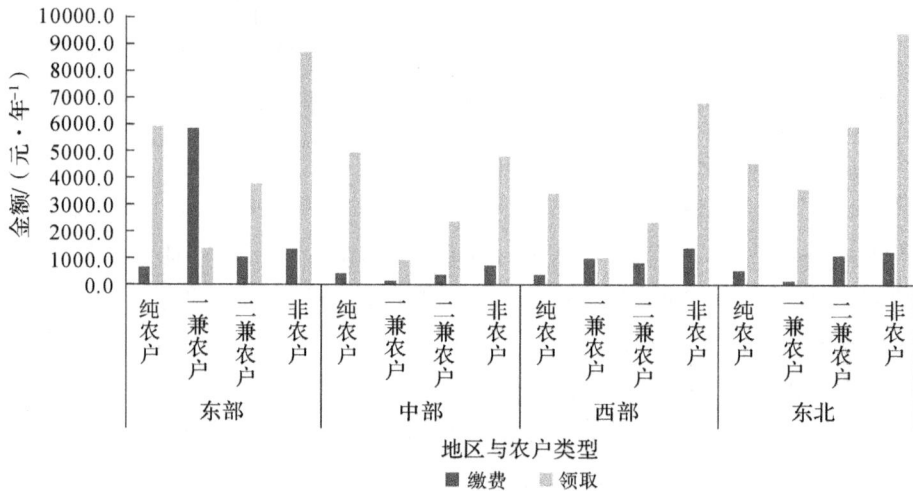

图 7-23　2019 年分地区不同分化程度农民工社会养老保险个人缴费和领取金额

（4）农民工的社会医疗保险覆盖情况

农民工社会医疗保险覆盖情况如图 7-24 所示，农民工社会医疗保险覆盖率的全样本均值为 88.8%，分地区来看，中部地区农民工参与比例最高，为 91.2%，西部地区和东部地区农民工参与比例次之，分别为 90.2%、87.6%，东北地区农民工的社会医疗保险覆盖率最低，为 83.0%。总体而言，相对于社会养老保险的覆盖率，农民工社会医疗保险的覆盖情况更加乐观。

图 7-25 显示了不同分化程度农民工参与社会医疗保险的情况。从全样本角度来看，兼业农户家庭的农民工拥有更高的社会医疗保险参与率，全样本一兼农户和二兼农户家庭农民工参与社会医疗保险的比例分别为 93.2% 和 94.2%。从区域内部来看，一兼农户与二兼农户家庭农民工参与社会医疗保险的比例普遍高于纯农户和非农户，例如东部地区的二兼农户家庭农民工参与社会医疗保险的比例为 93.9%，比纯农户家庭和非农户家庭农民工分别高出 11.2 和 6.6 个百分点。从区域之间对比来看，中部地区和西部地区的农民工参与社

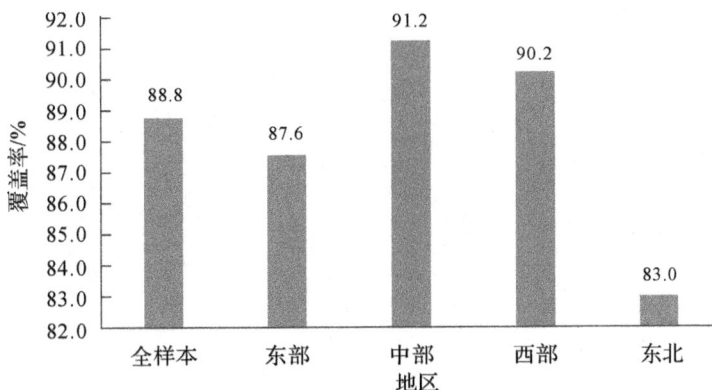

图 7-24 2019 年农民工社会医疗保险覆盖情况

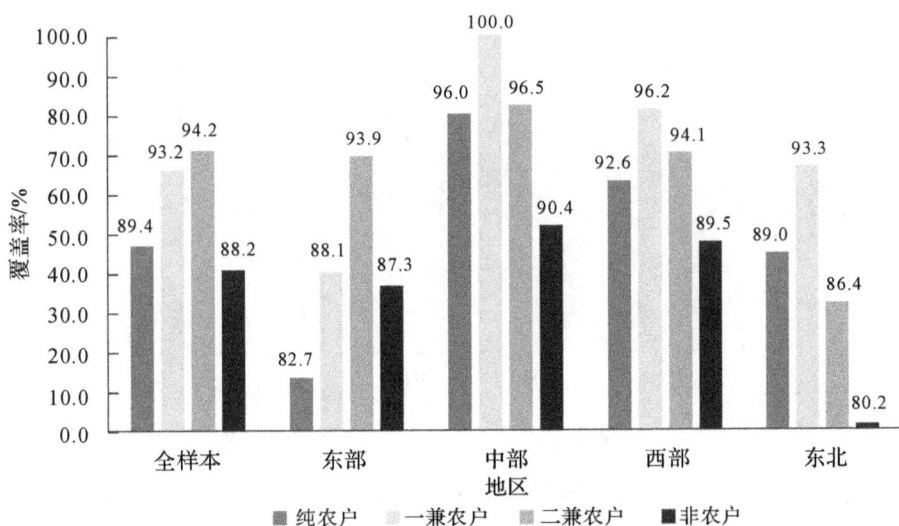

图 7-25 2019 年分地区不同分化程度农民工社会医疗保险覆盖情况

会医疗保险的比例更高,可能是由于该地区农民工从事的工作更加危险。

图 7-26 给出了不同地区区别本地与外地农民工的社会医疗保险参与情况。本地农民工是指在户籍所在乡镇地域以内从业的农民工,外地农民工是指在户籍所在乡镇地域以外从业的农民工。全样本中本地农民工参与社会医疗保险的比例为 90.3%,比外地农民工高出 4.6 个百分点。从各区域来看,本地农民工的社会医疗保险参与率皆高于外地农民工。2018 年以前外地农民工在外就医却需要返回原参保地报销医疗费用,从这个角度来看,外地农民工医疗报销的交易费用过高,从而可能影响其参保意愿。直到 2018 年 8 月外地农民工才被纳入跨省异地就医直接结算范围,由于政策效果具有一定的滞后性,所以在 2019 年外地农民工参与社会医疗保险的比例仍低于本地农民工。

从图 7-27 可知,全样本中农民工参与社会医疗保险的比例随着年龄的增加而增大,50 周岁以上的农民工参与社会医疗保险的比例为 92.5%,比 30 周岁及以下和 31—50 周岁的

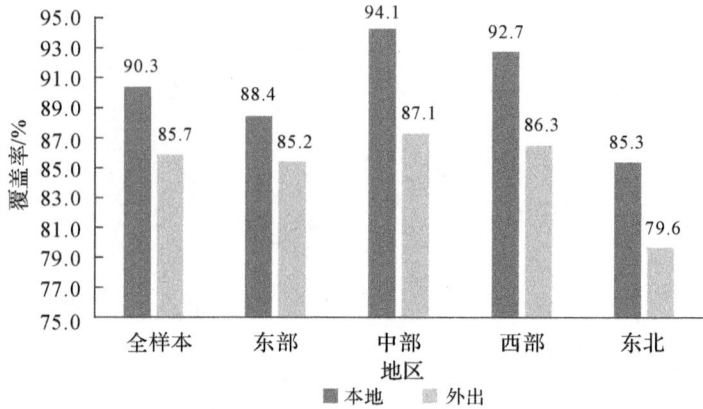

图 7-26　2019 年分本地外地农民工社会医疗保险覆盖情况

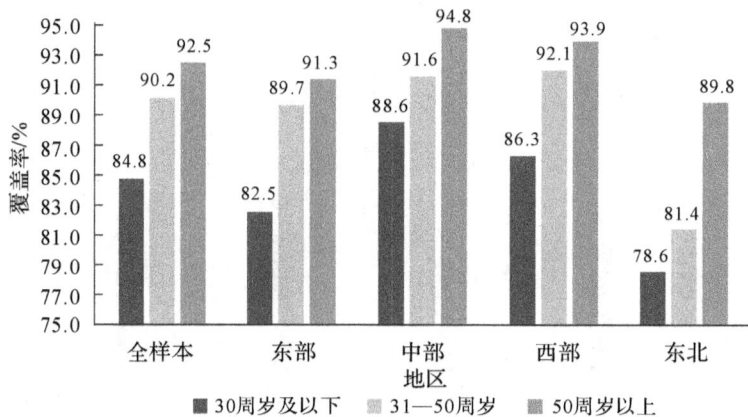

图 7-27　2019 年分地区不同年龄农民工社会医疗保险覆盖情况

农民工参保率分别高出 7.7 和 2.3 个百分点。从区域内部来看，农民工参与社会医疗保险的比例皆随年龄的增加而增加；从区域之间的对比来看，中部地区和西部地区农民工参保率相对较高，例如中部地区 31—50 周岁的农民工参与社会医疗保险的比例为 91.6％，比东部地区和东北地区分别高出 1.9、10.2 个百分点。

　　图 7-28 分析了性别视角下农民工的社会医疗保险覆盖情况。全样本层面，男性农民工参与社会医疗保险的比例比女性农民工略高，高出 0.3 个百分点；分地区来看，中部地区男性和女性农民工参加社会医疗保险的比例均为最高，分别为 91.4％和 91.0％；除东北地区外，东部、中部和西部地区的男性农民工社会医疗保险覆盖率均略高于女性。

　　如表 7-60 所示，2015—2019 年，农民工参与城镇职工基本医疗保险的比例从 8.7％上升到 11.8％；农民工参与城镇居民基本医疗保险的比例在 2015 年、2017 年、2019 年分别为 4.9％、7.5％、6.3％；农民工参与新型农村合作医疗保险的比例 2015 年、2017 年、2019 年分别为 86.1％、81.2％与 81.6％，整体呈下降趋势；参与公费医疗的农民工比例很低，2019 年农民工参与公费医疗的比例仅 0.3％。

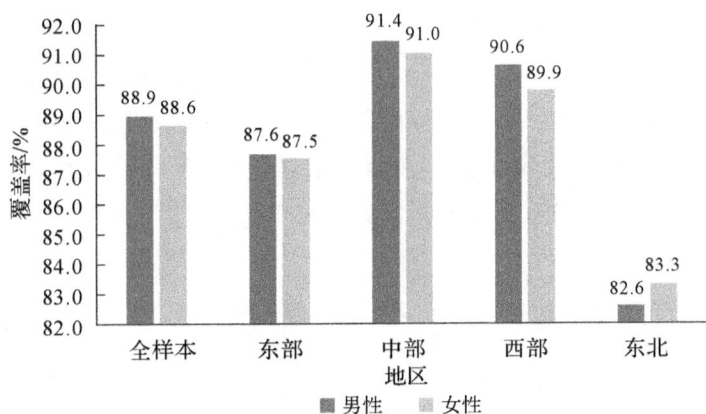

图 7-28　2019 年农民工社会医疗保险覆盖的性别差异

表 7-60　农民工社会医疗保险构成情况　　　　　　　　　　单位：%

医疗保险种类	2015 年	2017 年	2019 年
城镇职工基本医疗保险	8.7	10.9	11.8
城镇居民基本医疗保险	4.9	7.5	6.3
新型农村合作医疗保险	86.1	81.2	81.6
公费医疗	0.3	0.4	0.3

表 7-61 给出了不同分化程度农民工参与社会医疗保险的种类分布情况。从全样本来看，新型农村合作医疗保险是农民工最主要的医疗保险类型，总占比达到 66.2%，分别比参与城镇职工基本医疗保险、城镇居民基本医疗保险和城乡居民基本医疗保险高出 56.1、60.8和 59.5 个百分点。从不同分化程度家庭的内部来看，新型农村合作医疗保险仍然是农民工最主要的社会医疗保险，例如二兼农户家庭农民工参与新型农村合作医疗保险的比例达到了 83.2%。从不同分化程度家庭之间的对比来看，非农户参与城镇职工基本医疗保险、城镇居民基本医疗保险的比例明显更高，反映出非农户家庭农民工融入城市的可能性更高。需要特别指出的是，不同分化程度的农民工参与公费医疗的比例都很低。

表 7-61　2019 年不同分化程度农民工社会医疗保险构成情况　　　　单位：%

医疗保险种类	全样本	纯农户	一兼农户	二兼农户	非农户
城镇职工基本医疗保险	10.1	1.4	1.9	3.0	11.7
城镇居民基本医疗保险	5.4	2.0	14.7	1.6	6.0
新型农村合作医疗保险	66.2	74.9	68.3	83.2	64.0
城乡居民基本医疗保险	6.7	10.7	7.9	6.4	6.3
公费医疗	0.3	0.3	0.4	0.0	0.3
无社会医疗保险	11.3	10.7	6.8	5.8	11.7

进一步分析各区域内部不同分化程度农民工社会医疗保险分布（见图7-29）。总体来看，在区域层面上，以新型农村合作医疗保险作为主要医疗保障方式的农民工比例最高；非农户家庭农民工参与城镇职工基本医疗保险的比例在东部地区最高，为14.9％，在中部地区和东北地区居中，分别为8.4％和8.2％，在西部地区最低，为7.8％；在各区域内部，以城镇职工医疗保险作为医疗保障方式的非农户家庭农民工比例远高于纯农户家庭农民工和兼业农户家庭农民工的比例。

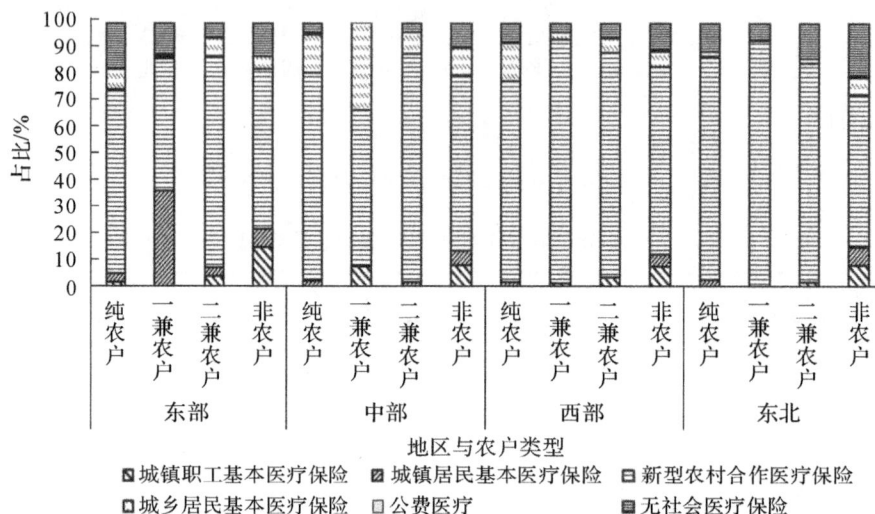

图7-29　2019年分区域不同分化程度农民工社会医疗保险构成情况

如图7-30所示，农民工社会医疗保险种类分布存在较为显著的代际差异。与老一代农民工相比，新生代农民工参与新型农村合作医疗保险的比例存在下降趋势，老一代农民工为71.8％，"80后"农民工为58.8％，"90后"农民工为54.4％；在城镇职工基本医疗保险方面，老一代、"80后"和"90后"农民工的参与率分别为8.3％、19.9％和20.8％，可以看出随着农民工年龄的增长有明显的上升趋势。综合来看，"80后"和"90后"农民工在社会医疗保险参与方面与城镇居民更加接近，离农的倾向越来越大。

（5）农民工参与大病医疗保险的情况

大病医疗保险是指在基本社会医疗保险基础上为被保险者购买的补充大病医疗保险，原则上，参加了城镇职工基本医疗保险、城镇居民基本医疗保险、新型农村合作医疗保险和城乡居民基本医疗保险的个人都会一起购买大病医疗保险，且不用再自付保费（新型农村合作医疗保险和城乡居民基本医疗保险由其医保基金出，城镇职工基本医疗保险由单位缴费）。

2019年农民工大病医疗保险基本情况如表7-62所示，从全样本来看，仅有21.0％的农民工参与了大病医疗保险；东部地区农民工参与大病医疗保险的比例最高，为22.3％，分别比中部地区、西部地区和东北地区高出0.4、3.1、11.0个百分点。由于大病医疗保险不需要额外支出保费，所以在一定程度上说，农民工的参与比重可能反映的是其对大病医疗保险的了解程度。

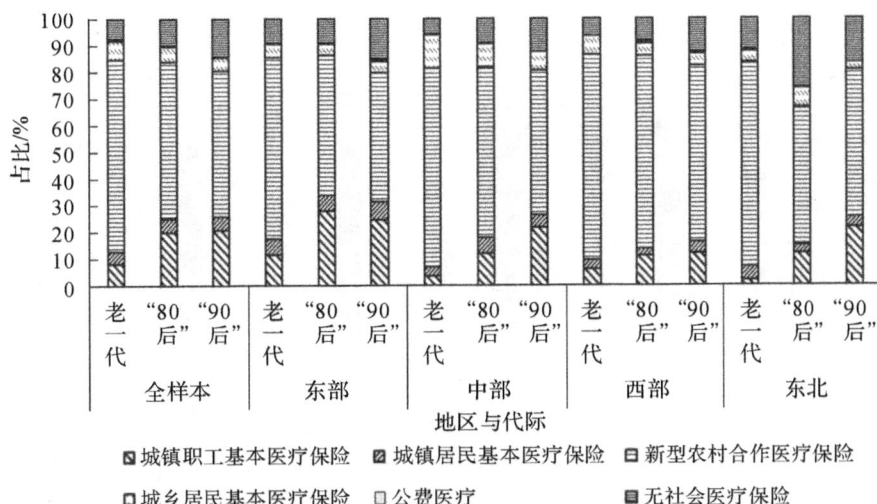

图 7-30 2019 年分区域农民工社会医疗保险构成情况的代际差异

需要特别说明的是,与 2017 年的数据相比,2019 年农民工参与大病医疗保险的比例大幅度提升,其原因可能来自两个方面:第一,2017 年 10 月党的十九大提出要"完善统一的城乡居民大病保险制度",故在 2017 年后大病医疗保险制度逐步完善、宣传范围逐步扩大,农民工对大病医疗保险的了解程度不断加深;第二,2019 年调查时,不再将大病医疗保险作为选项出现,而是单独设置了问题,这在一定程度上可能会影响到农民工的回答。

表 7-62　2019 年农民工大病医疗保险基本情况　　　　　　　　　　　　单位:%

大病医疗保险	全样本	东部	中部	西部	东北
有	21.0	22.3	21.9	19.2	11.3
没有	79.0	77.7	78.1	80.8	88.7

图 7-31 给出了不同分化程度的农民工大病医疗保险覆盖情况。可以看出非农户家庭的农民工普遍比纯农户家庭农民工的参与率高,例如,在全样本中非农户家庭农民工比纯农户家庭农民工的参与率高出 4.6 个百分点。

(6)农民工的住房公积金情况

如表 7-63 所示,全样本中拥有住房公积金的农民工占比仅为 11.4%,非农户家庭农民工拥有住房公积金的比例为 12.1%,分别比纯农户家庭农民工和二兼农户家庭农民工的拥有率高出 8.7、6.7 个百分点。这里一兼农户拥有住房公积金的比例异常,主要因为其样本量不足,使得其数据分布出现偏差。图 7-32 给出了 2011—2019 年农民工拥有住房公积金的比例变动趋势,可以看出其呈现出波动上升的趋势。

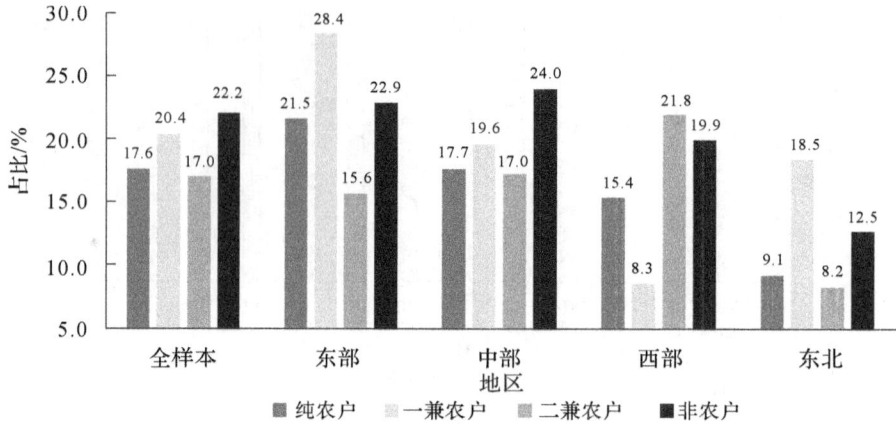

图 7-31 2019 年分地区不同分化程度农民工大病统筹基本情况

表 7-63 2019 年不同分化程度农民工住房公积金基本情况   单位：%

住房公积金	全样本	纯农户	一兼农户	二兼农户	非农户
有	11.4	3.4	14.1	5.4	12.1
没有	88.6	96.6	85.9	94.6	87.9

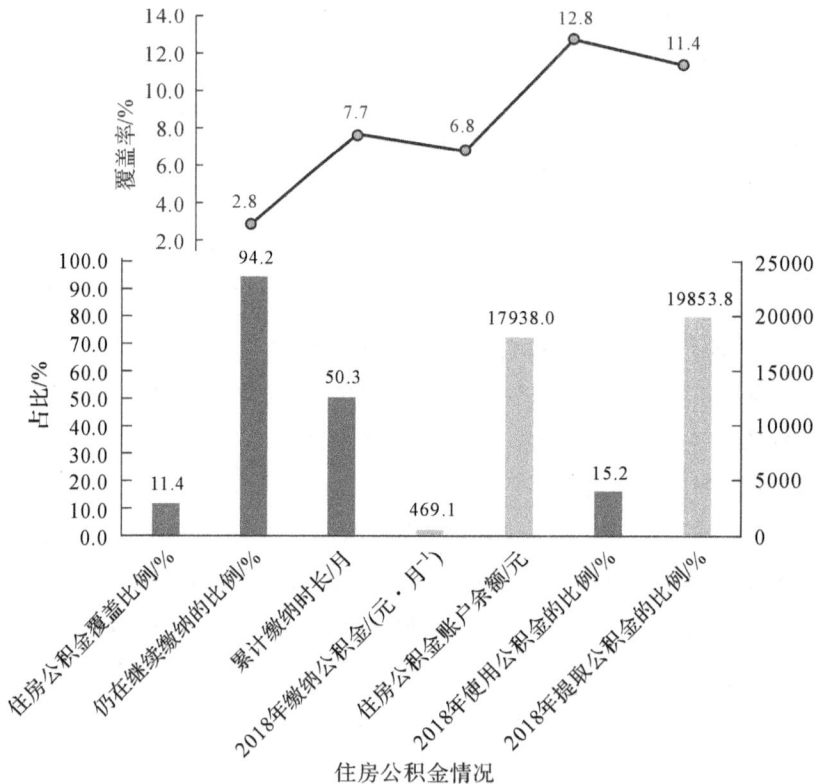

图 7-33 2019 年农民工住房公积金具体情况

图 7-33 给出了 2019 年农民工住房公积金的具体情况。从全样本来看,拥有住房公积金的农民工有 94.2% 仍在继续缴纳,累计缴纳时长为 50.3 个月,2018 年平均每月缴纳公积金 469.1 元,全样本住房公积金余额为 17938.0 元,提取公积金的比例为 15.2%,平均提取 19853.8 元。

从图 7-34 可以看出,在全样本中,农民工提取住房公积金的原因主要为买房、付房租、偿还购房贷款本息和房子建造翻修,其占比分别为 36.2%、18.1%、18.0% 和 7.1%。这充分反映了农民工具有较大的购房、租房压力。当然,拥有住房公积金的农民工比例与提取住房公积金的农民工比例都比较低,也说明了我国农民工在城市购房定居具有较大的难度。

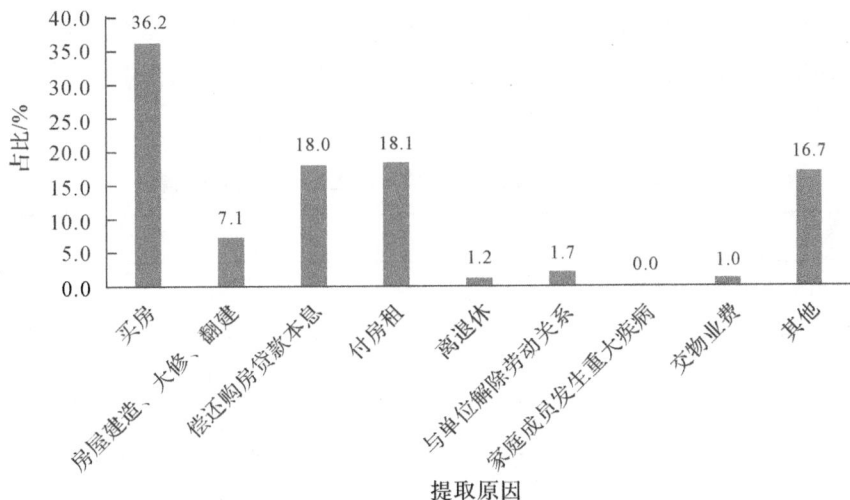

图 7-34　2019 年农民工提取住房公积金的原因

(7)农民工购买商业保险的情况

从表 7-64 可以看出,我国农民工商业保险投保率较低。从全样本层面来看,88.2% 的农民工没有购买任何商业保险,拥有商业人寿保险的农民工占比为 4.7%,拥有健康保险的农民工比例为 4.6%,其他类型的商业保险投保率则为 2.5%。从地区层面来看,东部地区的投保率相对更高,有 13.6% 的农民工购买商业保险,其中人寿保险投保率为 5.5%、健康保险投保率为 5.4%、其他保险投保率为 2.7%;中部和西部次之;东北地区的农民工投保率最低,91.4% 的农民工没有购买任何商业保险,仅有 3.0% 的农民工拥有人寿保险,3.5% 的农民工拥有健康保险,2.0% 的农民工拥有其他保险。商业保险投保率偏低,一方面可能是由于农民工群体获取信息的能力不足,对商业保险的理解程度较低;另一方面农民工群体的收入水平也在一定程度上限制了其购买商业保险的能力。

表 7-64　2019 年农民工商业保险投保情况　　　　　　　　　　　单位：%

商业保险类型	全样本	东部	中部	西部	东北
人寿保险	4.7	5.5	4.4	3.9	3.0
健康保险	4.6	5.4	3.9	3.6	3.5
其他保险	2.5	2.7	2.1	2.7	2.0
都没有	88.2	86.7	89.6	89.1	91.4

表 7-65 给出了不同分化程度农民工商业保险的投保情况。可以看出，非农户家庭农民工群体的商业保险投保率达到 13.1%，纯农户家庭农民工投保率为 6.3%，一兼农户和二兼农户农民工购买商业保险的比例分别为 16.3% 和 7.4%。整体而言，各类家庭农民工的投保率仍然较低。

表 7-65　2019 年不同分化程度农民工商业保险投保情况　　　　　单位：%

商业保险类型	纯农户	一兼农户	二兼农户	非农户
人寿保险	2.6	6.2	3.2	5.2
健康保险	1.6	10.1	1.8	5.3
其他保险	2.2	1.5	2.2	2.6
都没有	93.7	83.7	92.6	86.9

（8）农民工参与失业保险的情况

2019 年数据中参与失业保险的农民工样本与往年不同，往年是调查全部的农民工样本，而 2019 年则只调查那些参加了城镇社会养老保险且还没有退休的农民工或者参加了城镇职工基本医疗保险的农民工样本，因而与往年数据不具有可比性。

如表 7-66 所示，在全样本中，拥有失业保险的农民工样本为 53.2%，其中中部地区拥有失业保险的农民工比例最高，为 62.1%，东部地区拥有失业保险的农民工比例最低，为 50.5%。

表 7-66　2019 年农民工失业保险覆盖情况　　　　　　　　　　　单位：%

失业保险	全样本	东部	中部	西部	东北
有	53.2	50.5	62.1	53.9	61.8
没有	46.8	49.5	37.9	46.1	38.2

从图 7-35 可以看出，不同分化程度农民工所拥有失业保险的比例不同。在全样本中，拥有失业保险的非农户家庭农民工比例最高，为 54.7%，拥有失业保险的纯农户家庭农民工比例最低，为 13.6%，一兼农户和二兼农户家庭农民工参与失业保险的比例分别为 16.8% 和 41.7%。在不同区域内部，非农户家庭农民工参与失业保险的比例要显著高于纯农户家

庭农民工的参与比例,例如在西部地区,非农户家庭农民工参与失业保险的比例为 54.5%,比纯农户家庭高出 46.3%。这里需要特别注意的是兼业农户的样本量和东北地区的样本量不足,故数据在兼业农户和东北地区出现了异常。

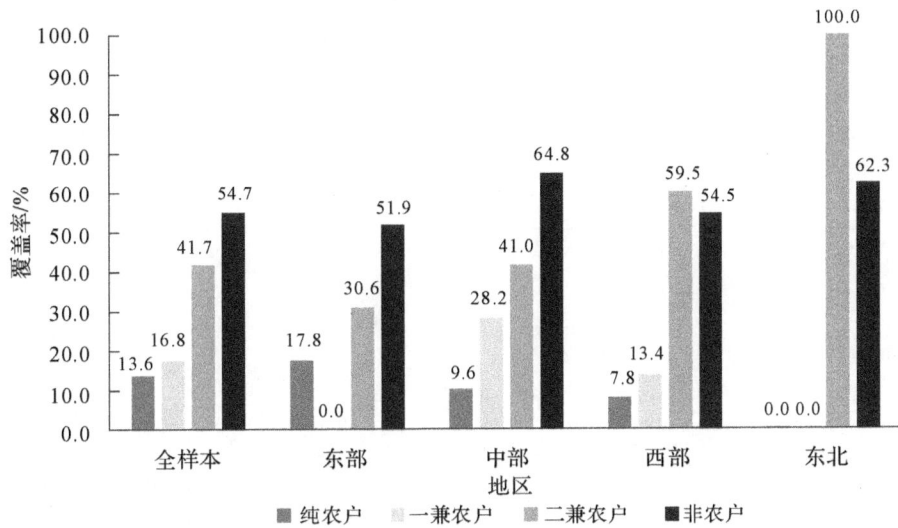

图 7-35   2019 年不同分化程度农民工失业保险覆盖情况

177

第四篇

农村家庭与公共服务

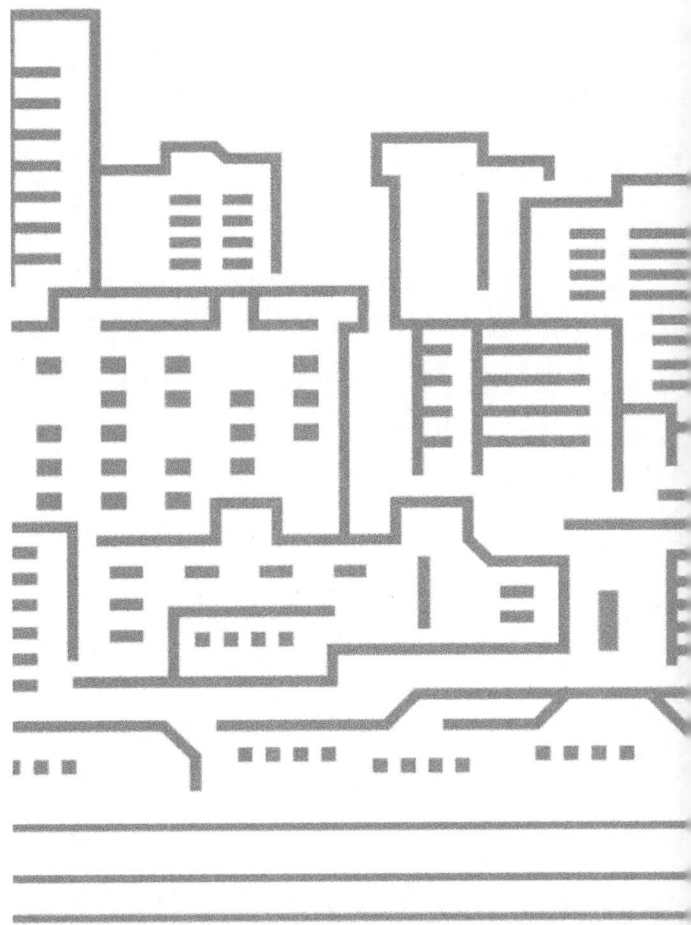

8 农村家庭社会保障

　　本章利用浙江大学中国农村家庭调查(CRHPS)数据,分析农村家庭居民参与社会保障的情况。研究发现,农村居民的养老保障参与情况依然不理想,有 36.5% 的农村居民无养老保障。参加医疗保险的农村居民比例较高,达到了 90.5%,其中 79.1% 的农村居民参加的是新型农村合作医疗保险。在参加新型农村合作医疗保险的农村居民中,有 54.7% 有医保个人账户。参加大病统筹的农村居民比例低,只有 18.3%,但相比于 2017 年有了较大幅度的提升。农村居民参加商业保险的比例也很低,94.9% 的农村居民没有参加任何商业保险,商业人寿保险的投保率为 2.5%,商业健康保险的投保率为 1.7%,其他类型的商业保险投保率为 0.1%。

　　本章进一步对比了不同分化程度的农村家庭的社会保障情况。分析发现,新型农村社会养老保险是农村覆盖率最高的社会养老保险的类型,占比 47.5%,纯农户家庭也能得到较好的保障。在按照农业收入占家庭总收入的标准划分出的不同分化程度家庭中,纯农户家庭有 47.3% 拥有新型农村社会养老保险,非农户家庭有 36.3% 拥有新型农村社会养老保险。不同分化程度家庭还在农村居民社会养老保险个人缴费和收入上存在明显差异。从社会养老保险个人缴费上看,非农户的缴费远高于其他家庭。就全国而言,纯农户家庭平均缴纳的费用是 352.1 元/年,非农户家庭平均缴纳的费用是 569.4 元/年,后者是前者的 1.6 倍,而兼业农户介于两者之间。对于社会养老保险的收入,兼业农户家庭比其他家庭低很多。按农业收入占家庭总收入的比重分类比较农村居民参加社会医疗保险的情况时,可以明显看出新型农村合作医疗保险在纯农户中的占比比其他家庭高,纯农户家庭占比为 83.2%,一兼农户为 77.2%,二兼农户为 82.7%,非农户为 75.7%。存在这一差异的主要原因是其他家庭有一定比例参加了城镇职工基本医疗保险与城镇居民社会医疗保险,而纯农户家庭参与这两项保险的比例非常小。

8.1 养老保险

8.1.1 养老保险覆盖率

　　表 8-1 给出了中国农村居民的养老保障覆盖情况。从全国来看,36.5% 的农村居民无任何形式的养老保障,61.1% 的农村居民用社会保险养老,仅有 0.9% 的农村居民以离退休

金养老。按地区来看，东北地区无养老保障的农村居民比例最高，占到了51.6%；中部地区最低，为33.1%。从全国来看，以离退休金养老的农村居民比例极低，平均只有0.9%；东部地区和东北地区最多，为1%以上；中部和西部次之，分别为0.7%、0.8%。

表 8-1　2019 年农村居民养老保障覆盖情况　　　　　　　　　　　　　单位：%

养老方式	全样本	东部	中部	西部	东北
无养老保障	36.5	34.0	33.1	38.7	51.6
有养老保障	62.0	64.4	65.7	59.5	47.2
社会保险	61.1	63.2	65.0	58.7	46.1
离退休金	0.9	1.2	0.7	0.8	1.1
其他	1.5	1.6	1.2	1.8	1.1

表 8-2 给出了中国农村居民的养老保障按不同分化程度划分的对比情况。社会保险作为养老保障的主要方式，在按农业收入占家庭总收入的比重划分下，纯农户家庭有65.8%使用了这一养老方式，略高于其他家庭的一兼农户、二兼农户和非农户家庭，分别为57.6%、62.3%和59.3%。

表 8-2　2019 年不同分化程度农村居民养老方式分布情况　　　　　　单位：%

养老方式	按农业收入占家庭总收入的比重划分			
	纯农户	一兼农户	二兼农户	非农户
无养老保障	32.5	40.7	35.7	37.6
有养老保障	66.4	57.8	62.8	60.7
社会保险	65.8	57.6	62.3	59.3
离退休金	0.6	0.2	0.5	1.4
其他	1.1	1.5	1.5	1.8

表 8-3 给出了农村居民社会养老保险的类型分布。从全国来看，在各项社会养老保险中，占比最高的是新型农村社会养老保险，达到了47.5%；其次为城乡统一居民社会养老保险、城镇职工基本养老保险；占比最低的为城镇居民社会养老保险。进行地区间比较后发现，中部地区农村居民的新型农村社会养老保险的占比最高，为51.4%；东北地区最低，为32.4%。

表 8-3　2019 年农村居民社会养老保险种类的分布　　　　　　　　　单位：%

社会养老保险的种类	全样本	东部	中部	西部	东北
城镇职工基本养老保险	5.1	9.1	3.1	2.7	6.0
新型农村社会养老保险	47.5	44.9	51.4	50.1	32.4
城镇居民社会养老保险	1.2	1.8	0.7	0.7	1.8
城乡统一居民社会养老保险	7.4	7.5	9.8	5.2	5.9

表 8-4 反映了农村居民社会养老保险按农业收入占家庭总收入的比重划分的情况下保险种类的分布。新型农村社会养老保险是农村覆盖率最高的社会养老保险类型,纯农户也能得到较好的保障,按照不同农户分化标准划分下的纯农户家庭中的 47.3% 拥有新型农村社会养老保险,其他家庭参与新型农村社会养老保险的比例均低于纯农户。非农户拥有城镇职工基本养老保险和城镇居民社会养老保险的比例较高。兼业农户更多地拥有城乡统一居民社会养老保险。

表 8-4　2019 年不同分化程度农村居民社会养老保险种类　　　　　单位:%

社会养老保险的种类	按农业收入占家庭总收入的比重划分			
	纯农户	一兼农户	二兼农户	非农户
城镇职工基本养老保险	1.3	3.7	3.2	6.6
新型农村社会养老保险	47.3	35.2	40.9	36.3
城镇居民社会养老保险	0.7	0.7	0.4	1.3
城乡统一居民社会养老保险	7.1	7.9	8.2	5.3

8.1.2　养老保险领取情况

表 8-5 给出了 60 周岁及以上拥有社会养老保障的农村居民中,已经开始领取社会养老保险金的比例。从全国来看,拥有养老保险且年龄在 60 周岁及以上的人群中,有 88.6% 的男性和 88.4% 的女性已经开始领取养老保险金。从性别来看,相比于《中国农村家庭发展报告(2018)》的统计数据,男性和女性领取养老保险金的比例均有下降。东部和西部地区男性的领取比例略低于女性。

表 8-5　2019 年 60 周岁及以上农村居民已经开始领取社会养老保险的比例　　　　单位:%

是否领取	全样本		东部		中部		西部		东北	
	男性	女性	男性	女性	男性	女性	男性	女性	男性	女性
是	88.6	88.4	87.9	86.9	88.3	90.4	91.4	89.0	82.2	84.0
否	11.4	11.6	12.1	13.1	11.7	9.6	8.6	11.0	11.8	16.0

表 8-6 展示了按农业收入占家庭总收入的比重划分的不同分化程度农户中拥有社会养老保障且年龄在 60 周岁及以上的农村居民的保险金领取情况。纯农户和兼业农户中,男性领取社会养老保险的比例均高于女性;非农户中,女性领取比例更高。

表 8-6　2019 年不同分化程度家庭 60 周岁以上农村居民已经开始领取社会养老保险比例　　单位:%

是否领取	按农业收入占家庭总收入的比重划分							
	纯农户		一兼农户		二兼农户		非农户	
	男性	女性	男性	女性	男性	女性	男性	女性
是	91.8	90.1	74.5	67.3	80.0	79.4	88.2	90.0
否	8.2	9.9	25.5	32.7	20.0	20.6	11.8	10.0

8.1.3 社会养老保险缴费和收入

表 8-7 给出了农村居民社会养老保险个人缴费和收入的情况。全国平均缴费 252.2 元/年，平均获得收入 1952.5 元/年。按地区来看，东部地区缴费最多，达到了 315.9 元/年；西部次之，为 245.6 元/年。东北地区缴费最低，为 184.6 元/年。收入也和缴费有相同的趋势，东部地区最高，为 2482 元/年；中部最低，为 1510.8 元/年。

表 8-7 2019 年农村居民社会养老保险个人缴费和收入比较   单位：元/年

比较项目	全样本	东部	中部	西部	东北
缴费	473.3	680.9	310.1	400.5	766.0
收入	4153.2	5541.6	2799.6	3494.4	5640.0

表 8-8 给出了农村居民社会养老保险在不同农户分化程度下个人缴费和收入的比较。可以明显看出，纯农户家庭的社会养老保险缴费都远低于其他家庭。对于全国而言，纯农户平均缴纳的费用为 352.1 元/年，一兼农户为 322.7 元/年。其他家庭平均缴纳的费用均高于纯农户和一兼农户，非农户家庭的社会养老保险缴费最高。而对于养老保险的收入，兼业农户家庭最低。非农户家庭的社会养老保险收入最高，为 4500 元/年。

表 8-8 2019 年不同分化程度农村居民社会养老保险个人缴费和收入比较   单位：元/年

比较项目	按农业收入占家庭总收入的比重划分			
	纯农户	一兼农户	二兼农户	非农户
缴费	352.1	322.7	388.1	569.4
收入	2485.9	2325.6	2065.4	4990.8

8.2 医疗保险

8.2.1 社会医疗保险的覆盖率

表 8-9 给出了农村居民医疗保险的覆盖情况。从中可知，全国农村居民医疗保险的平均覆盖率为 90.5%，与 2017 年相比有略微下降。按地区看，中部地区覆盖情况最好，达到了 92.1%；东北地区最低，为 84.3%。

表 8-9 2019 年农村居民医疗保险覆盖率   单位：%

有无医保	全样本	东部	中部	西部	东北
有	90.5	89.1	92.1	91.8	84.3
没有	9.5	10.9	7.9	8.2	15.7

表 8-10 对比了不同分化程度农户的医疗保险覆盖率的情况。2019 年二兼农户的医疗保险覆盖率最高,为 92.9%。非农户最低,为 89.9%。纯农户和一兼农户的医疗保险覆盖率分别为 91.0% 和 90.5%。

表 8-10　2019 年不同分化程度农村居民医疗保险覆盖率　　　　　　　单位:%

有无医保	按农业收入占家庭总收入的比重划分			
	纯农户	一兼农户	二兼农户	非农户
是	91.0	90.5	92.9	89.9
否	9.0	9.5	7.1	10.1

图 8-1 分析了全国和不同地区各年龄段农村居民的社会医疗保险覆盖率情况。全国有 93.4% 的 50 周岁以上的农村居民拥有基本医疗保险,东部为 92.3%,中部为 94.8%,西部为 94.5%,东北地区为 89.1%。全国有 92.3% 的 31—50 周岁的农村居民拥有基本医疗保险,东部为 91.4%,中部为 94.9%,西部为 93.5%,东北地区为 84.5%。全国有 87.1% 的 30 周岁及以下的农村居民拥有基本医疗保险,东部为 84.8%,中部为 88.4%,西部为 89.2%。

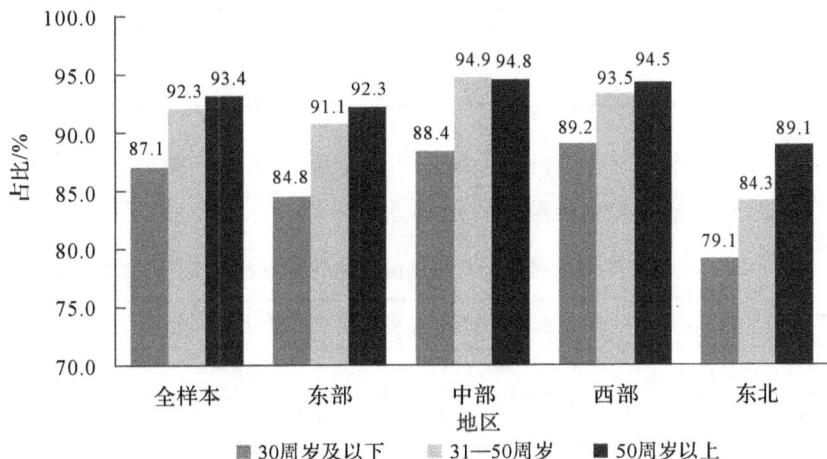

图 8-1　2019 年不同地区各年龄段农村居民的社会医疗保险覆盖率情况

图 8-2 展示了在不同农户分化程度标准划分下,不同年龄段拥有社会医疗保险的覆盖率的情况。30 周岁及以下的人群拥有社会医疗保险的覆盖率最高的是二兼农户,达到 91.1%。31—50 周岁的人群拥有社会医疗保险的覆盖率最高的依然是二兼农户。50 周岁以上的人群社会医疗保险的覆盖率最高的是二兼农户,达到 94.8%。

表 8-11 分析了不同性别农村居民医疗保险覆盖情况。从全国来看,农村男性的医疗保险覆盖率略高于女性。从地区差别来看,中部、西部地区农村居民社会医疗保险覆盖率较高,而东部、东北地区的农村居民社会医疗保险覆盖率偏低,其中东北地区最低,均低于 85%。从男女性别的比较看,男性和女性的医疗保险覆盖率基本持平。

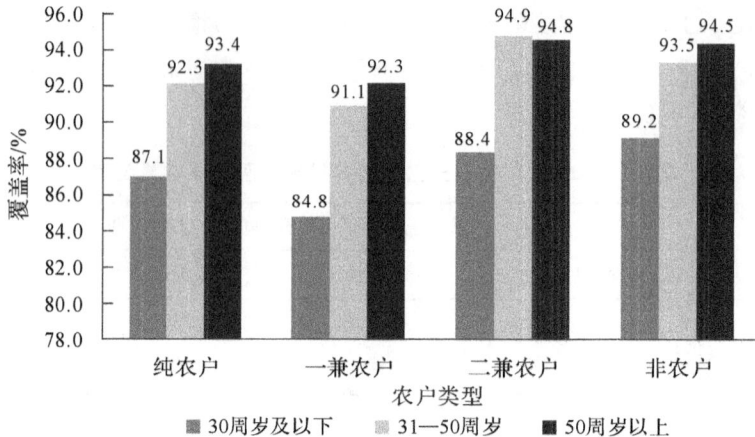

图 8-2　2019 年不同分化程度各年龄段农村居民的社会医疗保险覆盖率情况

表 8-11　2019 年不同性别农村居民社会医疗保险覆盖率情况　　　　单位：%

有无医保	全样本		东部		中部		西部		东北	
	男性	女性	男性	女性	男性	女性	男性	女性	男性	女性
有	90.6	90.4	89.6	88.6	92.1	92.1	91.7	92.0	84.3	84.3
没有	9.4	9.6	10.4	11.4	7.9	7.9	8.3	8.0	15.7	15.7

　　表 8-12 给出了不同性别农村居民社会医疗保险覆盖率按不同分化程度划分的对比情况。按不同分化程度划分下的社会医疗保险覆盖率差别不大，同时性别对其几乎没有影响。

表 8-12　2019 年不同分化程度农村家庭不同性别农村社会医疗保险情况　　　　单位：%

有无医保	按农业收入占家庭总收入的比重划分							
	纯农户		一兼农户		二兼农户		非农户	
	男性	女性	男性	女性	男性	女性	男性	女性
有	90.5	91.6	91.6	89.3	93	92.9	90	89.6
没有	9.5	8.4	8.4	10.7	7.0	7.1	10.0	10.4

　　表 8-13 给出了农村居民参加的医疗保险种类的情况。从中可知，全国范围内，在参加医疗保险的农村居民中，79.1％拥有新型农村合作医疗保险。按地区看，中部、西部地区农村居民拥有新型农村合作医疗保险的比例最高，分别为 81.1％、82.2％；东北地区最低，仅为 72.3％。

表 8-13　2019 年农村居民参加的社会医疗保险种类　　　　单位：%

医疗保险种类	全样本	东部	中部	西部	东北
城镇职工基本医疗保险	3.5	6.2	2.2	1.7	5.3
城镇居民基本医疗保险	1.7	2.2	1.4	1.4	2.4
新型农村合作医疗保险	79.1	75.7	81.1	82.2	72.3
城乡居民基本医疗保险	5.9	4.9	7.1	6.3	3.9
公费医疗	0.3	0.3	0.3	0.4	0.3
没有医保	9.5	10.7	7.9	8.0	15.8

表 8-14 展示了农村居民参加社会医疗保险按不同分化程度划分的对比情况，可以明显看出新型农村合作医疗保险在纯农户家庭中的占比比其他家庭高，达到 83.2%。非农户最低，为 75.7%。非农户和兼业农户在城镇职工基本医疗保险和城乡居民基本医疗保险的占有率上更有优势。

表 8-14　2019 年不同分化程度农村家庭参加社会医疗保险种类　　　　单位：%

医疗保险种类	按农业收入占家庭总收入的比重划分			
	纯农户	一兼农户	二兼农户	非农户
城镇职工基本医疗保险	1.0	2.2	2.8	5.7
城镇居民社会医疗保险	1.2	1.9	0.9	2.2
新型农村合作医疗保险	83.2	77.2	82.7	75.7
城乡居民基本医疗保险	5.4	9.0	6.3	5.9
公费医疗	0.3	0.2	0.2	0.4
没有医保	8.9	9.5	7.1	10.1

8.2.2　社会医疗保险个人账户

图 8-3 展示了不同地区农村居民医保个人账户拥有率的时间趋势。从全样本来看，与 2017 年数据相比，2019 年农村居民医保个人账户的拥有率有明显提高，从 47.2% 上升至 54.7%。其中，东部地区和中部地区的上升幅度均高于全样本平均水平。相比之下，西部地区上升幅度较小。东北地区缺乏 2017 年的数据，故不作比较。

如表 8-15 所示，从全国看，2019 年，有 54.7% 的农村居民有医保个人账户。东部地区农村居民医保个人账户拥有率最高，为 63.3%；中部地区次之，为 52.4%；西部地区为 50.6%；东北地区最低，医保个人账户拥有比例仅为 44.0%。

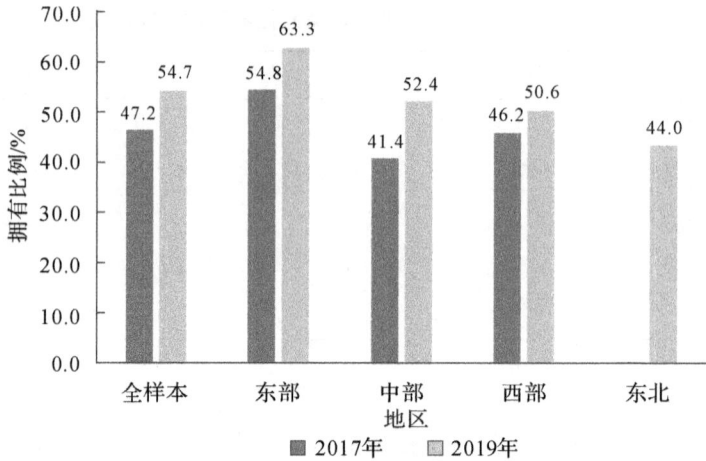

图 8-3　2017 年和 2019 年农村居民医保拥有个人账户的比较

表 8-15　2019 年农村居民医保个人账户拥有比例　　　　　　单位：%

有无医保个人账户	全样本	东部	中部	西部	东北
有	54.7	63.3	52.4	50.6	44.0
无	45.3	36.7	47.6	49.5	56.0

表 8-16 体现了农村居民医保个人账户拥有比例按不同分化程度划分的对比情况。纯农户和一兼农户家庭拥有的个人账户占比少，分别为 51.3% 和 51.1%。二兼农户和非农户的医保个人账户拥有比例分别为 54.8% 和 57.6%。

表 8-16　2019 年不同分化程度农村居民医保个人账户拥有比例　　　单位：%

有无医保个人账户	纯农户	一兼农户	二兼农户	非农户
有	51.3	51.1	54.8	57.6
无	48.7	48.9	45.2	42.4

8.2.3　大病统筹

图 8-4 给出了农村居民参加大病统筹的基本情况。我们可以看到，农村居民参加大病统筹的基本情况不容乐观。从全国看，平均只有 18.3% 的农村居民拥有大病统筹。分地区看，该比例中部地区最高，有 19.2% 的人拥有大病统筹；西部地区次之，为 19.0%；东北地区最低，仅为 14.3%。

8.2.4　医疗保险与医疗支出

表 8-17 给出了有医疗保险的农村居民的医疗支出情况。对于 2018 年住过院的农村居

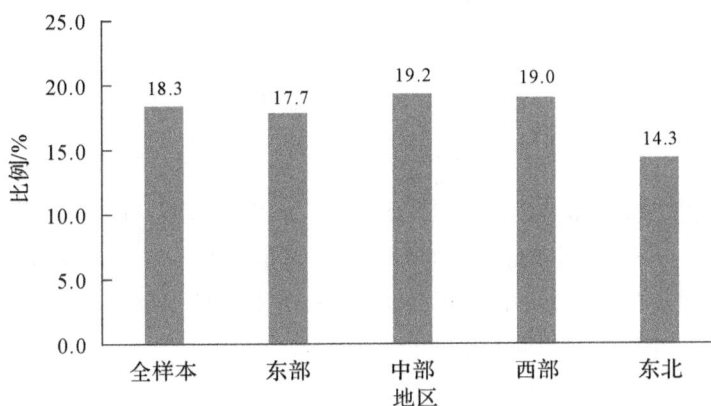

图 8-4 农村居民参加大病统筹基本情况

民,产生的住院费用全国平均为 14199.0 元。分地区看,东部地区最高,为 17923.6 元;东北地区次之,为 15869.1 元;中部地区最低,为 12580.5 元。其中医保支付的金额全国平均为 6512.4 元。分地区看,东部地区医保支付金额最高,为 8032.7 元;东北地区次之,为 6738.5 元;中部地区最低,为 5875.9 元。从医保支付占比情况来看,西部地区最高,为 39.9%,之后比例依次为中部地区和东部地区,分别为 38.0% 和 35.6%。东北地区医保支付占比最低,为 32.3%。但相较于 2016 年该比例均有所提升。

表 8-17 2018 年有医疗保险的农村居民的医疗支出情况

医疗支出	全样本	东部	中部	西部	东北
住院费用/(元·年⁻¹)	14199.0	17923.6	12580.5	12851.8	15869.1
医保报销/(元·年⁻¹)	6512.4	8032.7	5875.9	6044.5	6738.5
医保支付占比/%	37.8	35.6	38.0	39.9	32.3

表 8-18 展示了按不同分化程度划分下有医疗保险的农村居民的医疗支出情况。纯农户家庭平均一年的住院费用最高,为 16551.1 元,但纯农户家庭的医保报销比例也偏高,为 41.3%。医保支付占比最高的是一兼农户,为 41.4%;非农户的医保支付占比最低,为 35.5%。

表 8-18 不同分化程度有医疗保险农村居民的医疗支出

医疗支出	按农业收入占家庭总收入的比重划分			
	纯农户	一兼农户	二兼农户	非农户
住院费用/(元·年⁻¹)	16551.1	9177.8	11309.1	14259.7
医保报销/(元·年⁻¹)	7514.2	5886.8	5674.6	6379.0
医保支付占比/%	41.3	41.4	39.5	35.5

8.3 失业保险

图 8-5 给出了农村居民的失业保险覆盖情况。从全国来看，16 周岁及以上的农村居民中有 1.9% 拥有失业保险。分地区看，东部有 3.8% 的农村居民拥有失业保险，东北地区有 1.7% 的农村居民拥有失业保险，中部有 1.0% 拥有失业保险，西部有 1.1% 拥有失业保险。东部地区覆盖率高于西部、中部和东北地区。

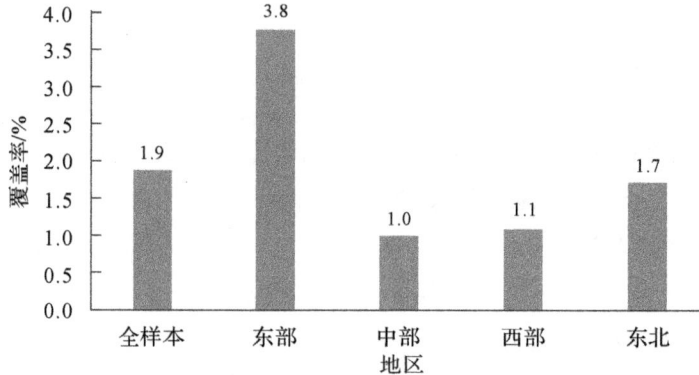

图 8-5　失业保险覆盖情况

8.4 住房公积金

如表 8-19 所示，拥有住房公积金的全国农村居民占比仅为 8%，东部为 10%，中部为 5.7%，西部为 6.1%，东北地区为 16.3%。在拥有住房公积金的农村居民中，有大约 95% 的农村居民还在继续缴纳住房公积金。2018 年缴纳的住房公积金全国平均为 576.8 元/月，东部为 508.4 元/月，中部为 586.9 元/月，西部为 639.9 元/月，东北地区为 783.1 元/月。公积金账户余额全国平均为 25721.2 元，东部为 20026.5 元，中部为 25514.6 元，西部为 33510.8 元，东北地区为 37373.4 元。拥有住房公积金的农村居民中，2018 年使用公积金的全国农村居民占 11.1%，东部为 14.2%，中部为 7.3%，西部为 9.3%，东北地区为 9.2%。2018 年提取公积金的全国农村居民平均提取 25437.1 元，东部为 14647.4 元，中部为 53852.3 元，西部为 22841.9 元，东北地区为 75994.6 元。

表 8-19　农村居民拥有住房公积金基本情况

住房公积金基本情况	全样本	东部	中部	西部	东北
拥有住房公积金的比例/％	1.8	2.8	1.4	1.3	1.6
还在继续缴纳公积金的比例/％	90.0	90.8	88.0	90.0	92.5
已累计缴纳公积金的时间/月	61.3	63.1	58.3	60.1	61.7
2018 年缴纳的公积金/(元·月$^{-1}$)	576.8	508.4	586.9	639.9	783.1
公积金账户余额/元	25721.2	20026.5	25514.6	33510.8	37373.4
2018 年使用公积金的比例/％	11.1	14.2	7.3	9.3	9.2
2018 年提取公积金的金额/元	25437.1	14647.4	53852.3	22841.9	75994.6

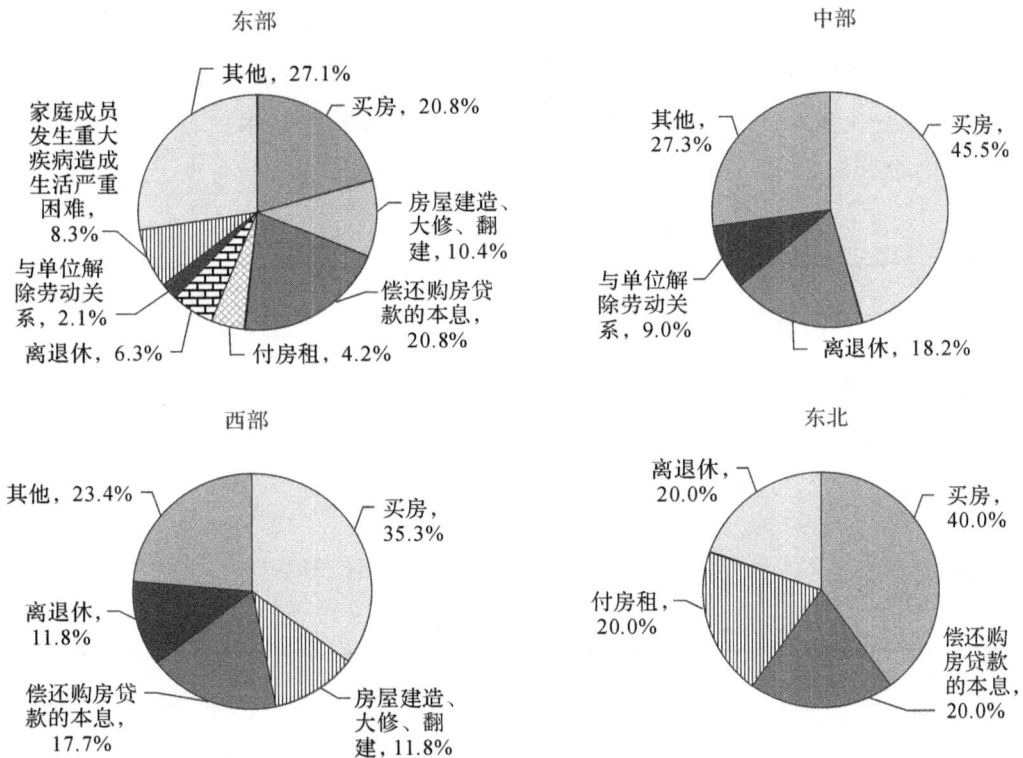

图 8-6　分地区居民提取公积金原因构成

　　表 8-20 展示了农村居民拥有住房公积金按不同分化程度划分的基本情况。2018 年缴纳的公积金纯农户家庭比其他家庭相比数额较大。平均而言,一兼农户还在缴纳公积金的比例最高,为 100％。一兼农户的公积金账户余额也最多,二兼农户的公积金账户余额最少。二兼农户在 2018 年提取公积金的金额最大,达 63135.4 元。

表 8-20　不同分化程度农村家庭的居民拥有住房公积金基本情况

住房公积金基本情况	纯农户	一兼农户	二兼农户	非农户
拥有住房公积金的比例/%	0.1	0.9	1.7	3.0
还在继续缴纳公积金的比例/%	66.6	100	88.7	90.8
已累计缴纳公积金的时间/月	71.9	58.3	35.2	68.9
2018 年缴纳的公积金/(元·月⁻¹)	759.5	899.9	615.4	565.8
公积金账户余额/元	29865.9	116951.3	13018.5	25756
2018 年使用公积金的比例/%	14.2	15.3	7.1	12.1
2018 年提取公积金的金额/元[①]	33693.2	2000.0	63135.4	20668.0

表 8-21 给出了农村居民提取公积金的原因。在农村居民提取公积金的原因中，占比最高的为买房，全国为 26.3%，东部为 19.4%，中部为 33.9%，西部为 38.0%，东北地区为 49.4%。农村居民提取公积金的另一个重要原因是偿还购房贷款本息，东部地区和东北地区占比最大，分别为 23.1% 和 45.9%。

表 8-21　农村居民提取公积金的原因　　　　　　　　　　　　单位：%

原因	全样本	东部	中部	西部	东北
买房	26.3	19.4	33.9	38.0	49.4
房屋建造/大修/翻建	9.2	12.1	0.0	12.9	0.0
偿还购房贷款本息	20.1	23.1	0.0	8.9	45.9
付房租	3.6	4.9	0.0	0.0	4.7
离退休	7.7	7.1	12.4	10.9	0.0
与单位解除劳动关系	1.4	1.7	2.0	0.0	0.0
其他	28.0	26.1	51.7	29.3	0.0

8.5　商业保险

8.5.1　商业保险投保概况

从表 8-22 给出的商业保险投保比例中可以看出，我国农村居民商业保险投保率较低。从全国层面来看，94.9% 的农村居民没有任何商业保险，拥有商业人寿保险的农村居民占

---

①　由于不同分化程度农户家庭在 2018 年提取公积金的样本偏少，故数据差距较大。

2.5%,商业健康保险的投保率为1.7%,其他商业保险投保率为0.1%。分地区来看,东、中、西部和东北地区商业保险投保率相差并不明显,并且普遍偏低,没有任何商业保险的农村居民分别为94.5%、94.7%、95.9%和93.6%。东北地区和东部地区拥有商业人寿保险的农村居民比重分别为3.5%和2.9%,高于中部地区的2.5%及西部地区的1.8%。在东部地区的农村居民中,拥有商业健康保险的为2.0%,拥有其他商业保险的为1.0%。在中部地区,1.9%的农村居民投保商业健康保险,参加其他商业保险的农村居民占1.2%。在西部地区,有1.9%的农村居民拥有商业健康保险,1.4%的农村居民投保其他商业保险。在东北地区,有2.4%的农村居民拥有商业健康保险,0.9%的农村居民投保其他商业保险。

表8-22　农村居民的商业保险投保比例　　　　　　　　　　单位:%

商业保险类型	全样本	东部	中部	西部	东北
商业人寿保险	2.5	2.9	2.5	1.8	3.5
商业健康保险	1.7	2.0	1.9	1.0	2.4
其他商业保险	0.1	1.0	1.2	1.4	0.9
都没有	94.9	94.5	94.7	95.9	93.6

表8-23描述了按不同分化程度划分下农村居民的商业保险投保比例,从商业保险来看,大部分农村居民是没有商业保险的,纯农户中没有任何商业保险的农村居民占比最大。在调查的三种商业保险中,全国范围内,商业人寿保险的覆盖率相对其他种类更高。不同商业保险的拥有率差异在非农户群体中更大,而在兼业农户和纯农户中有所缩小。

表8-23　不同分化程度家庭农村居民的商业保险投保比例　　　　　　单位:%

商业保险的种类	按农业收入占家庭总收入的比重划分			
	纯农户	一兼农户	二兼农户	非农户
商业人寿保险	1.8	3.7	2.5	2.9
商业健康保险	1.3	2.4	1.2	2.0
其他商业保险	1.0	1.2	1.3	0.1
都没有	96.1	93.7	95.1	94.2

从保险消费人群的性别特征看,我国农村男性居民商业保险的投保率略高于女性。如表8-24所示,94.3%的农村男性居民及95.5%的农村女性居民没有任何的商业保险。2.7%的农村男性居民拥有商业人寿保险,1.9%的男性拥有商业健康保险,男性居民的其他商业保险投保率为1.4%。农村女性居民中拥有商业人寿保险的比重为2.3%,拥有商业健康保险的比重为3.8%,拥有其他商业保险的比重为0.9%。

表 8-24　不同年龄段农村居民的商业保险投保比例　　　　　单位：%

年龄段	商业人寿保险	商业健康保险	其他商业保险	都没有
30 周岁以下	2.1	1.7	1.14	95.2
30—40 周岁	2.3	2.1	0.9	95.3
41—50 周岁	4.3	2.8	1.5	91.8
51—60 周岁	3.6	1.7	1.4	93.6
61 周岁及以上	1.0	0.3	0.8	97.9

8.5.2　商业人寿保险

由表 8-25 农村居民商业人寿保险投保情况可知，全国农村居民的人均投保总额为 86083 元，其中东部地区人均投保总额为 87974.3 元，中部地区人均投保总额为 92642.3 元，西部地区人均投保总额为 82367.3 元，东北地区人均投保总额为 67198.3 元。从保险分红比例来看，全国农村居民所投的商业人寿保险 31.9% 有分红，人均分红收入为 700.8 元。东部地区农村居民所投的商业人寿保险 35.5% 有分红、人均分红收入为 416.6 元。中部地区、西部地区和东北地区农村居民所投的商业人寿保险有分红的比例分别为 29.6%、29.8% 和 30.1%，人均分红收入分别为 1418.5 元、341.5 元和 624.6 元。从返还本金比例上来看，全国农村居民所投商业人寿保险中，76.7% 有返还本金。全国有 3.3% 的农村居民获得理赔，平均获 3140.5 元。

表 8-25　农村居民投保商业人寿保险情况

人寿保险特征	全样本	东部	中部	西部	东北
投保总额/(元·人$^{-1}$)	86083.0	87974.3	92642.3	82367.3	67198.3
分红占比/ %	31.9	35.5	29.6	29.8	30.1
去年所获分红/元	700.8	416.6	1418.5	341.5	624.6
返还本金占比/ %	76.7	75.7	71.9	80.9	86.0
去年缴纳保费/元	3859	3713.9	4718.6	3219.4	2957.5
获得理赔比例/ %	3.3	4.5	0.5	1.5	3.3
获赔金额/元	3140.5	2695.1	3824.8	1221.4	7600.0

表 8-26 展示了按不同分化程度划分的农村居民投保商业人寿保险情况。按不同分化程度划分，去年获得理赔的比例纯农户家庭占比 4.5%，非农户家庭占比 3.3%，兼业农户家庭最低。

表 8-26 不同分化程度家庭的农村居民投保商业人寿保险情况

人寿保险特征	按农业收入占家庭总收入的比重划分			
	纯农户	一兼农户	二兼农户	非农户
投保总额/(元·人⁻¹)	97568.4	89050.0	92471.9	73891.2
分红占比/%	32.4	41.2	24.1	29.5
去年所获分红/元	785.5	611.8	939.6	426
返还本金占比/%	74.2	78.6	63.0	83.7
去年缴纳保费/元	3827.8	2813.7	3657.3	3822.5
获得理赔比例/%	4.5	0.5	1.5	3.3
获赔金额/元	4391.1	5500	1134.3	3539

8.5.3 商业健康保险

由表 8-27 可知,2018 年全国农村居民人均商业健康保险缴纳保费为 2480.8 元。分地区来看,东部地区农村居民人均商业健康保险缴纳保费 2360.1 元。中部地区、西部地区和东北地区的农村居民人均商业健康保险缴纳保费分别为 2486.2 元、2409.7 元和 3027.5 元。东部和中部地区获得的报销额最多,分别为 126.8 元和 129.3 元。

表 8-27 农村居民投保商业保险情况
单位:元

商业健康保险特征	全样本	东部	中部	西部	东北
缴纳保费	2480.8	2360.1	2486.2	2409.7	3027.5
报销额	59.7	126.8	129.3	30.1	64.6

8.5.4 其他商业保险

如表 8-28 所示,2018 年全国农村居民人均其他商业保险缴纳保费为 1742.7 元,人均报销金额为 69.6 元。分地区来看,中部地区农村居民其他商业保险缴纳保费最高,为 1855.0元。东部地区人均报销金额最高,为 59.5 元。

表 8-28 农村居民其他商业保险投保情况
单位:元

其他商业保险特征	全样本	东部	中部	西部	东北
缴纳保费	1742.7	1633.5	1855.0	1841.6	1405.5
报销额	69.6	59.5	53.1	36.7	417.6

9 农村家庭社区环境

本章利用中国农村家庭调查（CRHPS）的农村社区调查问卷，分析中国农村社区的基本情况。本章的分析内容包括村庄概况与人口特征、社区基础设施、农村产业概况、集体资产与债务、社区支出与收入，以及农业用地与征地拆迁等。研究发现，农村留守老人和留守儿童的数量仍然较大，两者之和占农村总户籍人口的 5.3%；相比于 2017 年，2019 年农村社区生活用水的"自来水"占比不断提高，为 66.0%，其中东部地区"自来水"占比为 73.9%，比例最高；农村社区支出的主要项目仍然是社区公共事务开销，此外，社区居民红利发放相比于 2017 年也有很大提高，增长到了 13 万元。

9.1 村庄概况与人口特征

9.1.1 村庄概况

行政村一般由多个自然村组成，图 9-1 描述了我国行政村包含的自然村个数的情况。就全国平均而言，一个行政村包含 8.6 个自然村，东部地区一个行政村包含 7.5 个自然村；中部地区一个行政村包含 10.2 个自然村，西部地区包含 9.0 个自然村，东部地区包含 7.5 个自然村。

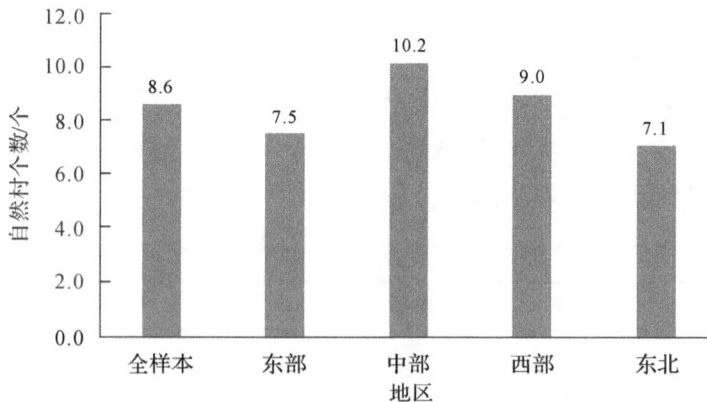

图 9-1　2019 年行政村平均包含的自然村个数

村庄姓氏结构反映了村庄宗族势力的状况。如表 9-1 所示，如果将占村庄总人口

10.0%以上的姓氏定义为大姓的话,全国有大姓的村庄占到了整体的75.9%,有1个、2个、3个、3个以上大姓的村庄占全国的比例分别为33.9%、30.3%、19.6%、16.2%。东部地区有大姓的村庄数占比最高,为87.5%;东北地区只有一个大姓的村庄占比最高,为35.3%。

表9-1　2019年村庄姓氏结构　　　　　　　　　　　　　　　　单位:%

	有大姓的村庄	大姓数目			
		一个	两个	三个	三个以上
全样本	75.9	33.9	30.3	19.6	16.2
东部	87.5	34.7	31.0	18.5	15.7
中部	84.5	33.8	31.2	21.0	14.0
西部	70.9	32.9	28.7	20.4	18.0
东北	25.8	35.3	29.4	11.8	23.5

9.1.2　人口特征

(1)人口数量

中国农村社区在最近几年中正经历着巨大的人口变迁,大量青壮年劳动力流动到城市从事非劳生产,而留守在农村的主要是老人、孩子及劳动技能相对较弱的人。我们分别调查了农村的常住人口与户籍人口的情况。

常住人口包括三部分:一是居住在本乡镇,且户口在本乡镇或户口待定的人;二是居住在本乡镇,且离开其户口登记地所在乡镇半年以上的人;三是户口在本乡镇,且外出不满半年或在境外工作学习的人。户籍人口指户籍在本村的人口,户籍人口中大部分是农村户籍(农业户籍)人口,但也有少数是居民户籍人口。

如表9-2所示,全国所有行政村常住人口为2093.5人,户籍人口为2143.6人,农村户籍人口为2128.5人。西部地区行政村平均人口规模最大,户籍人口达到2320.2人;东北地区户籍人口最少,为2104.6人;东部和中部地区户籍人口平均为2186.6人、2218.6人。常住人口规模也呈现不同的分布规律,东部地区最大,为2628.3人,东北地区最小,为1765.1人。从表9-2中还可以看出,西部地区农村户籍人口数要略高于东、西部地区。

表9-2　2019年村庄平均常住人口、户籍人口、农村户籍人口情况　　　　单位:人

	常住人口	户籍人口	农村户籍人口
全样本	2121.5	2224.2	1793.6
东部	2449.2	2070.9	1558.0
中部	2004.7	2262.2	1820.4
西部	2047.8	2444.7	2024.2
东北	1675.6	2048.6	1812.5

（2）年龄结构

图 9-2 进一步呈现了全国农村人口的年龄结构，16—59 周岁人口在村庄中占比为 64.4％，15 周岁及以下人口在村庄中占比为 17.8％。如果将 60 周岁以上人口定义为老年人口，则农村老龄化比例达 17.8％。

与 2017 年的数据相比，16—59 周岁的劳动人口占比有所上升，由 2017 年的 58.9％上升至 2019 年的 64.3％；60—79 岁的老年人口和 80 周岁以上的老年人口均有所下降，60—79 岁的老年人口由 2017 年的 17.1％下降至 2019 年的 15.8％；80 周岁以上的老年人口由 2017 年的 2.7％下降至 2019 年的 2.0％。

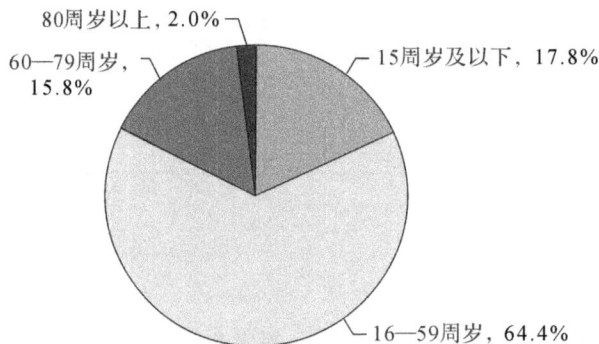

图 9-2　2019 年农村人口年龄结构

（3）文化程度

大专及以上文化程度人口占比在一定程度上反映了农村人口的受教育水平。如图 9-3 所示，全国农村平均有 6.4％的人口文化程度达到大专及以上①。这一数据和 2017 年的 5.7％相比，有了一定的提升。但区域之间存在非常明显的差异，东部地区农村人口受教育程度要明显高于中、西部地区，东部地区拥有大专及以上文化程度的人口占比高于中部地区 1.9 个百分点，高于西部地区 3 个百分点，高于东北地区 1.4 个百分点。分地区来看，东、中、西部农村的大专及以上文化程度人口占比均比 2017 年的数据有了明显提升（2017 年东部地区大专及以上文化程度人口占比为 7.5％；2017 年中部地区大专及以上文化程度人口占比为 4.5％；2017 年西部地区大专及以上文化程度人口占比为 4.9％）。

（4）外出务工劳动力

随着城市化进程的推进，大量农村劳动力外出务工。如图 9-4 所示，就全国平均而言，13.3％的农村劳动力人口外出务工。这一比例在地区间也存在巨大差异，中部地区外出务工劳动力人口占比最高，为 16.3％；东北地区最少，为 8.4％。而 2017 年农村外出务工劳动力占比最高的是西部地区。

---

① 本章的分析对象是村庄整体，所以在受教育程度上得出的结果与本书其他章节从家庭层面得出的结果会存在一定差异。

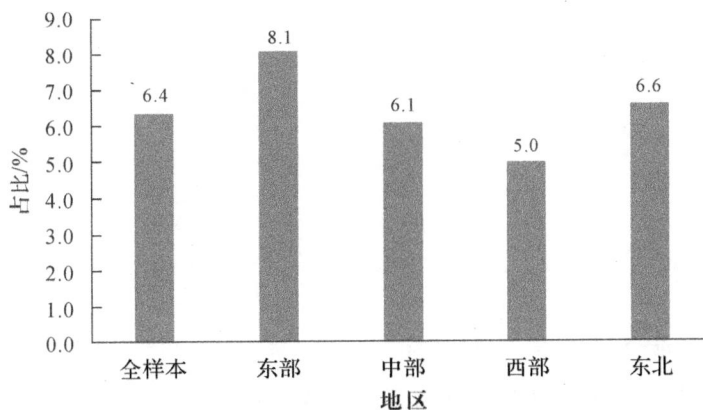

图 9-3 2019 年农村大专及以上文化程度人口占比

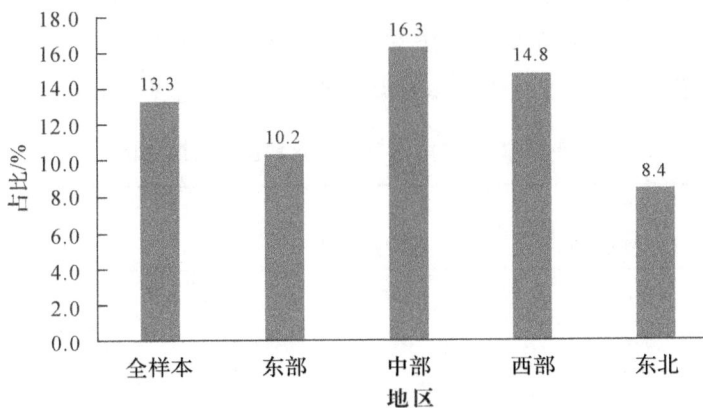

图 9-4 2019 年农村外出务工劳动力人口占比

（5）留守人口

表 9-3 统计了所调查村庄留守老人与留守儿童的情况。就农村留守人口而言,全国农村留守老人占农村人口的比例为 3.6％,和 2017 年的 6.2％相比有所减少。全国农村留守儿童占农村人口的比例为 1.8％,这一数据和 2017 年的 3.1％相比也是下降的。相对于东部地区而言,中、西部和东北地区的留守老人、留守儿童问题更为严重,中部地区留守老人占比甚至达到了 5.4％。从中长期看,农村社区大量的留守老人与留守儿童将有可能成为严重的社会问题。

表 9-3　2019 年农村留守老人、留守儿童占比　　　　　　　　单位:％

	留守老人	留守儿童
全样本	3.6	1.8
东部	2.4	0.7
中部	5.4	3.5
西部	3.3	1.7
东北	3.9	1.2

9.2　社区基础设施

9.2.1　社区水电

(1)生活用水

如表 9-4 所示,就全国来看,农村社区用水以"自来水"和"井水/山泉水"为主,分别占66.0%和31.1%,其中东部地区自来水的普及率最高,达到73.9%,而中部地区和东北地区农村的自来水普及率较低,分别为55.6%和54.6%,低于全国平均水平。根据《中国农村家庭发展报告(2016)》的统计数据,2015 年时,农村家庭的主要生活用水来源主要是"井水/山泉水",全国而言,"自来水"的普及率只有36.1%,而经过 4 年的时间,全国农村的平均"自来水"普及率上升到了66.0%,上升幅度非常大。这体现了最近两年乡村建设的成效。

表 9-4　2019 年农村社区用水的主要来源占比　　　　　　　　单位:%

地区	江河湖水	井水/山泉水	自来水	矿泉水/纯净水/过滤水	雨水	窖水	池塘水	其他
全样本	0.8	31.1	66.0	0.5	0.2	0.5	0.4	0.5
东部	0.0	24.1	73.9	1.1	0.0	0.0	0.3	0.6
中部	1.2	40.3	55.6	0.6	0.6	0.0	0.6	1.1
西部	1.6	27.5	69.0	0.0	0.0	1.5	0.4	0.0
东北	0.0	45.4	54.6	0.0	0.0	0.0	0.0	0.0

(2)能源消费

如图 9-5 所示,就全国平均而言,农村居民做饭的主要燃料来源是管道天然气/煤气、柴草、电、液化石油气、煤炭,分别占比 31.1%、21.6%、20.4%、19.8%和 5.4%。

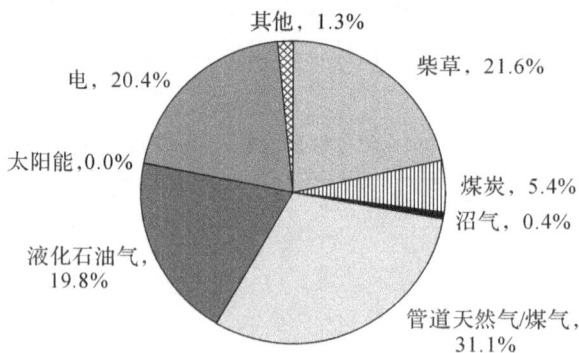

图 9-5　2019 年全国农村居民做饭主要燃料来源占比

管道天然气已经超越了2017年的柴草成为全国农村居民做饭的主要燃料来源。柴草的比例从2015年的40.5%降低至2017年的32.8%再降至2019年的21.6%,体现了农村燃料能源使用上的进步,说明农村的能源消费结构正在优化。

9.2.2　社区交通

就全国农村平均而言,通往县城中心的道路只有1条的村庄占比为45.2%,根据《中国农村家庭发展报告(2018)》的统计数据,比2017年的51.6%下降了6.6个百分点。通往县城中心的道路有2条的村庄占比为32.4%,和2017年相比也有所下降。通往县城中心的道路有3—5条和5条以上的村庄比例均比2017年上升,占比分别为16.4%和5.9%。这体现了我国农村社区交通的进步。

9.2.3　社区教育

除了供水、能源与道路设施外,农村社区还有其他一些基础设施,如幼儿园、小学、初中等。

如表9-5所示,就学校而言,全国村庄内部有幼儿园的比例平均为47.6%,东部和东北地区比例较低,分别为45.7%、33.3%,中部和西部地区较高,分别为49.7%和51.8%。全国村庄内有小学的比例为49.0%,根据《中国农村家庭发展报告(2018)》的统计数据,比2017年上升了4.4个百分点,意味着平均约每2个行政村拥有1所小学,东北地区村庄小学拥有比例极低,为37.9%,东部地区为40.1%,中部地区最高,为53.6%。行政村内部有初中的比例仍然相对较低,全国平均为11.0%,虽然这和2017年的数据相比已经提升了6.1个百分点,即平均每10个行政村拥有1所初中,东部地区为8.9%,中部地区为11.0%,西部地区为11.0%。

表9-5　2019年农村社区学校覆盖率　　　　　　　　　　单位:%

	幼儿园	小学	初中
全样本	47.6	49.0	11.0
东部	45.7	40.1	8.9
中部	49.7	53.6	11.0
西部	51.8	51.9	11.0
东北	33.3	37.9	22.7

如图9-6所示,村委会到最近小学的距离普遍小于到初中的距离,全国平均而言,村委会到最近的小学的距离为4.3公里,村委会到最近的初中的距离平均为7.2公里。

如表9-6所示,全国每个行政村小学教师人数都有了较大提升,平均为23.1人。根据《中国农村家庭发展报告(2018)》的统计数据,在2017年仅有15.1人。小学在校生平均为320.6人,约是2017年的1.7倍。师生比为7.2:100。东部地区小学在校生人数高于中

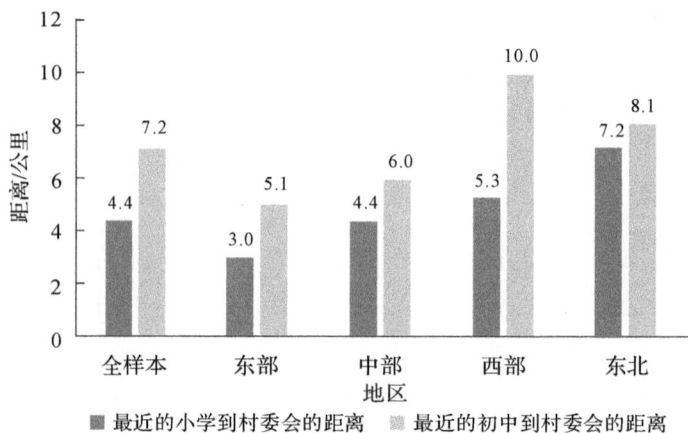

图 9-6 2019 年行政村村委会到最近小学、初中的平均距离

部、西部和东北地区。从师生比的角度分析,结果显示中西部样本的师生比高于东部地区,东北地区师生比最高。

表 9-6 2019 年行政村小学师生数量

	教师人数/人	在校生人数/人	师生比
全样本	23.1	320.6	7.2：100
东部	26.2	465.6	5.6：100
中部	17.0	219.6	7.7：100
西部	20.9	301.2	6.9：100
东北	49.5	337.8	14.7：100

如图 9-7 所示,就小学、初中教师平均月工资而言,全国平均为 4389.1 元和 5160.2 元,比《中国农村家庭发展报告(2018)》统计的 2017 年的 3625.2 元、4194.5 元有较大幅度的提高。分地区来看,东部地区工资最高,平均工资分别为 5095.0 元和 6037.0 元,同时东部地

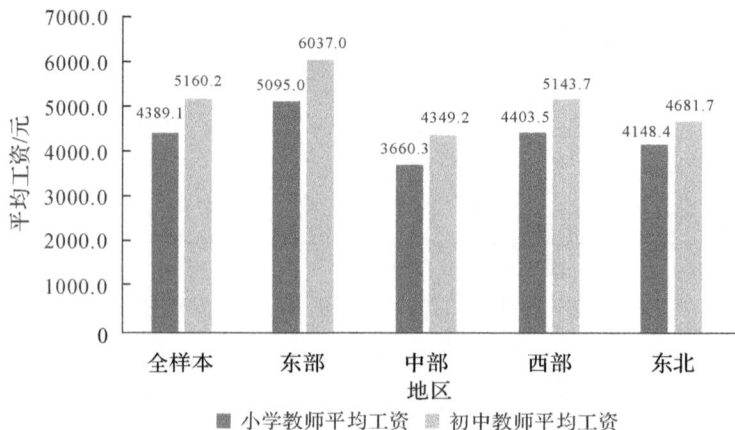

图 9-7 2019 年农村小学、初中教师平均月工资

区小学教师、初中教师平均工资明显高于全国平均水平。中部地区的小学和初中教师平均工资最低，分别为 3660.3 和 4392.2 元。

9.2.4　其他基础设施

表 9-7 还报告了农村社区医疗、金融服务点、公用健身设施、宽带等基础设施的情况。医疗服务方面，全国农村地区医疗点覆盖率为 92.3%，与 2017 年相比有了进一步提高。其中东部地区为 86.6%，东北地区为 90.9%，明显低于全国平均水平。中部地区、西部地区最高，分别为 95.7% 和 95.8%。全国农村地区医院覆盖率仅为 12.5%，表明每约 8 个行政村有 1 所医院，和 2017 年相比也有了明显的进步。其中东北地区最高，为 19.7%，西部地区为12.7%，中部地区为 10.2%，东部地区为 12.1%。金融服务方面，全国农村地区村镇银行覆盖率平均为 3.4%，东部地区最高，为 4.0%，高于中部、西部和东北地区。随着全民健身意识的增强，公用健身设施的覆盖率有效增高，全国农村地区公用健身设施覆盖率为 75.0%。根据《中国农村家庭发展报告（2018）》的统计数据，这一比例比 2017 年提高约了 20.0%。这些关注农民理财、身体健康和"足不出户便知天下事"的网络的切身民生问题，都在国家的重视下逐步得到解决。

表 9-7　农村社区基础设施情况　　　　　　　　　　单位：%

| | 医疗服务点 | | 金融服务点 | 公用健身设施 |
	医疗点	医院	村镇银行	
全样本	92.3	12.5	3.4	75.0
东部	86.6	12.1	4.0	83.0
中部	95.7	10.2	3.7	69.5
西部	95.8	12.7	2.5	70.5
东北	90.9	19.7	3.0	77.3

9.3　集体资产与债务

农村社区的集体资产与债务信息反映了社区资产经营状况，通过分析集体资产与债务的基本情况与形成原因，能够为村集体制定农村整体生产经营效率、增加集体福祉的相关措施提供有用的信息。

如表 9-8 所示，我国农村社区集体资产的净收益均值为 63.9 万元，根据《中国农村家庭发展报告（2018）》的统计数据，这一数字是 2017 年的 30 倍。东部地区异军突起，其集体净收益最高，为 140.1 万元，分别高于中部和西部地区的 10.4 万元和 28.1 万元，东北地区最低，为 8.8 万元。就债务状况而言，全国农村社区当前集体债务均值为 86.4 万元，东部和东北地区较高，分别为 181.7 万元和 66.7 万元，西部地区最低，为 24.8 万元。新增集体债务中部地区最多，为 18.8 万元。东部地区农村集体债务的归还最多，为 18.7 万元。

表 9-8　2019 年农村社区集体资产与集体债务基本情况　　　　　　　　单位：万元

	集体资产的净收益	当前集体债务	新增集体债务	共归还集体债务
全样本	63.9	86.4	12.0	9.8
东部	140.1	181.7	13.6	18.7
中部	10.4	47.5	18.8	8.3
西部	28.1	24.8	6.2	4.3
东北	8.8	66.7	4.9	4.6

　　图 9-8、图 9-9 反映了我国农村社区集体债务的欠债对象和欠债原因。66.8% 的农村社区欠债对象是个人，10.5% 的农村社区欠债对象是银行、信用社，7.6% 的集体债务欠债对象是企业，8.5% 的集体债务欠债对象是上级政府。当前农村社区主要的借债原因为投资社区大型工程、垫付社区各种赋税和社区公务开销。

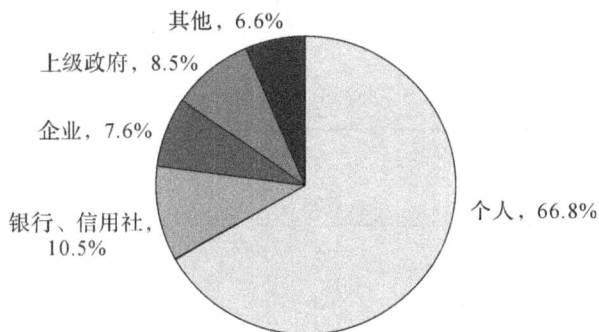

图 9-8　2019 年农村社区集体债务欠债对象构成

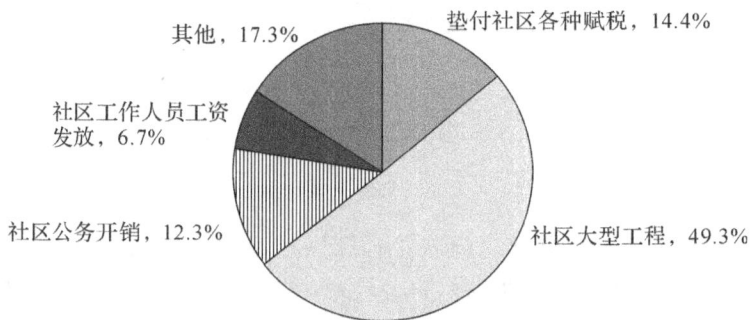

图 9-9　2019 年农村社区主要借债原因构成

　　图 9-10 反映了我国农村社区归还集体债务的主要资金来源，其中 45.5% 的农村社区依赖上级政府资助来归还集体债务，43.9% 依赖社区集体收入，4.1% 依靠各类借款，另外 5.7% 的农村社区选择其他多样化的方式归还集体债务。

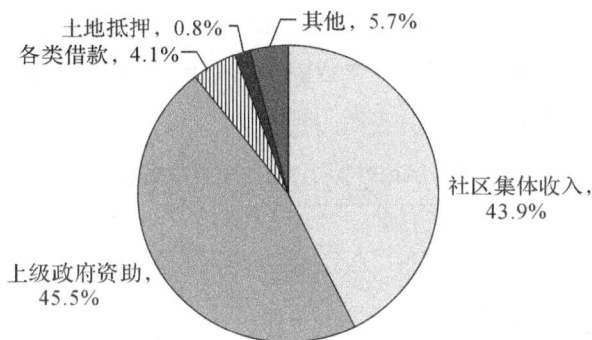

图 9-10 2019 年农村社区归还集体债务的主要资金来源构成

9.4 社区支出与收入

9.4.1 社区支出

社区支出以及流向等指标直观地展现了农村社区当前的资金支配状况,明晰社区支出有利于农村社区开源节流,将资金更好地运用在重点支出项目上。

如图 9-11 所示,2019 年我国农村社区支出呈现出明显的区域差异。全国农村社区2019 年平均支出为 84.9 万元。从均值上看,东部农村社区的支出最高,为 145.7 万元;中部地区农村社区次之,为 84.7 万元;西部和东北地区最少,分别为 43.2 万元和 15.2 万元。

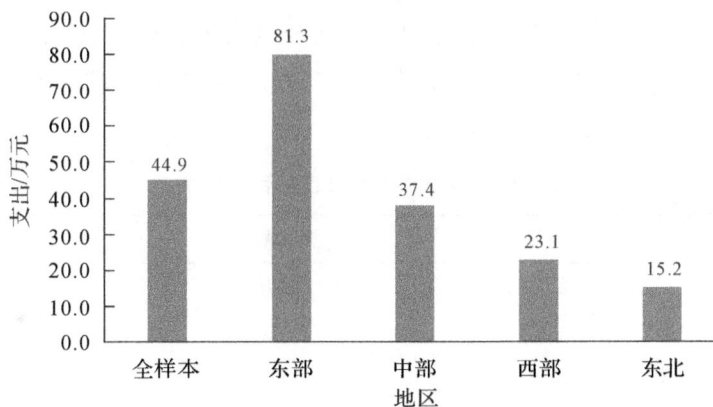

图 9-11 2019 年农村社区支出情况

表 9-9 总结了 2017 年东、中、西部农村社区的主要支出项目。东部农村社区主要支出项目为社区公共事务开销,平均支出为 31.7 万元,占总支出的 21.8%,其次为社区居民红利发放,平均支出为 27.4 万元,占比达到 18.8%;中部农村社区主要支出项是社区公共事务开销和集体经济投资,占比分别为 33.5%、7.0%;西部农村社区的支出主要为社区居民红利发

放，平均支出占比为 20.8%；东北地区农村社区的支出主要是社区公共事务开销和社区居民红利发放，分别占比 46.7% 和 11.2%。就全国平均而言，社区公共事务开销最大，平均支出为 20.2 万元，全国范围内支出项目占比为 23.8%。

表 9-9 2019 年农村社区主要支出项目

支出项目	全样本		东部		中部		西部		东北	
	均值/万元	占比/%	均值/万元	占比/%	均值/万元	占比/%	均值/万元	占比/%	均值/万元	占比/%
社区居民红利发放	7.4	16.4	16.4	20.1	2.6	6.9	3.4	8.0	1.7	11.1
集体经济投资	6.8	15.1	11.0	13.5	6.0	16.0	4.5	10.6	1.1	7.2
社区居民社会救助	1.7	3.7	2.9	3.5	2.1	5.6	0.4	0.9	0.9	5.9
社区公共事务开销	18.2	40.5	32.1	39.4	18.7	50.0	6.2	14.6	7.5	49.3

9.4.2 社区项目开展情况

农村社区项目的开展能重点解决农村社区当前较为紧迫的问题，促进其他各项事务的顺利进行。

如表 9-10 所示，2017 年我国农村社区平均开展 2.8 个项目，项目款均值为 95.7 万元，配套财政均值为 23.6 万元。其中，中部农村社区开展的项目最多，但项目款均值最低，为 82.9 万元。西部农村社区的项目款最高，为 114.0 万元，其配套财政均值为 11.5 万元。东部地区配套财政资金最多，为 44.7 万元。

表 9-10 2019 年农村社区项目开展情况

	项目数量/个	项目款/万元	配套财政资金/万元
全样本	2.7	105.4	25.2
东部	3.1	93.6	22.1
中部	3.2	114.0	19.1
西部	2.1	110.0	30.5
东北	2.3	93.0	37.2

9.5 农业用地

农业用地是我国广大农村地区农民进行生产活动的基本载体,了解土地确权及流转状况、农业用地产值和土地闲置情况等信息,有利于帮助农民提高生产经营效率,更大地发挥土地价值。

如图 9-12 所示,农村社区农业生产各环节使用机械的比例同样呈现出明显的区域差异。东北地区是我国的主要粮食产区,地广人稀,便于推广农业机械化。其耕地、播种和收获环节使用机械的比例都高于全国平均水平。东部地区、中部地区的农业机械化水平明显高于西部地区。

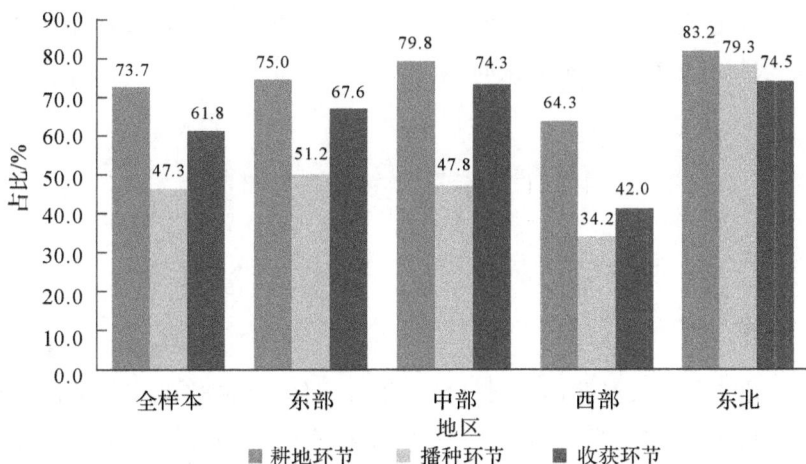

图 9-12 2019 年农村社区农业生产各环节使用机械的比例

表 9-11 反映了 2019 年农村社区经济作物的种植比例及平均总产值。2019 年全国农村社区的经济作物平均产值为 500.1 万元,经济作物面积占总体作物面积比例为 35.8%。其中,东部农村社区有 38.5% 的作物种植土地用于种植经济作物,平均产值最高,达到 620.0 万元;东北地区农村社区的经济作物面积占总体作物种植面积的比例最低,为 22.6%。

表 9-11 2019 年农村社区经济作物种植比例以及平均总产值

	经济作物面积占总体作物面积比例/%	平均总产值/万元
全样本	38.6	148.4
东部	43.9	155.0
中部	33.4	140.5
西部	40.6	146.7
东北	28.6	159.4

10　农村社区治理与公共服务

本章与前一章类似,依然利用中国农村家庭调查(CRHPS)中的农村社区调查数据,分析农村社区治理与公共服务的基本情况,包括农村社区治理主体、条件与机制。从调查的全样本来看,平均每个农村社区有6.6个村委会人员,村党支部书记中93.2%为男性,村党支部书记的学历主要是高中(职高)。全样本平均而言,有79.8%的农村社区建立了常设议事机构,有91.3%的农村社区已形成了自治章程;农村社区参与协调的纠纷主要是邻里日常矛盾,为61.5%,其次是夫妻矛盾,为45.2%;农村社区向社会组织购买的服务以卫生清洁居多;仍有较多的农村社区存在生态退化问题。

10.1　治理主体与机制

10.1.1　治理主体

村委会及其他工作人员是我国农村社区的治理主体,是农村社区主管职能的承担者,是负责决策、组织、指挥、协调和监督的人员,是实现村庄治理的关键。表10-1总结了农村社区治理主体的基本情况,从调查的全样本来看,平均每个农村社区有村委会人员6.6人,其他工作人员4.0人。其中,西部农村社区配置人员最多,平均每个社区有村委会人员7.6人和其他工作人员4.2人;中部地区和东北地区社区人员较少,中部地区村委会人员平均为6.0人,其他工作人员为3.7人;东北地区村委会人员平均为5.9人,其他工作人员为3.7人。

表 10-1　2019 年农村社区治理主体基本情况　　　　　　　　　　　单位:人

	村委会人员数量	其他工作人员数量
全样本	6.6	4.0
东部	6.4	4.0
中部	6.0	3.7
西部	7.6	4.2
东北	5.9	3.8

图 10-1 反映了农村社区党支部书记的性别构成情况。从调查的全样本来看,平均而言,村社区党支部书记93.2%为男性,6.8%为女性,性别占比差异仍然较大,但根据《中国农村家庭发展报告(2018)》的统计数据,2017 年村社区党支部书记 95.2%为男性,4.8%为女性。可见,村社区党支部书记的男女性别比差距有所缩小。

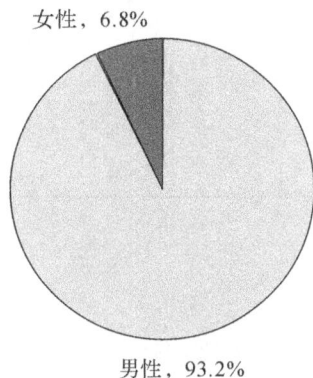

图 10-1 2019 年农村社区党支部书记的性别构成

表 10-2 反映了调查的全样本中,农村社区党支部书记的学历构成情况。整体来看,仅5.9%的村党支部书记拥有本科及以上学历;学历为高中(职高)的村党支部书记占比最大,为 30.3%;大专的村党支部书记其次,占比 28.8%。从地区来看,东北地区大专及以上学历的农村社区的党支部书记占比最高,为 49.2%;东部地区次之,为 38.4%。中部、西部地区占比较低。

表 10-2 2019 年农村社区党支部书记的学历构成 单位:%

地区	小学以下	小学	初中	高中(职高)	中专	大专	大学	研究生及以上
全样本	0.1	1.5	25.4	30.3	8.0	28.8	5.2	0.7
东部	0.0	0.0	23.9	29.6	8.1	30.4	6.5	1.5
中部	0.5	1.1	25.1	39.6	4.8	26.2	2.7	0.0
西部	0.0	3.8	28.8	27.1	9.3	25.4	5.6	0.0
东北	0.0	0.0	20.0	18.5	12.3	43.1	6.1	0.0

表 10-3 反映了农村社区党员的基本情况,从调查的全样本来看,平均而言,农村社区平均有59.1个党员,根据《中国农村家庭发展报告(2018)》的统计数据,2017 年这一数值为48.2,相比增长了约 10 个。其中 30 周岁以下占 12.0%,60 周岁以上占 41.1%,大专及以上占15.2%,女性党员占 18.1%。从地区上看,中部地区 30 周岁以下的社区党员占比为13.8%,比其他地区比例高。东北地区 60 周岁以上的社区党员占比最高,为 44.9%。东部地区大专及以上党员占比最高,为 64.1%。东部地区女性党员数量占比最高,达 19.7%。2019 年发展新党员最为活跃的地区是东北地区,平均新发展党员最多,为 1.9 个,占比为 40.4%。

表 10-3　2019 年农村社区党员状况

	社区党员数量	30 周岁以下		60 周岁以上		大专及以上		女性党员数量		2019 年新发展党员数量	
		均值/人	占比/%	均值/人	占比/%	均值/人	占比/%	均值/人	占比/%	均值/人	占比/%
全样本	59.1	7.1	12.0	24.3	41.1	9.0	15.2	10.7	18.1	1.4	2.3
东部	65.5	7.4	11.2	27.7	42.3	12.0	64.1	12.9	19.7	1.2	1.8
中部	55.1	7.6	13.8	22.9	41.6	8.3	15.1	8.6	15.6	1.2	2.2
西部	58.9	7.1	12.1	22.9	38.9	7.6	12.9	11.3	19.2	1.6	0.2
东北	47.0	4.4	9.3	21.1	44.9	5.4	11.5	6.7	14.3	1.9	40.4

10.1.2　治理机制

常设议事机构的建立、自治章程的形成、网格化管理的实施，以及村民代表大会的召开，是反映农村社区治理机制完善的重要指标。

在农村社区治理机制方面，如表 10-4 所示，从调查的全样本来看，79.8％的农村社区已建立常设议事机构，其中中部地区 85.6％的农村社区已建立常设议事机构；有 91.3％的农村社区已形成自治章程，其中西部农村社区自治章程的覆盖率达 91.6％；但实行网格化管理的农村社区占比仅为 68.1％，覆盖率最高的中部地区也仅有 72.7％。

表 10-4　2019 年农村社区治理机制基本状况（覆盖率）　　　　　　　　单位:％

	已建立常设议事机构	已形成自治章程	实行网格化管理
全样本	79.8	91.3	68.1
东部	73.3	89.9	70.4
中部	85.6	91.4	72.7
西部	84.8	91.6	65.0
东北	69.7	95.5	57.6

村民代表大会是农民表达民情的重要渠道，如图 10-2 所示，2019 年东部农村社区召开大会的次数为 14.2 次，中、西部和东北地区农村社区召开大会的次数约为 16.2 次、15.6 次和 11.8 次。

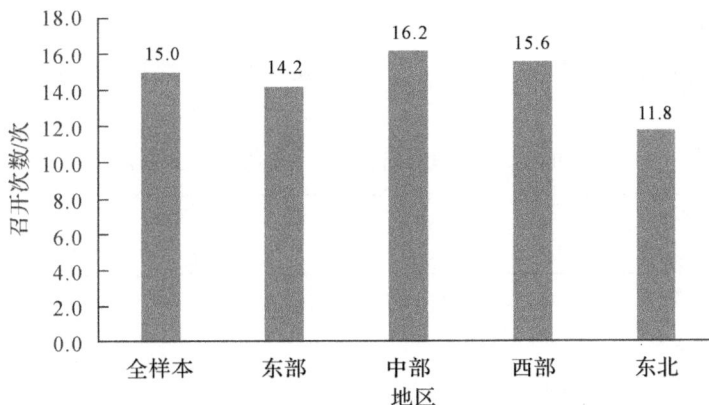

图 10-2　2019 年农村社区村民代表大会召开次数

10.2　治理条件

良好的治理条件有利于农村社区治理状况的改善,既能规范各项工作的流程,提高社区工作人员的工作效率,又能减少因办事迟缓、不便而产生的各种争端。表 10-5 反映了农村社区治理条件的基本状况。东北地区拥有独立办公地点的社区占比最高,达到 100%。全国农村社区拥有一站式服务窗口/大厅的比例为 66.8%,这一比例相较于 2017 年的 49.3% 有了很大提升。西部农村拥有一站式服务的社区最多,占比为 69.2%。

表 10-5　2019 年农村社区治理条件基本状况

地区	有独立办公地点的社区		有一站式服务窗口/大厅的社区	
	数量/个	占比/%	数量/个	占比/%
全样本	718	97.4	492	66.8
东部	240	97.2	160	64.8
中部	184	98.4	125	66.8
西部	228	96.2	164	69.2
东北	66	100	43	65.2

10.3　社区纠纷与矫正

社区治理水平的高低直接影响社会治理的整体成效。加强社会治理和促进社会治理创新,提升社区治理法治水平,将社区各项事务纳入法治轨道,实现规范运行,才能顺利推进社会法治。表 10-6 展示了 2019 年样本范围内农村社区纠纷与矫正情况。如表 10-6 所示,农村社区参与协调的纠纷主要是邻里日常纠纷，约占 61.5%。农村社区参与协调的纠纷由 2017 年的以"夫妻矛盾"为主（占比 50.5%）转化为 2019 年的以"邻里日常纠纷"为主（占比 61.5%）。

表 10-6　2019 年农村社区参与协调的纠纷情况　　　　　单位：%

	产权纠纷	物业纠纷	借贷纠纷	夫妻矛盾	抚养和监护纠纷	赡养和继承纠纷	土地拆迁	邻里日常矛盾	土地纠纷
全样本	21.8	2.0	9.9	45.2	18.6	24.8	16.6	61.5	55.1
东部	19.0	2.0	8.5	33.2	13.8	19.0	17.8	52.6	43.7
中部	21.9	1.6	11.8	51.9	15.0	21.4	15.5	65.8	55.1
西部	22.8	2.1	9.3	52.7	25.3	33.8	17.3	69.6	62.9
东北	28.8	3.0	12.1	43.9	22.7	24.2	12.1	53.0	63.6

10.4　社会组织

10.4.1　社会组织概况

社会组织是民间成立的、非政府、非营利性组织，是以公益为目的的组织团体。在农村社区中，社会组织虽然总数较少，但是在基层治理、公共服务活动开展等方面发挥的作用不容小觑。从表 10-7 来看，在本调查涉及的 737 个行政村中，社区居民成立的和外来入驻的社会组织共有 199 个。其中，对于社区居民成立的社会组织，就地区分布而言，东部地区最多，为 89 个；西部次之，为 69 个；东北地区最少，为 8 个。对于外来入驻的社会组织，就地区分布而言，东部地区最多，为 20 个；西部次之，为 12 个；中部地区和东北地区均为 0 个。

表 10-7　2019 年农村社区社会组织情况　　　　　单位：个

地区	社区居民成立的社会组织	外来入驻的社会组织	总计
全样本	179	20	199
东部	89	8	97
中部	13	0	13
西部	69	12	81
东北	8	0	8

从图 10-3 农村社区社会组织类型来看，全样本中农村社区中拥有公益服务类社会组织的社区最多，占比为 33.0%，依然保持第一位；拥有兴趣爱好类社会组织的社区也相对多，为 16.1%；拥有经济合作类社会组织的比例为 15.2%，和 2017 年的 9.3% 相比有很大提升，而

特殊群体服务类的社会组织的比例为 12.5%。相较而言,维权类和其他社区组织相对较少,分别为 4.5% 和 5.4%。

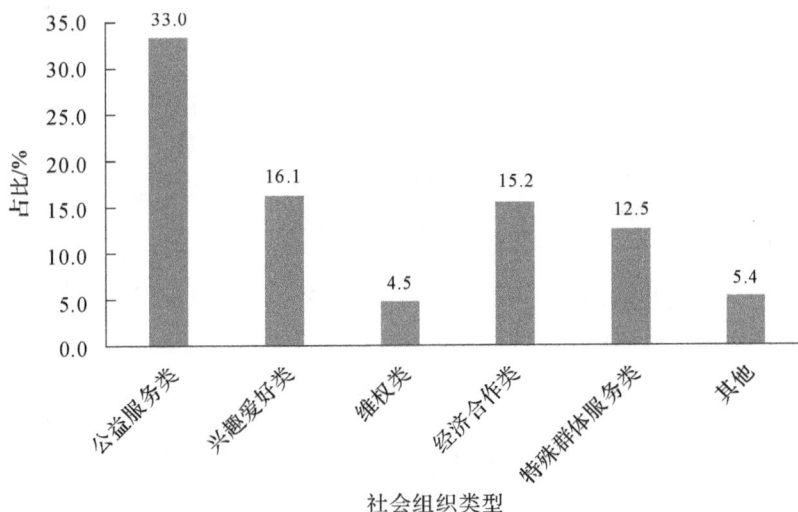

图 10-3 2019 年农村社区社会组织类型分布情况

10.4.2 社会组织提供的公共服务

与人民群众日益增长的公共服务需求相比,不少领域的公共服务存在质量不高、规模不大和发展不平等的问题。政府向社会力量购买服务,就是希望利用市场机制的作用,把政府直接向社会公众提供的一部分公共服务事项,按照一定的方式和程序,交给具备条件的社会力量承担,并由政府根据服务数量和质量向其支付费用。从图 10-4 来看,就全样本而言,农村地区向社会组织购买的服务主要集中在卫生清洁上,占比为 58.6%。其次为贫困家庭关爱照料,占比为 34.3%。老年人照料这一服务的占比也较大,为 31.4%。

从图 10-5 来看,农村社区向社会组织购买服务投入资金的地区差异较大,全样本范围内均值为 6.0 万元,最大值出现在东部,为 6.9 万元,西部地区为 6.3 万元,而中部地区最少,为 4.1 万元。

10.5 社区干部

农村社区干部的月补贴在一定程度上影响其治理社区的态度和效果,符合社区干部期望的月补贴标准更能激发其工作活力和提高其工作效率,促进农村社区治理水平的提高。

表 10-8 反映了农村社区干部对月补贴(实际到手收入)的态度与期望。认为补贴收入不合理的村干部占比最大,为 53.1%,和 2017 年的 56.9% 相比,这一比例有略微下降。从地区层面看,村干部认为"补贴收入不合理"比例最高值出现在东北地区,占比高达 72.7%,

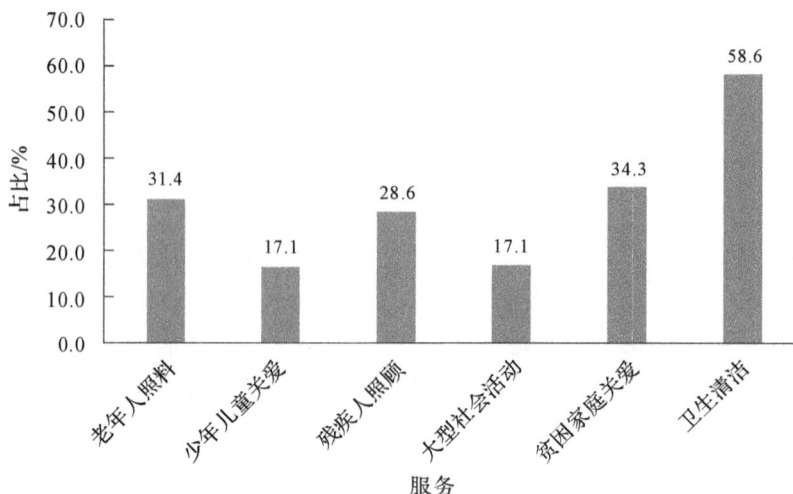

图 10-4　2019 年农村社区向社会组织购买服务的情况

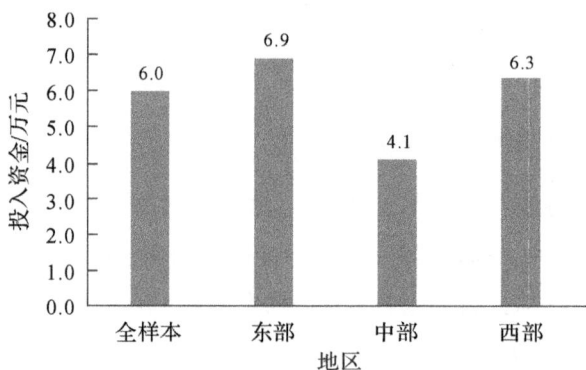

图 10-5　2019 年农村社区向社会组织购买服务投入的资金

其次是西部地区,占比为 61.2%。东部地区农村干部对于月补贴的期望最高,为 4458.8 元;西部、中部和东北地区分别为 3616.0 元、3463.9 元和 3333.8 元。

表 10-8　2019 年农村社区干部对月补贴的态度与期望

补贴收入是否合理	全样本	东部	中部	西部	东北
不合理/%	53.1	43.7	48.1	61.2	72.7
一般/%	24.0	26.3	30.0	20.3	12.1
合理/%	22.9	30.0	21.9	18.5	15.2
期望的月补贴/元	3834.1	4458.8	3463.9	3616.0	3333.8

10.6 社会保障

10.6.1 最低生活保障

如图 10-6 所示,2019 年样本最低生活保障为 445.4 元/人。东部地区最低生活保障金额最高,为 528.2 元/人;东北地区次之,为 414.5 元/人;西部地区为 405.3 元/人,中部地区最低,为 402.3 元/人。最低生活保障发放的周期有三种,分别为按月、按季和按年。

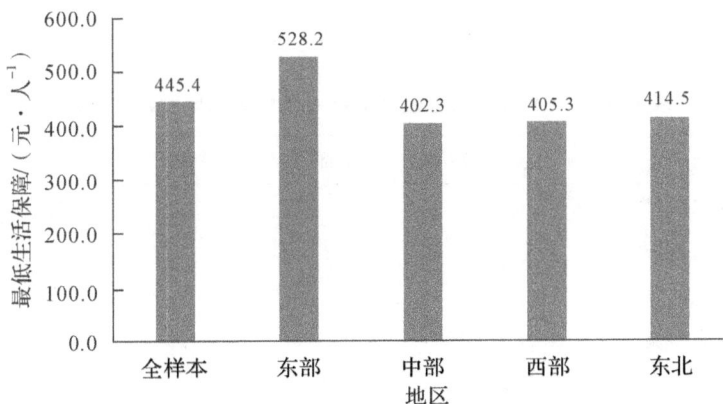

图 10-6 2019 年农村社区最低生活保障金额

10.6.2 其他社会保障项目

农村社区是农村社会保障工作的重要开展主体,社区对内部成员的关怀帮扶措施直接影响到社会保障工作的效果。如图 10-7 所示,全样本范围内拥有社区居家养老服务设施和项目的社区较少,比例仅为 22.5%。虽然比 2017 年的 19.6% 有所上升,但是全国的比例依然较低,为 22.5%。就地区而言,东部仍最高,占比为 32.8%。西部、中部和东北地区分别为 21.5%、13.9% 和 12.1%。

如表 10-9 所示,全样本农村社区开展的针对残疾人的帮扶措施主要集中在帮助残疾人申请残疾人补贴方面,开展过此措施的社区占比为 94.0%,其他帮扶行为开展得相对较少,地区层面也体现了这一特点。东部地区在提供公共服务无障碍措施上占比相对于其他地区更高,为 26.7%。在各个地区,未开展任何针对残疾人帮扶措施的社区都存在,其中东部地区占 6.9%,中部地区为 1.6%,西部地区为 2.1%,东北地区为 6.1%。

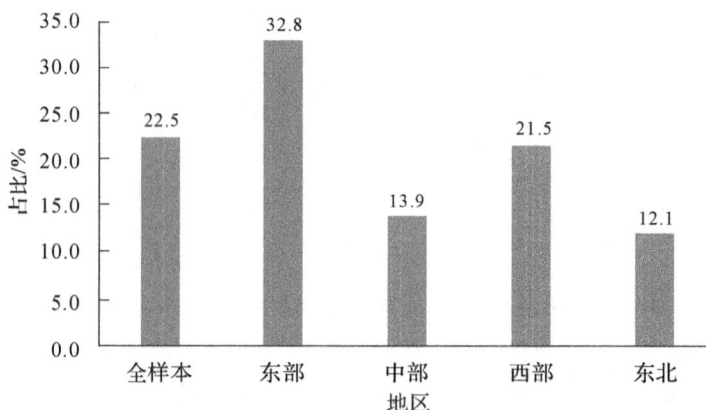

图 10-7　2019 年农村有居家养老服务设施和项目的社区占比

表 10-9　2019 年农村社区开展针对残疾人的帮扶措施情况　　　　　　　　单位：%

帮扶措施	全样本	东部	中部	西部	东北
帮助残疾人申请领取残疾人补贴	94.0	90.4	96.3	95.4	93.9
为残疾人提供日间照料和残疾康复服务	34.6	32.4	38.5	37.1	22.7
设有公共服务无障碍措施	23.3	26.7	7.2	18.6	13.6
为视力残疾人提供盲文选票	7.7	8.5	7.0	7.6	7.6
开展针对残疾人的就业项目	46.0	47.0	47.1	46.8	36.4
上述都没有	3.9	6.9	1.6	2.1	6.1

如表 10-10 所示，就全样本而言，农村社区开展的社会工作服务类型中，提供社区照顾服务项目的社区比例达 52.8%，就业辅导的开展比例为 42.6%，社区矫正为 47.1%。其中东北地区开展就业辅导的比例为 50.0%，相对其他地区较高。

表 10-10　2019 年农村社区开展的社会工作服务类型　　　　　　　　单位：%

社会工作服务类型	全样本	东部	中部	西部	东北
社区照顾	52.8	58.5	50.0	54.1	30.0
社区融入	25.8	31.7	21.4	20.8	20.0
社区矫正	47.1	51.2	57.1	41.6	30.0
社区康复	32.5	31.7	42.8	29.1	30.0
就业辅导	42.6	43.9	35.7	41.6	50.0
精神减压和心理疏导	28.0	34.1	14.2	29.1	20.0
其他	12.3	9.7	7.1	12.5	30.0
没有开展社会工作服务	0.0	0.0	0.0	0.0	0.0

10.7 环境保护

农村社区的环境卫生状况直接影响居民的健康状况及生产生活活动的开展情况。在全国范围内,如表 10-11 所示,全样本中,许多农村社区都存在生物多样性遭到破坏的问题,这一比例为 9.4%,存在地表径流减少或断流现象的社区占比也高,约为 13.9%。农村地表径流减少或断流问题最为严重的是中部地区,农村水井需要不断加深这一问题最为严重的是东北地区。

表 10-11 2019 年农村社会存在的社区生态退化问题比例 单位:%

存在的问题	全样本	东部	中部	西部	东北
地表径流减少或断流	13.9	10.6	20.3	12.2	13.6
水井需要不断加深	29.8	31.5	32.6	23.3	39.3
土壤沙化	5.8	4.0	7.4	5.9	7.5
土壤盐碱化	8.1	6.5	5.8	10.1	13.6
水土流失	13.9	9.0	16.5	13.5	25.7
森林遭砍伐	5.3	2.4	3.7	7.6	12.1
草地退化	4.7	2.4	2.1	6.3	15.1
生物多样性遭到破坏	9.4	7.7	10.6	8.0	16.6
以上都没有	51.2	56.1	46.5	54.2	36.3

如表 10-12,从社区采取的传染病预防方式来看,在全样本范围内,大多数社区(71.0%)采用了宣传栏这一方式,采用挨家挨户这一方式宣传的社区比例也较高(50.2%)。用新媒体平台宣传方式占比为 22.0%,相比于 2017 年的 11.7%,有了显著提高。各个地区用新媒体平台宣传的比例都有增长,东部地区由 2017 年的 6.1%上升到 17.4%;中部地区由 2017 年的 14.3%上升到 26.2%;西部地区由 2017 年的 14.8%上升到 25.7%。

表 10-12 2019 年农村社区采取的预防传染病方式的情况 单位:%

预防传染病措施	全样本	东部	中部	西部	东北
宣传栏公示	71.0	69.2	70.1	80.2	47.0
挨家挨户宣传	50.2	39.3	52.4	62.4	40.9
新媒体平台宣传	22.0	17.4	26.2	25.7	13.6
定期消毒	39.2	40.1	29.4	46.8	36.4
其他	5.8	6.9	6.4	4.2	6.1

如图 10-8 所示,从农村社区的秸秆处理方式来看,有 58.4％的社区选择秸秆还田,有 13.0％的社区仍然选择焚烧的方式处理秸秆,仅有 0.8％的社区将秸秆用作沼气来源。

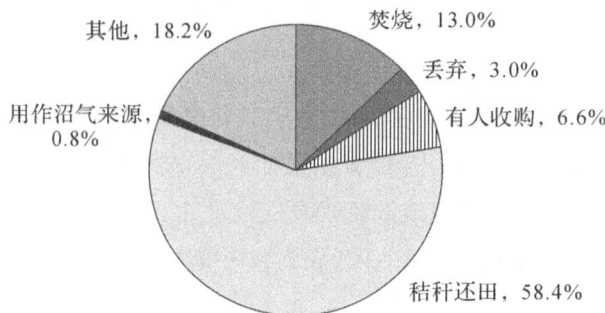

图 10-8　2019 年农村社区秸秆处理方式情况

10.8　社区培训

社区培训能帮助形成学习型社会氛围,启迪人们的心灵,使社区成员有权利分享改革开放和文化建设的成果,促进成员的技能提升与权益保护。调查结果显示,全样本范围的农村社区中,有 89.66％的社区有就业培训机构。

从全样本来看,设有就业培训机构的农村社区所提供的培训中,职业技能培训的提供比例最高,为 82.3％;就业指导培训的提供比例为 62.3％;法律和政策培训的提供比例为 31.7％;劳动安全和保护培训的提供比例为 30.5％;职业规划培训的提供比例为 16.4％。提供职业规划的农村社区占比最高的是东部地区,为 18.1％,提供职业技能的农村社区占比最高的是中部地区,为 95.8％。

表 10-13　农村社区就业培训机构提供的培训种类情况　　　　　　　单位:％

	就业指导	职业规划	法律和政策	劳动安全和保护	职业技能	其他
全样本	62.3	16.4	31.7	30.5	82.3	3.5
东部	50.0	18.1	27.2	31.8	81.8	4.5
中部	62.5	16.6	33.3	37.5	95.8	4.1
西部	72.7	15.1	36.3	27.2	72.7	0.0
东北	50.0	16.6	16.6	16.6	83.3	16.6

第五篇

调研结论

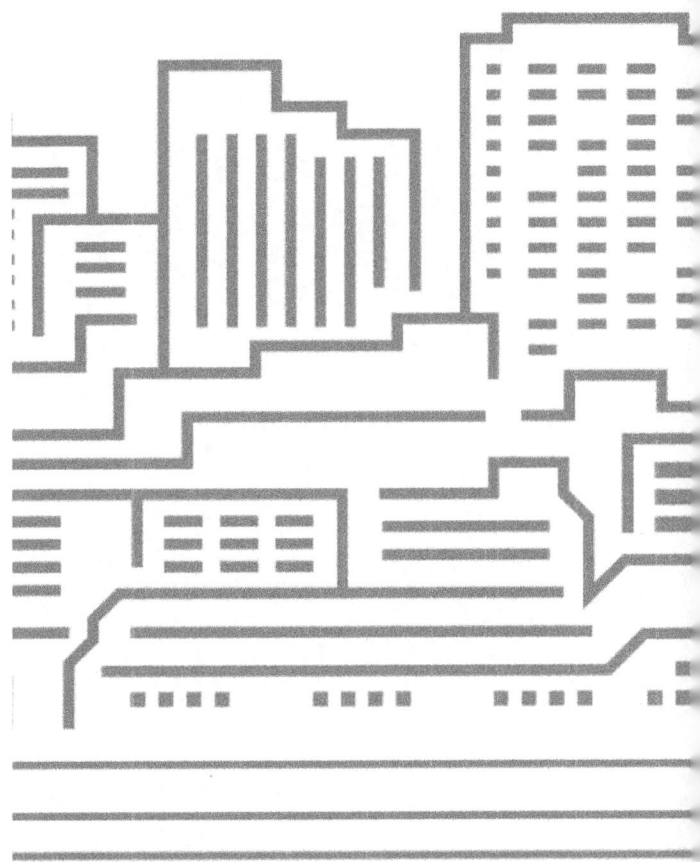

11 结 论

11.1 关于中国农村家庭发展的若干一般结论

本部分在前面各章分析的基础上,进一步利用中国农村家庭调查(CRHPS)数据进行系统分析和综合研究,对中国农村家庭呈现出来的新特点、新趋势、新问题进行总结和提炼。

(1)农村家庭规模大于城市家庭,家庭结构以夫妻家庭为主,单亲与隔代家庭多于城市

如图 11-1 所示,按家庭规模分,2019 年我国农村由 1 人组成的家庭占比为 1.7%,由 2 人组成的家庭占比为 18.2%,由 3 人组成的家庭占比为 16.4%,由 4 人组成的家庭占比为 20.6%,由 5 人组成的家庭占比为 17.8%,由 6 人组成的家庭占比为 16.1%,由 7 人组成的家庭占比为 5.6%,由 8 人组成的家庭占比为 1.8%,家庭成员数在 9 人及以上的家庭占比为 1.9%。

在小家庭规模(3 人及以下)中,城市家庭数量明显高于农村,尤其是 2 人家庭,城镇比例为 29.2%,农村为 18.2%,城市比农村高 11%。而当家庭规模大于等于 4 人时,农村家庭比例高于城市,其中农村 5 人家庭高于城市 6.4%,6 人家庭比城市高 7.9%,7 人家庭比城市高 3.1%。

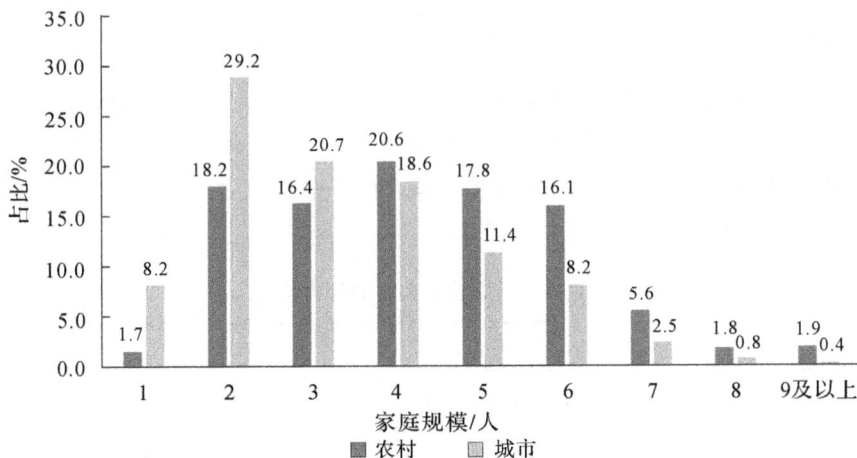

图 11-1 2019 年农村和城镇家庭规模构成

一方面,按家庭类型分类时,农村主要家庭类型为夫妻家庭与核心家庭,这点与城市家

庭结构相似。然而农村夫妻家庭比例为 32.6％,高于城市的 26.5％,农村的核心家庭为 22.5％,低于城市的 30.1％,这说明农村家庭类型以夫妻家庭为主,而城市以核心家庭为主。另一方面,农村主干家庭比例为 11.0％,与城市的 10.4％相近,且农村与城市的联合家庭均为 0.4％,比重较低。在单亲家庭与隔代家庭上,农村单亲家庭比重为 4.8％,高于城市的 3.8％,而农村的隔代家庭为 3.4％,高于城市的 2.2％。单亲家庭与隔代家庭均不利于对老年人口和幼龄人口的照顾,容易滋生一定的社会问题,因此政府与社会在这方面应给予农村地区更多的关注。

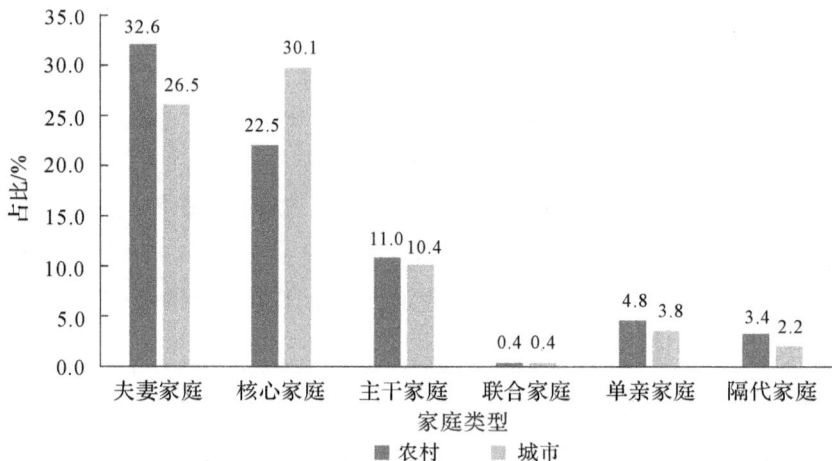

图 11-2　2019 年农村和城镇家庭类型构成

注:夫妻家庭:只有夫妻两人组成的家庭;核心家庭:由父母和未婚子女组成的家庭;主干家庭:由两代或者两代以上夫妻组成,每代最多不超过一对夫妻且中间无断代的家庭;联合家庭:指家庭中有任何一代含有两对或两对以上夫妻的家庭;单亲家庭:至少有一个孩子与单身家长居住在一起的家庭;隔代家庭:有缺代的家庭。

（2）农业就业人口呈现女性化,农村整体就业人口呈现老龄化

研究显示,我国农业就业人口中女性占比普遍高于男性,如表 11-1 所示。全样本女性农业就业人口占比 50.7％,男性农业就业人口占比 49.3％。分地区看,仅东北地区男性农业就业人口占比高于女性;东、中、西三地与全样本保持一致趋势,其中中部地区性别差异最大,其次为东部地区,西部地区相对差异最小。

表 11-1　农业就业人口的性别构成　　　　　　　　　　　　　　　　单位:％

性别	全样本	东部	中部	西部	东北
男	49.3	49.1	48.6	49.5	51.4
女	50.7	50.9	51.4	50.5	48.6

在年龄构成方面,我国农村整体的就业人口呈现老龄化特征。如表 11-2 所示,不论是全样本还是分地区,就业人口年龄都主要集中在 45—54 周岁。全样本 45—54 周岁的农业

就业人口占比 26.3%;东北地区此年龄段比例最高,达到 31.5%;中部地区最低,为 24.0%。

表 11-2　农村就业人口的年龄构成　　　　　　　　单位:%

年龄	全样本	东部	中部	西部	东北
16—24 周岁	5.1	4.2	5.2	6.2	3.6
25—34 周岁	21.0	19.2	22.0	22.7	17.9
35—44 周岁	18.3	18.6	17.4	18.7	18.7
45—54 周岁	26.3	27.4	24.0	26.3	31.5
55—64 周岁	17.5	19.3	18.1	14.4	20.3
65 周岁及以上	11.8	11.3	13.3	11.7	8.0

如图 11-3 所示,农业就业人口中女性主要集中在 25—34 周岁和 45—54 周岁,男性则明显集中在 45—54 周岁。在 25—34 周岁的年龄段,女性数量明显多于男性,而在 45—54 周岁,男性则多于女性。相比之下,在非农就业人口中,男性、女性的年龄峰值集中在 25—34 周岁,且男性略多于女性。由此可见,农村目前的农业人口以年轻女性和老年男性为主,整体呈现出老龄化、女性比例高的特征。

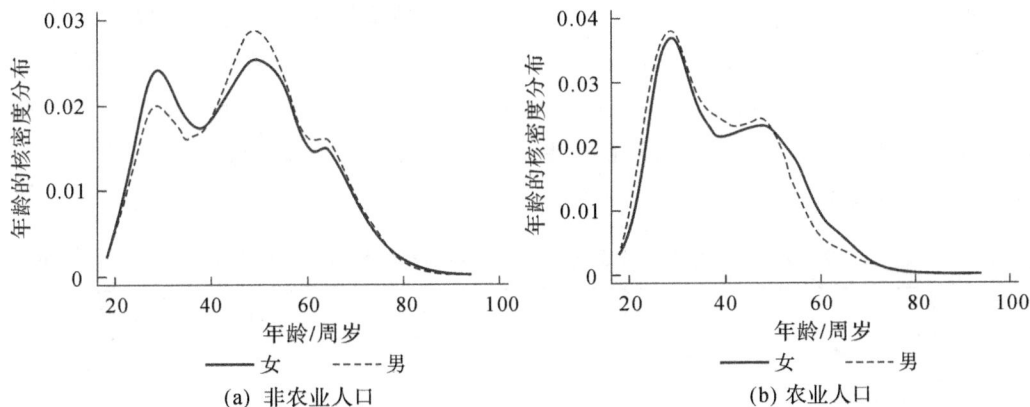

图 11-3　各性别就业人口的年龄分布

(3)具有外出务工经验的农民家庭具有更高的家庭总收入

研究显示,具有外出务工经验的农民家庭相比全体农民家庭具有更高的总收入。如表 11-3 所示,具有外出经验的农民家庭年户均总收入达到 51897.0 元,相比所有农民家庭的 41487.9 元,农民家庭具有外出经验约增加 25.1% 的总收入(基于所有农民家庭的年户均总收入计算)。相比所有农民家庭,有外出经验的农民家庭在非农收入上具有优势,尤其是工资性收入和财产性收入方面。统计结果表明,外出务工这一迁移行为可以赋予农户更强的增收能力,与大多数研究的结论一致。

表 11-3　依据户主进城务工经验划分的各项户均收入　　　　单位：元

收入类型	农民家庭	有外出经验的农民家庭	农民工家庭
总收入	41487.9	51897.0	64271.3
农业纯收入	6231.2	5947.8	2036.8
农业收入	11311.3	10688.3	3803.1
非农业收入	35256.7	45949.2	62234.5
工资性收入	26524.5	36358.7	46306.1
工商业收入	2500.3	3360.8	8737.1
财产性收入	455.9	466.5	1105.1
转移性收入	5776.0	5763.2	6086.3

（4）网络购物在农民家庭中已经具有较高的普及率

研究显示，网络购物在农民家庭中已经具有较高的普及率。如表 11-4 所示，就全样本而言，农民工家庭的网购消费参与率最高，达到 54.9%，参与率最低的农民家庭也达到了 27.9%。分地区看，东部地区的农民家庭网购参与率为 30.5%，在四地区中最高；东北地区农民家庭为 25.2%，在四地区中最低；中部地区有外出经验的农民家庭的网购参与率在四地区中最高，东北地区最低；西部地区的农民工家庭网购参与率在西部地区最高，同样在东北地区最低。分地区分析可知，就农民家庭整体而言，东部地区的网购普及率最高，而东北地区的网购普及率最低。在网络电商的快速发展中，网络购物已经逐渐走进农民家庭的生活，成为重要的消费购物方式。

表 11-4　不同地区依据进城务工经验划分的网购消费参与率　　　　单位：%

地　区	农民家庭	有外出经验的农民家庭	农民工家庭
全样本	27.9	43.2	54.9
东部	30.5	43.0	54.9
中部	25.8	44.3	55.8
西部	28.0	42.7	56.8
东北	25.2	39.9	45.3

（5）农户仍以种植业为主，其中以种植粮食作物和种植经济作物为主

如表 11-5 所示，从全样本来看，有粮食作物经营行为的农业家庭比例高达 83.2%，有经济作物经营行为的农业家庭比例为 45.4%，有畜牧业经营行为的农业家庭比例为 22.1%。从农民工样本来看，有粮食作物经营行为的农业家庭占比为 71.8%，经济作物占比为 44.3%，畜牧业、林业、渔业、其他农业占比分别为 15.8%、5.3%、3.6%、0.5%。农村样本有粮食作物经营行为的农业家庭比例约比城镇高 13.7%，有经济作物、畜牧业、林业经营行为

224

的农业家庭比例分别比农民工家庭高 1.3%、7.6%、0.1%,渔业则比农民工家庭低 1.2%。
就东/中/西以及东北地区而言,东北地区有粮食生产行为的农业家庭比例最高,为 95.2%;
有经济作物生产行为的农业家庭比例为东部地区最高,为 48.9%;有畜牧业经营的农业家庭
比例为西部地区最高,为 40.2%;林业占比为西部地区最高,为 6.5%;渔业占比中部地区最
高,为 4.5%。

表 11-5　2019 年农业生产经营行为类型　　　　　　　　　　　　　单位:%

生产范围	全样本	农村	农民工	东部	中部	西部	东北
粮食作物	83.2	85.5	71.8	74.4	89.5	82.7	95.2
经济作物	45.4	45.6	44.3	48.9	47.8	47.7	15.0
林业	5.4	5.4	5.3	6.3	4.6	6.5	1.2
畜牧业	22.1	23.4	15.8	7.4	22.8	40.2	13.0
渔业	2.5	2.3	3.6	2.3	4.5	1.4	0.3
其他农业	0.5	0.5	0.5	0.2	0.8	0.5	0.4

(6)在种植粮食作物的农户中,种植玉米、小麦和水稻的农户比例最高,地区之间差异
明显

如表 11-6 所示,从全样本来看,经营粮食作物主要为玉米、水稻、小麦、豆类、马铃薯、甘
薯等,具体而言,全国经营玉米的农业家庭占比为 69.2%,经营水稻的占比为 38.6%,经营
小麦、豆类、马铃薯、甘薯的比例分别为 35.6%、13.2%、9.4%、9.8%。就农民工样本而言,
粮食作物生产经营中,经营玉米的农业家庭比例最高,为 63.9%,其次为水稻,比例为
40.9%。就农村样本而言,经营玉米的占比为 70.1%,水稻的占比为 38.2%。就东/中/西
部以及东北地区而言,经营水稻的农业家庭占比最高的为西部,占比为 47.6%;经营小麦的
农业家庭占比最高的为东部,为 61.6%;经营玉米的占比最高的地区为东北地区,占比为
90.4%;经营马铃薯比例最高的地区为西部,约为 20.1%,约为中部地区的 3 倍、东部地区的
5 倍;经营甘薯占比最高的地区为西部,约为 17.7%;经营豆类的农业家庭比例最高的地区
为西部,约为 17.7%,比东部高约 10 个百分点。

表 11-6　2019 年粮食作物生产经营类型　　　　　　　　　　　　　单位:%

生产范围	全样本	农村	农民工	东部	中部	西部	东北
水稻	38.6	38.2	40.9	28.4	45.5	47.6	18.3
小麦	35.6	35.6	35.7	61.6	36.7	20.4	0.1
玉米	69.2	70.1	63.9	69.3	54.3	78.9	90.4
马铃薯	9.4	9.9	6.0	3.5	7.1	20.1	2.5
甘薯	9.8	9.8	9.7	3.2	11.0	17.7	1.4
豆类	13.2	13.3	12.7	8.4	13.3	17.7	13.9
其他	3.2	3.3	2.4	2.3	2.9	4.5	2.9

（7）种植经济作物的农户中，以蔬菜、花生和水果种植为主

如表 11-7 所示，展示了从事经济作物生产的家庭占比。各种经济作物中，有蔬菜、花生、瓜果、油菜等作物生产行为的家庭占比较高。从全样本看，经营蔬菜作物的农民家庭占比为 37.9%，经营花生、水果、油菜作物的农民家庭占比分别为 26.7%、23.1%、12.4%。比较农民工家庭样本和农村家庭样本可以发现，农民工样本家庭蔬菜经营占比高于农村样本家庭约 12.5%，油菜经营约高于农村样本家庭 0.1%，花卉经营高于农村样本家庭 3.4%，甘蔗生产经营比例与农村样本家庭一样；而农村家庭的花生、茶叶、棉花、烟叶、香料作物生产经营占比则高于农民工样本。就东/中/西部的比较而言，西部地区的茶叶、甜菜、甘蔗、烟叶、水果、香料作物生产经营占比最高，中部地区的花生和油菜生产经营比率最高，东部地区的棉花、蔬菜、花卉生产经营占比最高。而东北地区的主要经济作物类型是蔬菜、水果、花生。

表 11-7　2019 年经济作物生产经营类型　　　　　　　单位：%

生产范围	全样本	农村	农民工	东部	中部	西部	东北
花生	26.7	28.2	19.1	23.6	42.0	13.9	29.4
油菜	12.4	12.3	12.9	2.5	20.3	16.5	0.6
茶叶	4.9	5.3	2.7	2.4	4.5	8.4	0.0
棉花	8.0	8.3	6.4	17.5	6.0	0.1	0.0
甜菜	0.4	0.4	0.7	0.1	0.3	1.0	0.0
甘蔗	2.6	2.6	2.6	1.7	0.3	6.2	0.0
烟叶	2.1	2.5	0.4	0.6	0.5	5.8	0.3
蔬菜	37.9	35.8	48.3	43.4	33.3	36.1	42.6
水果	23.1	22.2	27.9	24.6	17.0	27.5	27.2
香料作物	3.0	3.3	1.5	1.0	1.7	6.7	0.0
花卉	1.2	0.7	4.1	2.1	0.8	0.8	0.7
其他	15.3	16.4	10.0	10.6	18.7	17.5	11.1

（8）中国农村家庭中播种面积较高的作物为水稻、小麦、玉米和烟叶

表 11-8 呈现了主要作物的播种面积。从全样本看，水稻种植户的水稻平均播种面积为 10.8 亩，其中农民工样本平均播种面积约为 10.5 亩，农村样本约为 10.9 亩。对于小麦，全样本小麦经营户平均播种小麦面积为 7.2 亩，中部地区最大，约为 9.2 亩。对于马铃薯，农民工样本平均播种面积约为农村样本的 2 倍，东部地区约为中部地区的 2 倍。对于甘薯，全样本甘薯播种面积平均为 1.5 亩，农村样本约为 1.6 亩，约为农民工样本的 2 倍；中部地区约为 2.0 亩，高于东部地区的 0.8 亩和西部地区的 1.2 亩。对于棉花，在全样本中，棉花播种面积平均为 3.8 亩，东部地区播种面积为 4.5 亩，远远大于中、西部地区的 1.5 亩和 1.3

亩。就烟叶播种而言,全样本平均播种面积为 9.5 亩,农民工样本约为 4.9 亩,而农村样本约为 9.5 亩;东部地区约为 11.4 亩,高于中、西部地区的平均水平。由于东北是粮食主产区,所以东北的水稻播种面积远远高于其他地区播种面积,为 55.2 亩。此外,东北的玉米、花生、豆类播种面积也远远高于中、东、西部地区。

表 11-8　2019 年主要农作物播种面积　　　　　　　　　　单位:亩

生产范围	全样本	农村	农民工	东部	中部	西部	东北
水稻	10.8	10.9	10.5	6.8	15.0	3.0	55.2
小麦	7.2	7.5	5.7	6.8	9.2	4.4	0.0
玉米	7.5	7.6	6.8	5.3	4.5	4.8	25.8
马铃薯	1.1	1.2	0.5	2.4	1.2	0.9	1.1
甘薯	1.5	1.6	0.9	0.8	2.0	1.2	6.1
豆类	3.3	3.0	5.3	1.5	3.0	1.5	14.4
花生	3.4	4.0	4.4	3.2	3.4	0.6	40.6
油菜	1.8	1.9	1.3	0.9	2.1	1.5	0.6
棉花	3.8	3.8	3.7	4.5	1.5	1.3	0.0
烟叶	9.5	9.5	4.9	11.4	10.6	9.1	9.0

(9)全国农户平均耕地面积为 8.7 亩,东部、中部和西部的户均耕地面积均低于全国户均耕地面积,东北的户均耕地面积显著高于全国水平

表 11-9 显示了拥有耕地承包权的农业家庭的耕地拥有面积均值及中位数统计结果。从全样本来看,农业家庭承包的平均耕地面积为 8.7 亩,中位数为 5 亩。对比农村样本和农民工样本,2019 年农民工样本家庭承包耕地面积均值小于农村样本,分别为 6.5 亩和 9.1亩。就地区而言,东北地区农业家庭承包耕地面积最大,为 24.3 亩,西部地区为 7.2 亩,东部地区为 6.9 亩。

表 11-9　2019 年农户耕地拥有情况　　　　　　　　　　单位:亩

	均值	中位数
全样本	8.7	5.0
农村	9.1	5.0
农民工	6.5	3.5
东部	6.9	4.3
中部	7.3	5.0
西部	7.2	4.0
东北	24.3	15.0

（10）西部地区的农业耕地细碎化程度最高，东部地区农业耕地细碎化程度最低

表 11-10 描述了农业经营耕地细碎化情况，具体而言，全样本农业经营户拥有的耕地平均为 5.4 块，中位数为 4.0 块，而农村样本每户拥有耕地平均为 5.6 块，农民工样本为 4.5 块。就地区来看，西部地区平均为 7.4 块，中位数为 6.0 块，而东部地区平均为 3.6 块，中位数为 3.0 块。中部地区和东北地区的中位数一样，为 4.0 块，就平均数而言，中部地区的 5.6 块高于东北地区的 5.0 块。

表 11-10　2019 年耕地细碎化情况　　　　　　　　　　单位：块

	均值	中位数
全样本	5.4	4.0
农村	5.6	4.0
农民工	4.5	3.0
东部	3.6	3.0
中部	5.6	4.0
西部	7.4	6.0
东北	5.0	4.0

（11）耕地撂荒的农户比例接近一成，且西部地区的比例最高，东北地区最低

表 11-11 描述了农业经营户的耕地撂荒情况。就撂荒比例而言，2019 年在全样本拥有耕地的农业经营户中，平均有 9.5% 的经营户撂荒，其中，农民工样本为 9.0%，低于农村样本的 9.6%。分地区来看，西部地区撂荒比例最高，为 14.8%，高于中部地区的 9.9% 和东部地区的 6.4%，东北地区最低，仅为 1.3%。就撂荒面积而言，在拥有撂荒行为的农业经营户中，2019 年全样本撂荒面积平均为 2.7 亩，农村样本撂荒面积为 2.9 亩，高于农民工样本的 2.1 亩。分地区来看，东北地区拥有撂荒行为的农户的平均撂荒面积为 7.5 亩，大于其他地区。

表 11-11　2019 年耕地撂荒比例及面积

	撂荒比例/%	撂荒面积/亩	
		均值	中位数
全样本	9.5	2.7	2.0
农村	9.6	2.9	2.0
农民工	9.0	2.1	1.5
东部	6.4	1.6	1.2
中部	9.9	3.3	2.0
西部	14.8	2.6	1.5
东北	1.3	7.5	2.5

（12）当前农户的农资采购渠道主要为农资店与超市，通过互联网采购的比例仍然比较低

如表 11-12 所示，整体来看，农资采购渠道主要为农资店与超市，占全样本的 63.5%，其次为农资市场，占比 24.9%。农民工样本占比分别为 63.5.3%、26.1%，农村样本占比分别为 63.5%、24.7%，东部地区占比分别为 65.2%、19.3%，中部地区占比分别为 70.4%、20.3%，西部地区占比分别为 55.2%、34.5%，东北地区占比分别为 61.4%、30.0%。就农资网上采购比例而言，虽然仍然占很小的比例，但相对于 2017 年有较大的提升，从 2017 年的 2.6% 上升到 2019 年的 4.4%。农资网上采购主要是通过村里网点代理进行。

表 11-12　2019 年农户农资采购渠道　　　　　　单位：%

渠道	全样本	农村	农民工	东部	中部	西部	东北
农资市场	24.9	24.7	26.1	19.3	20.3	34.5	30.0
销售人员下乡推销	6.2	6.7	3.7	7.2	4.6	6.6	6.4
农资店/超市	63.5	63.5	63.5	65.2	70.4	55.2	61.4
自己/家人直接网上采购	0.1	0.1	0.1	0.0	0.1	0.1	0.0
邻居/亲朋代为网上采购	0.1	0.0	0.2	0.1	0.0	0.1	0.1
通过村里网点代理进行采购	4.2	3.9	5.7	7.1	3.5	2.7	0.9
其他	1.0	1.1	0.7	1.1	1.1	0.8	1.2

（13）农产品主要通过小商贩进行销售，通过网络销售的比例较低

农产品销售渠道情况如下表 11-13 所示。对于农业生产经营家庭而言，就全样本来看，农产品的主要销售渠道是卖给小商贩，通过小商贩销售农产品的农业家庭比例为 67.8%。其次为消费者上门购买，通过该销售渠道销售农产品的农业家庭比例为 17.7%。通过网络销售农产品的比例最低，为 0.8%。农民工样本中通过网络销售和自家摆摊销售农产品的农业家庭比例是农村样本的约 2 倍。就地区差异而言，东部地区通过小商贩、合作社渠道销售农产品的家庭高于其他地区。西部地区通过企业或公司、消费者上门购买、自家摆摊和其他渠道销售的农业家庭比例高于东部、中部和东北地区。而东北地区通过政府/粮库渠道销售的农业家庭比例高于东、中、西部地区。

表 11-13　2019 年农户农产品销售渠道　　　　　　单位：%

渠道	全样本	农村	农民工	东部	中部	西部	东北
企业或公司	4.7	5.0	2.9	3.0	4.2	8.8	2.0
合作社	2.9	2.8	3.1	3.6	2.5	3.1	1.1
网络销售	0.8	0.7	1.6	1.3	0.5	0.8	0.3
小商贩	67.8	68.3	64.6	74.4	71.1	54.5	66.5

续表

渠道	全样本	农村	农民工	东部	中部	西部	东北
消费者上门购买	17.7	17.5	18.7	14.1	15.9	23.6	21.4
养殖户	2.0	2.0	1.9	2.5	1.3	2.6	1.1
自家摆摊	7.5	6.7	11.6	6.7	5.4	13.7	2.0
政府/粮库	3.3	3.3	2.9	2.9	2.9	2.8	6.4
其他	2.9	2.7	3.8	2.3	2.1	4.3	3.7

（14）流转服务水平提高，村委会作用发挥明显

近年来，随着参与流转的农户家庭的增多，不少家庭也在流转过程中获得了相对应的服务。表11-14显示，2015—2019年，没有获得过任何服务的农户家庭比例连续下降，而获得过各种不同类型服务的家庭占比具有一定程度的提高。

对比参与流转的家庭对不同类型服务连年上升的需求，在农地流转过程中获得过各类服务的比例仍然有提升空间。2019年，仅有14.1%的家庭获得过流转服务，仅有5.0%的家庭获得过协调和规范合同签订的服务，有4.8%的家庭获得过农地流转信息的服务，其余多种类型的服务的获得比例均在4%以下。对比农地流转中所需服务的需求和获得过农地流转相关服务的家庭的占比差距，应继续加强相关服务组织和机构的建设，从参与流转家庭的实际需求出发，普及和落实各项流转服务，从而促进农地更为顺畅地流转，切实保障参与流转家庭的利益。

表11-14　农地流转中获得过不同类型服务的家庭占比　　　　　　　　单位：%

服务类型	2015年	2017年	2019年
提供农地流转信息	2.7	4.0	4.8
提供农地流转政策宣传与解读	1.8	2.7	5.7
提供农地流转租金价格评估	1.5	2.1	3.5
提供法律咨询	1.0	1.1	2.1
协调和规范合同签订	3.1	5.6	5.0
监督流转行为	1.1	1.8	2.5
调解土地纠纷	1.5	1.5	2.8
没有获得过任何服务	93.0	88.1	85.9

提供服务的各组织机构在农地流转过程中发挥了巨大的作用，2019年有66.9%参与流转的家庭获得过村委会的服务，政府主导的交易服务中心为19.4%的流转家庭提供过服务，村民间的相互帮忙占比达到14.3%，受到农村合作社和农地流转中介服务的农村家庭分别占11.0%和3.4%。从与2017年的对比来看，村委会、政府主导的交易服务中心以及农村

合作社在提供流转服务上发挥了越来越大的作用。因此,在未来提升农地流转服务水平的过程中,一方面需要继续充分发挥村委会、政府主导的交易中心的服务作用,另一方面可以加大力度发展农地流转中介以及互联网平台等目前占比较小的组织机构。

表 11-15　农地流转中获得过各类组织机构服务的家庭占比　　　　单位:%

组织机构	2017 年	2019 年
政府主导的交易服务中心	11.9	19.4
农地流转中介	3.0	3.4
村委会	55.5	66.9
农村合作社	6.5	11.0
农业企业	1.7	1.6
其他村民	23.3	14.3
互联网平台	0.3	1.7
传统媒体	0.8	2.5
其他	2.9	1.8

(15)农民工就地就近迁移的趋势愈发明显,举家迁移比例较高

从表 11-16 可知,家庭成员单个外出打工的总体比较少见,大多数家庭成员随农民工迁移,个体迁移的比例平均只有 10.4%,其中本地农民工只有 7.7%。

表 11-16　2019 年居住在一起的农民工家庭成员数量(全样本、西部、东北)　　　单位:%

除受访者外居住在一起的家庭成员/人	全样本			东部			中部		
	平均	本地	外地	平均	本地	外地	平均	本地	外地
0	10.4	7.7	15.2	10.1	7.7	16.4	9.7	7.6	12.4
1	26.4	29.1	21.5	28.2	30.8	21.2	25.1	29.2	20.0
2	24.4	21.1	30.1	22.9	21.0	28.1	23.9	18.5	30.7
3	20.6	19.9	21.8	20.2	19.1	23.1	22.2	21.4	23.2
4	9.8	12.0	5.8	10.3	12.2	5.2	9.0	11.3	6.2
5	6.3	7.1	4.9	6.1	6.5	5.1	7.8	8.8	6.5
6	1.6	2.2	0.6	1.8	2.2	0.5	1.4	1.9	0.9
7	0.4	0.5	0.1	0.3	0.3	0.3	0.5	0.8	0.1
8	0.1	0.2	0.0	0.1	0.1	0.1	0.2	0.4	—
9	0.0	0.2	0.0	0.0	0.1	0.0	0.2	0.1	—
10	0.0	0.0	0.0	0.0	—	0.0	0.0	0.0	—
11	0.0	0.0	—	0.0	0.0	—	0.0	0.0	—
12	0.0	0.0	—	0.0	0.0	—	0.0	0.0	—
14	0.0	—	—	—	—	—	—	—	—
样本数量	8260	5888	2372	3322	2476	846	1777	1228	549

续表 11-16　2019 年居住在一起的农民工家庭成员数量　　　　单位：%

除受访者外居住在一起的家庭成员/人	西部			东北		
	平均	本地	外地	平均	本地	外地
0	10.6	7.8	14.1	14.7	7.9	23.4
1	22.4	22.1	22.9	30.0	34.1	24.7
2	26.7	23.3	30.9	29.7	26.2	34.3
3	21.0	21.3	20.7	15.7	17.8	13.0
4	10.3	13.0	7.0	7.4	10.4	3.4
5	6.4	8.6	3.8	1.8	2.6	0.8
6	1.7	2.6	0.6	0.7	1.0	0.4
7	0.6	1.1	—	—	—	—
8	0.2	0.0	—	0.0	0.0	—
9	0.1	0.2	—	—	—	—
10	—	—	—	—	—	—
11	—	—	—	—	—	—
12	—	—	—	—	—	—
14	0.0	—	0.0	—	—	—
样本数量	2586	1780	806	575	404	171

以下是不住在一起的农民工家庭人员数量情况。从表 11-17 可以发现，举家迁移的农民工比例较高，达到了 83.0%，仅有少数家庭成员留守在农村，本地与外地农民工举家迁移情况差别不大。

表 11-17　2019 年不与受访者居住在一起的农民工家庭成员数量（全样本、东部、中部）　　单位：%

不与受访者居住在一起的家庭成员/人	全样本			东部			中部		
	平均	本地	外地	平均	本地	外地	平均	本地	外地
0	83.0	82.2	84.4	83.6	83.1	85.0	82.4	81.8	83.0
1	9.7	10.1	9.0	8.6	9.1	7.3	10.7	10.1	11.3
2	4.1	4.2	4.0	4.3	4.3	4.4	4.3	4.6	4.0
3	1.5	1.6	1.4	1.5	1.4	1.7	1.4	1.7	1.0
4	1.0	1.2	0.8	1.2	1.3	1.1	0.9	1.2	0.5
5	0.4	0.5	0.3	0.6	0.6	0.5	0.1	0.1	0.2
6	0.2	0.2	0.1	0.2	0.2	0.0	0.1	0.3	0.0
7	0.1	0.0	—	0.0	0.0	—	0.1	0.2	—
8	0.0	0.0	—	0.0	0.0	—	0.0	0.0	—
9	0.0	0.0	—	—	—	—	—	—	—
样本数量	8260	5888	2372	3322	2476	846	1777	1228	549

表 11-17　2019 年不与受访者居住在一起的农民工家庭成员数量(西部、东北)　单位:%

不与受访者居住在一起的家庭成员/人	西部			东北		
	平均	本地	外地	平均	本地	外地
0	82.3	79.7	85.4	83.2	82.5	84.2
1	11.2	12.9	9.1	9.8	10.8	8.4
2	3.5	3.5	3.5	4.0	4.2	3.7
3	1.4	1.7	0.9	2.6	1.8	3.7
4	1.0	1.1	0.8	0.3	0.5	—
5	0.3	0.5	0.1	0.1	0.2	—
6	0.3	0.5	0.2	—	—	—
7	0.0	0.1	—	—	—	—
8	0.0	0.0	—	—	—	—
9	0.0	0.0	—	—	—	—
样本数量	2586	1780	806	575	404	171

(16)本地农民工主要居住在家庭成员自有房屋中,外地农民工则主要居住在租赁房屋中

表 11-18 展示了农民工家庭当前居住房屋的属性。从全样本层面来看,89.6%的农民工家庭所居住的房屋为家庭成员自有,93.8%的本地农民工居住在家庭成员自有的房屋中,67.8%的外地农民工居住在家庭成员自有的房屋中。从不同地区来看,东部地区农民工居住在家庭成员自有住房中的比例为 88.4%,略低于中部(90.1%)、西部(90.3%)、东北地区(90.8%),无论哪个地区,外地农民工多以居住在家庭成员自有的住房、租赁的住房中为主。其中,在东部地区,57.3%的外地农民工居住在家庭成员自有住房中,这一比例仅为东部本地农民工居住在家庭成员自有住房中比例的一半左右,而 39.0%的外地农民工则居住在租赁房中;在中部地区,74.3%的外地农民工居住在家庭成员自有住房中,而 21.6%的外地农民工则居住在租赁房中;在西部地区,72.3%的外地农民工居住在家庭成员自有住房中,而23.4%的外地农民工则居住在租赁房中;在东北地区,70.4%的外地农民工居住在家庭成员自有住房中,而 25.9%的外地农民工则居住在租赁房中。由此可见,外地农民工居住在家庭成员自有住房中的比例普遍低于同地区本地农民工的比例,外地农民工居住在租赁住房中的比例普遍高于同地区本地农民工的比例。这与农民工就业半径有关:本地农民工基本都在家附近就业,通勤距离与时间不长;外地农民工就业半径比本地农民工长,通勤距离与时间较长,部分外地农民工倾向于在就业地点附近租赁房屋居住。

表 11-18　2019 年农民工当前居住住房属性　　　　　　　　　　单位：%

	全样本	东部	中部	西部	东北
家庭成员自有的	89.6	88.4	90.1	90.3	90.8
租赁的	6.8	8.0	5.9	6.4	6.2
免费居住的	3.6	3.6	4.0	3.3	3.0
小计	100.0	100.0	100.0	100.0	100.0
本地农民工					
家庭成员自有的	93.8	93.8	93.8	93.9	94.2
租赁的	2.6	2.6	2.3	3.0	2.9
免费居住的	3.6	3.6	3.9	3.1	2.9
小计	100.0	100.0	100.0	100.0	100.0
外地农民工					
家庭成员自有的	67.8	57.3	74.3	72.3	70.4
租赁的	28.2	39.0	21.6	23.4	25.9
免费居住的	4.0	3.7	4.1	4.3	3.7
小计	100.0	100.0	100.0	100.0	100.0

（17）农民工家庭的购房意愿都比较低，本地农民工更多是为子女购房，而外地农民工则是为拥有自有住房而购房

在问及未来新购住房打算时，绝大部分农民工家庭没有购房计划。全样本中计划未来新购住房的比例仅为 16.1%，多集中在未来 2—5 年内购房（6.3%）和 5—10 年内购房（4.2%）；本地农民工的 14.5%、外地农民工的 24.5% 计划未来新购住房，大部分集中在未来 2—10 年购房，超过 10% 的外地农民工计划 2—5 年内购房，几乎是本地农民工数据的 2 倍（见表 11-19）。

表 11-19　2019 年农民工家庭未来新购住房计划　　　　　　　　单位：%

	全样本	本地农民工	外地农民工
计划 1 年内购房	1.1	1.0	1.6
计划 1—2 年内购房	2.5	2.2	4.1
计划 2—5 年内购房	6.3	5.6	10.2
计划 5—10 年内购房	4.2	3.7	6.7
计划 10 年以后购房	2.0	2.0	2.0
不清楚	4.1	3.7	6.1
没有计划购房	79.8	81.8	69.3

表 11-20 总结了农民工家庭新购住房的目的。在全样本中,新购住房目的排名前三的分别是结婚/分家/为子女购房,占比 48.2%;子女教育/购买学区房换房,占比 23.5%;换房/改善当前居住环境,占比 13.0%。对于本地农民工来说,新购住房目的排名前三的与全样本一致,且超过一半的本地农民工因为结婚/分家/为子女购房才计划新购住房。对于外地农民工来说,情况有些不一样,新购住房目的排名第一的仍旧是结婚/分家/为子女购房,占比 32.3%,排名第二的却是因之前无房而买来居住,占比为 22.8%,排名第三的则是因子女教育购买学区房,占比为 22.6%。产生这样的差异,原因之一是:部分本地农民工因就业地点就在当地城镇,原来就有自己的住房,城镇就业后积累一定资金会选择购买新房改善居住环境;而部分外地农民工离开家乡,迁移到当前居住城镇就业之前,在当地没有属于自己的住房,因此新购住房"落地生根"。

表 11-20　2019 年农民工家庭计划新购住房目的　　　　单位:%

	全样本	本地农民工	外地农民工
以前没有房子,用于居住	8.6	3.9	22.8
结婚/分家/为子女购房	48.2	53.5	32.3
换房/改善当前居住环境	13.0	11.6	17.0
子女教育/购买学区房	23.5	23.9	22.6
自有住房离工作地太远	1.4	1.4	1.4
拆迁征收	0.5	0.7	0.2
用于投资,比如出租或出售	0.5	0.6	0.4
用于养老/度假	1.9	2.0	1.6
其他	2.4	2.4	1.7

(18)农村社区生活用水设施大幅改善

在 2019 年农村社区用水的主要来源中,从全样本来看,农村社区生活用水设施大幅改善,全国农村平均"自来水"普及率达 66.0%。2015 年农村社区的主要用水来源还不是"自来水",2017 年"自来水"占农村社区生活用水来源的 50.8%,成为主要用水来源。2019 年这一指标进一步提高了 15.2%,展现了农村社区生活用水设施的持续进步。

表 11-21　2019 年农村社区用水的主要来源占比　　　　单位:%

地区	江河湖水	井水/山泉水	自来水	矿泉水/纯净水/过滤水	雨水	窖水	池塘水	其他
全样本	0.8	31.1	66.0	0.5	0.2	0.5	0.4	0.5
东部	0.0	24.1	73.9	1.1	0.0	0.0	0.3	0.6
中部	1.2	40.3	55.6	0.6	0.6	0.0	0.6	1.1
西部	1.6	27.5	69.0	0.0	0.0	1.5	0.4	0.0
东北	0.0	45.4	54.6	0.0	0.0	0.0	0.0	0.0

(19)农村社区能源消费结构持续优化,管道天然气/煤气比例大幅上升,柴草比例快速下降

在 2019 年全国农村居民做饭主要燃料来源中,管道天然气/煤气占比达 31.1%,在 2017 年占比 19.2%的基础上进一步上升了 12%左右,成为农村居民做饭的最大燃料来源。柴草的比例由 2015 年的 40.5%降低至 2017 年的 32.8%,进一步降至 2019 年的 21.6%,不再成为农村居民做饭的最大燃料来源,这体现了农村社区能源消费结构持续优化。

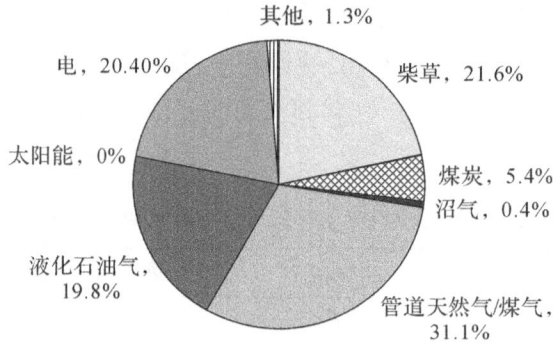

图 11-4　2019 年全国农村居民做饭主要燃料来源占比

11.2　关于中国农村家庭分化状况的若干结论

党中央在"十四五"规划和 2035 年远景目标中提出,要"全面实施乡村振兴战略,强化以工补农、以城带乡,推动形成工农互补、城乡互促、协调发展、共同繁荣的新型工农城乡关系,加快农业农村现代化"。在构建这一新型工农城乡关系的过程中,家庭作为社会经济运行网络中的基本微观单元,随着全社会生产经营方式的变革,工农就业关系将发生内部分工和分化等变化。基于这一基本判断,系统性地对我国农村家庭的分化状况进行分析就显得十分必要。我们在前面各章分析的基础上,把相关结论和观点总结如下。

(1)相比纯农户,兼业农户具有更高的家庭总收入

研究显示,在按农业收入占家庭总收入的比重划分的四种农户类型中,一兼农户年户均总收入高于二兼农户,并且两者的年户均总收入均显著高于纯农户。如表 11-22 所示,一兼农户的年户均总收入达到 58434.9 元,高于二兼农户的 51776.8 元,同时明显高于纯农户的 17123.8 元,超出幅度为 241.2%(基于纯农户的年户均总收入计算)。相比纯农户,一兼农户的收入优势主要体现在农业纯收入和工资性收入上,二兼农户的收入优势主要体现在工资性收入和工商业收入上。通过一系列对比可知,兼业农户相较传统农户具有更强的营收能力,传统农户为了提高收入逐渐往兼业方向转变。

表 11-22　依据农户分化程度划分的各项户均收入　　　　　　单位:元

收入类型	纯农户	一兼农户	二兼农户	非农户
总收入	17123.8	58434.9	51776.8	56661.7
农业纯收入	9613.2	38534.8	12492	1026.1
农业收入	17248.3	53881.2	19950.4	2277.5
非农业收入	7510.5	19900.1	39284.8	55635.7
工资性收入	930.9	15389.7	32747.7	43679.0
工商业收入	228.8	1317.2	2689.4	4528.3
财产性收入	198.9	195.2	232	781.5
转移性收入	6151.9	2998.1	3615.8	6646.9

(2)纯农户与兼业农户之间人口特征具有差异。兼业农户的平均年龄低于纯农户,但受教育程度高于纯农户

由表 11-23 可知,从全样本结果来看,相对于其他农户类型,女性的人口占比没有太大差异,比例在 50% 左右。纯农户的平均年龄为 43.3 周岁,显著高于一兼农户、二兼农户和非农户的平均年龄。而受教育程度则是一兼农户、二兼农户和非农户高于纯农户。农村和农民工样本中,农户的女性占比、年龄以及受教育程度在不同农户类型中的变化趋势与全样本一致。对比农村样本和农民工样本,女性占比没有显著的差异,但是农村样本中不同类型农户的年龄略高于对应的农民工样本农户类型,而受教育程度农村样本则低于农民工样本。

表 11-23　2019 年不同农户类型家庭人口特征比较

	劳动力特征	纯农户	一兼农户	二兼农户	非农户
全样本	女性占比/%	48.1	49.0	46.9	48.3
	平均年龄/周岁	43.3	35.2	35.1	35.3
	受教育程度	2.7	3.2	3.1	3.4
农村	女性占比/%	48.0	48.2	46.8	47.8
	平均年龄/周岁	43.5	35.6	35.3	36.6
	受教育程度	2.6	3.1	3.1	3.2
农民工	女性占比/%	48.8	54.4	47.7	49.0
	平均年龄/周岁	42.2	32.5	34.4	33.7
	受教育程度	2.9	3.8	3.4	3.8

(3)一兼农户的粮食作物和经济作物播种面积均显著高于其他类型农户,而二兼农户的粮食作物和经济作物播种面积均略低于纯农户

表 11-24 展示了不同分化程度农户的主要农作物播种面积。从表中可以看出,一兼农户的主要农作物种植面积高于纯农户、二兼农户和非农户,纯农户的播种面积略高于二兼农

户。对于水稻种植面积,一兼农户为 34.3 亩,是纯农户种植面积的 2 倍多,是二兼农户的 4 倍多。对于小麦种植面积,一兼农户为 16.8 亩,是纯农户和二兼农户的约 2 倍。对于玉米种植面积,一兼农户为 21.7 亩,同样为纯农户和二兼农户的 2 倍多。对于豆类、花生、烟业等经济作物,一兼农户的播种面积仍是纯农户和二兼农户的 2 倍多。但对于马铃薯、甘薯、油菜、棉花等经济作物,不同类型农户之间的播种面积没有太大的差异。

表 11-24　2019 年不同分化程度农户主要农作物播种面积　　　　　　　　单位:亩

生产范围	纯农户	一兼农户	二兼农户	非农户
水稻	14.6	34.3	8.3	3.2
小麦	8.8	16.8	6.8	4.3
玉米	8.7	21.7	7.8	3.6
马铃薯	1.3	1.4	1.3	0.7
甘薯	1.3	1.7	1.1	0.7
豆类	3.3	11.5	3.1	1.9
花生	3.8	11.6	3.8	3.5
油菜	1.8	2.2	2.4	1.4
棉花	4.6	6.1	3.7	2.7
烟叶	10.7	10.1	7.1	6.0

（4）一兼农户的农资采购费用要高于纯农户和二兼农户

如图 11-5 所示,就全样本来看,农业家庭经营户的亩均农资投入为 1277.4 元。分不同的分化程度农户看,一兼农户的亩均农资投入费用最高,为 2699.8 元;其次为纯农户,亩均农资投入费用为 1831.3 元;非农户的亩均农资投入费用最少,为 439.7 元。

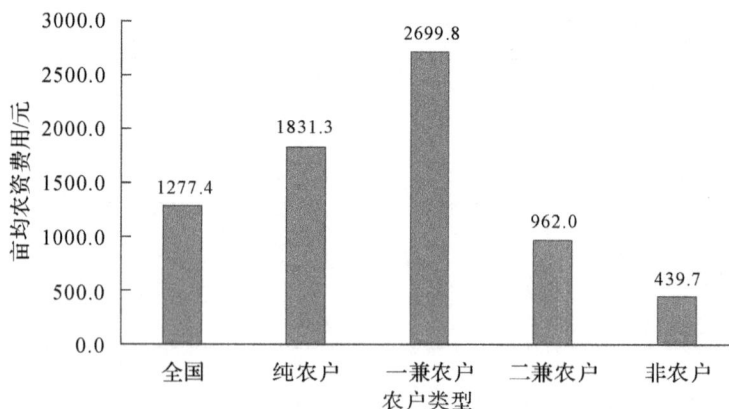

图 11-5　2019 年不同分化程度农户的农资费用比较

(5)一兼农户农业总产值显著高于纯农户和二兼农户。东北地区农业总产值最高,其次为东部,中部和西部地区农业总产值基本相同

如表 11-25 所示,就全样本而言,农业总产值平均为 22806.0 元。就地区而言,各地区农业总产值差异较大,东北地区的农业总产值为 41071.5 元,明显高于东、中、西部地区的农业总产值。对比农村样本和农民工样本,农民工样本的农业总产值 26168.0 元,高于农村样本的 22115.7 元。就中位数而言,农村样本的中位数为 6270.0 元,是除了东北地区的 16000.0 元之外最高的。从农户分化程度上看,就均值的结果而言,一兼农户的农业总产值远远高于纯农户、二兼农户和非农户,为 31730.6 元,同时中位数也是四种农户类型中最高的,为 45000.0 元。虽然纯农户的平均产值高于二兼农户,但是其产值的中位数却低于二兼农户。

表 11-25 2019 年家庭农业总产值 单位:元

		均值	中位数
	全样本	22806.4	6000.0
	农村	22115.7	6270.0
	农民工	26168.0	4000.0
地区	东部	28231.3	6000.0
	中部	17441.8	5500.0
	西部	17159.9	4800.0
	东北	41071.5	16000.0
农户类型	纯农户	31730.6	7000.0
	一兼农户	80895.8	45000.0
	二兼农户	19951.7	12900.0
	非农户	5028.6	3500.0

(6)农村确权颁证普及,二兼农户拥有耕地经营权证书比例最高

土地的确权颁证是规范耕地流转的基础,表 11-26 展示了不同分类下,2019 年各类农村家庭拥有耕地经营权证书的比例。总体而言,有 79.0% 的农村家庭拥有耕地承包经营权证书,可见确权颁证工作在大部分农村地区有了一定程度普及和完善。细分来看,二兼农户拥有耕地经营权证书的家庭比例最高,占到 82.5%,纯农户和非农户家庭拥有耕地经营权证书的比例低于一兼农户,为 78.5%。从地域差异看,东、中部地区农村家庭拥有耕地承包经营权证书的比例较低,西部地区和东北地区农村家庭的耕地确权颁证工作落实较好,拥有耕地经营权证书的比例高于其他地区,均超过 80%。

表 11-26　拥有耕地经营权证书的家庭比例　　　　　　　　　单位：%

分类	拥有耕地经营权证书的家庭比例
农村家庭	79.0
纯农户	78.5
一兼农户	76.4
二兼农户	82.5
非农户	78.5
东部	79.0
中部	76.9
西部	81.5
东北	80.3

（7）不同兼业程度农户在耕地流转的行为和效果上均有不同程度的差异

在耕地流转的行为上，以流转租金为例，根据农业收入占家庭总收入比重大小分类后发现，不同类型农户转出转入租金也有所不同。

总体而言，农村家庭平均的转出租金为 548 元/亩，转入租金为 363 元/亩。在耕地转出中，纯农户呈现了与其他三类农户不同的状态。纯农户的平均转出租金为 473 元/亩，而兼业农户和非农户的转出租金相对较高，其中一兼农户为 602 元/亩，二兼农户为 548 元/亩，非农户为 561 元/亩。在耕地转入中，一兼农户平均转入租金为 426 元/亩，纯农户的平均转入租金为 394 元/亩，二兼农户和非农户的转入租金相对较低，分别为 281 元/亩和 323元/亩。

表 11-27　2019 年不同分化程度农户耕地流转租金　　　　　单位：元/亩

	转出		转入	
	均值	中位数	均值	中位数
农村家庭	548	400	363	284
纯农户	473	316	394	300
一兼农户	602	700	426	300
二兼农户	548	462	281	200
非农户	561	400	323	200

在耕地流转的效果上，不同分化程度农户的差异在耕地流转与农业产值中也有所体现。一兼农户每亩农业产值最高，达到 7454.1 元，二兼农户的每亩农业产值次之，为 4664.2 元，非农户的每亩农业产值最小，为 1256.3 元。根据耕地流转和承包程度不同的农户类别来看，纯农户中，"承包农地但不流转"的农户每亩农业产值最高，达到 4478.8 元，"承包农地并

转入"的农户每亩农业产值最低,为1762.0元,这可能与部分转入农户还未完全掌握相关农业技术有关;一兼农户中,每亩农业产值最高的是"兼有转入和转出"的农户,为53571.4元,最低的是"无承包农地但转入"的农户,为2916.6元,这可能是一部分兼业农户投入资金和精力有限所致;在二兼农户中,最高的是"承包农地并转出"的农户,为14780.4元,最低的是"无承包农地并转入"的农户,为1437.4元;在非农户中,"承包农地并转出"的农户每亩农业产值最高,为1410.3元,"承包农地并转入"的农户每亩农业产值相对较低,为897.3元,这一现象背后可能与非农户自身的投入、能力有关。

总体而言,各类农户在农业产值上差异明显,兼业农户往往能获得更高的农业产值。此外,"承包农地并转出"和"兼有转入和转出"这两类农户相比于其他几类农户在不同农业收入占比的农户类型中均有明显优势,拥有更高的亩均农业产值。

表 11-28　2019 年不同分化程度农户的平均农业产值　　　　　　　单位:元/亩

农户类别	纯农户	一兼农户	二兼农户	非农户
承包农地但不流转	4478.8	5818.6	4417.5	1256.9
承包农地并转入	1762.0	5625.7	2423.9	897.3
承包农地并转出	3369.0	29685.7	14780.4	1410.3
兼有转入和转出	3238.2	53571.4	4008.7	905.2
无承包农地但转入	2839.3	2916.6	1437.4	1038.2
总样本	3764.7	7454.1	4664.2	1256.3

(8)一兼农户类型的农民工家庭,农忙持续天数更长、劳动力投入更多,是农业生产经营的中坚力量

表 11-29 对纯农户家庭与兼业农户家庭农业生产经营活动劳动投入进行比较。从全样本范围来看,一兼农户家庭的农忙持续天数为105.7天,比纯农户和二兼农户分别高出18.6天和34.8天,同时一兼农户家庭在非农忙季节和农忙季节务农的家庭成员人数均多于纯农户和二兼农户。从区域内部来看,一兼农户在农忙天数和务农的家庭成员人数方面也普遍高于纯农户和二兼农户,例如在中部地区,一兼农户家庭的农忙持续天数为90.4天,比纯农户、二兼农户分别高出19.3天和27.5天。综合来看,可以认为一兼农户是农业生产的主要从事者,也是现代农业发展的重要驱动者,是中国的"中坚农民"。

表 11-29　2019 年纯农户家庭与兼业农户家庭农业生产经营活动劳动投入

区位	家庭类型	农忙持续天数/天	农忙期间帮助干农活的亲戚、邻居人数/人	非农忙季节务农的家庭成员人数/人	农忙季节务农的家庭成员人数/人
全样本	纯农户	87.1	0.8	1.5	1.9
	一兼农户	105.7	0.9	1.6	2.2
	二兼农户	70.9	0.7	1.5	2.0
东部	纯农户	109.7	0.8	1.5	1.8
	一兼农户	144.7	0.8	1.4	2.1
	二兼农户	80.9	0.5	1.4	2.0
中部	纯农户	71.1	0.6	1.5	1.8
	一兼农户	90.4	0.2	1.6	2.2
	二兼农户	62.9	0.6	1.5	1.9
西部	纯农户	82.0	0.9	1.6	2.0
	一兼农户	99.9	1.4	1.9	2.3
	二兼农户	74.0	0.9	1.7	2.1
东北	纯农户	78.3	1.1	1.3	2.0
	一兼农户	90.4	1.0	1.2	2.0
	二兼农户	57.0	1.0	1.2	2.0

（9）非农户家庭的社会养老保险个人缴费和收入均远高于农户家庭

表 11-30 比较了 2019 年不同分化程度的农村家庭缴纳社会养老保险和获得社会养老保险收入的情况。非农户家庭的社会养老保险个人缴费和收入均远高于纯农户家庭和兼业农户家庭，这说明农村家庭的非农收入来源对农村居民参与社会养老保险的程度具有正向调节作用。

表 11-30　2019 年不同分化程度农村居民社会养老保险个人缴费和收入比较　　单位：元/年

比较项目	按农业收入占家庭总收入的比重划分			
	纯农户	一兼农户	二兼农户	非农户
缴费	352.1	322.7	388.1	569.4
收入	2485.9	2325.6	2065.4	4990.8

（10）相较于纯农户家庭，非农户家庭有更多的比例参与了城镇职工基本医疗保险

表 11-31 对比了不同分化程度农村家庭参加社会医疗保险的情况。从表中可以看出，非农户家庭参与城镇职工基本医疗保险的比重最高，纯农户家庭和兼业农户家庭参与新型农村合作医疗保险的比重更高。造成这种差异的原因可能是非农户家庭的人口流动促进了

城镇职工医疗保险的参保,而新农合以户为单位,增加了纯农户家庭和兼业农户家庭的整体参保率。

表 11-31　2019 年不同分化程度农村家庭参加社会医疗保险种类　　　　　单位:%

医疗保险种类	按农业收入占家庭总收入的比重划分			
	纯农户	一兼农户	二兼农户	非农户
城镇职工基本医疗保险	1.0	2.2	2.8	5.7
城镇居民社会医疗保险	1.2	1.9	0.9	2.2
新型农村合作医疗保险	83.2	77.2	82.7	75.7
城乡居民基本医疗保险	5.4	9.0	6.3	5.9
公费医疗	0.3	0.2	0.2	0.4
没有医保	8.9	9.5	7.1	10.1

后　记

　　在团队成员的共同努力下，以浙江大学中国农村家庭调查数据库（CRHPS Database）的数据分析为基础撰写而成的第三部发展报告——《中国农村家庭发展报告（2020）》终于完稿了。今年的发展报告在保持原有的基本框架基础上，突出了农户分化主题，依据农村家庭农业收入占比的不同，设置并分析了不同的分化类型。到 2021 年，我国已经完成了消除绝对贫困的艰巨任务，如何推进全面脱贫与乡村振兴、共同富裕的有效衔接成为了社会经济发展的下一个阶段性重大问题，而农村家庭作为社会活动中最基本的组成单元之一，依然处于这个问题的核心，以农村家庭的收入与收入结构划分的农户分化问题则是其中的焦点之一。因此，我们对农村家庭的分化程度进行了多方面的分析，也得到了不少有意思的结论。

　　该报告撰写分工如下：第一章导论（龚斌磊、钱文荣），第二章农村家庭基本结构（龚斌磊），第三章农村家庭就业（茅锐），第四章农村家庭收入与支出（茅锐），第五章农村家庭农业生产经营（金少胜），第六章农村家庭土地利用与流转（金少胜），第七章农村家庭人口迁移与市民化（钱文荣），第八章农村家庭社会保障（阮建青），第九章农村家庭社区环境（阮建青），第十章农村社区治理与公共服务（阮建青），第十一章结论（钱文荣、金少胜、阮建青、茅锐、龚斌磊）。最后由钱文荣、龚斌磊统稿。在研究分析过程中，洪甘霖、袁绕、施展艺、李烨阳、李芸梦、邵美婷、赵宗胤、贾梓祎、胡沛楠、邵景润、龚玉鸿等同学在数据处理分析、资料搜集整理等方面做了大量踏实而有创新性的工作。

　　在报告的研究、写作和编辑过程中，罗卫东教授、黄祖辉教授、甘犁教授、顾益康教授、袁清女士等提供的建设性意见使我们受益匪浅。在此一并致谢！

浙江大学中国农村家庭研究创新团队

2021 年夏于启真湖畔

图书在版编目（CIP）数据

中国农村家庭发展报告.2020 / 浙江大学中国农村
家庭研究创新团队著. —杭州：浙江大学出版社，
2021.12
　　ISBN 978-7-308-22248-8

　　Ⅰ.①中… Ⅱ.①浙… Ⅲ.①农村－家庭经济学－研
究报告－中国－2020　Ⅳ.①F325.15

　　中国版本图书馆 CIP 数据核字（2022）第 004788 号

中国农村家庭发展报告(2020)

浙江大学中国农村家庭研究创新团队　　著

责任编辑	陈佩钰（yukin_chen@zju.edu.cn）
责任校对	许艺涛
封面设计	项梦怡
出版发行	浙江大学出版社
	（杭州天目山路 148 号　邮政编码 310007）
	（网址：http://www.zjupress.com）
排　　版	浙江时代出版服务有限公司
印　　刷	广东虎彩云印刷有限公司绍兴分公司
开　　本	787mm×1092mm　1/16
印　　张	16
字　　数	360 千
版 印 次	2021 年 12 月第 1 版　2021 年 12 月第 1 次印刷
书　　号	ISBN 978-7-308-22248-8
定　　价	78.00 元